Walter Veltroni

L'inizio del buio

con un saggio di
Eugenio Borgna

Rizzoli

ISBN 978-88-17-04964-1

Prima edizione: giugno 2011

Riferimenti fotografici
1-10 Per gentile concessione della famiglia Rampi; 11-14, 17, 23-26, 28-30 © Centro documentazione del «Corriere della Sera»; 15 © Angelo Palma A3/Contrasto; 16, 18 © Olycom; 19-22 per gentile concessione della famiglia Peci; 27 © Robert Koch/Contrasto.

A Vittorio,

che non ha fatto in tempo a raccontarmi
quello che raccontava agli altri

Io ero un uccello
dal bianco ventre gentile,
qualcuno mi ha tagliato la gola
        per riderci sopra,
        non so.
Io ero un albatro grande
e volteggiavo sui mari.
Qualcuno ha fermato il mio
viaggio,
senza nessuna carità di suono.
Ma anche distesa per terra
io canto ora per te
le mie canzoni d'amore.

Alda Merini,
La Terra Santa, 1983

L'inizio del buio

Uno

Penso a quando tutto è finito. Penso al momento in cui sono arrivati i netturbini del comune di Frascati. È l'alba calda di un giorno caldo di quel giugno caldo. A loro tocca lavorare, non saranno stati contenti. La temperatura è già oltre i trenta gradi e il punto di rugiada solo a 16.6. Non si prevede pioggia e all'orizzonte non c'è neppure un temporale. L'erba è secca, come bruciata.

I netturbini sanno che non è solo il caldo ad averla ridotta così. Sono state le scarpe – mocassini e zoccoli, infradito e adidas – che hanno calpestato mille volte un diverso fazzoletto di terra. Ventimila persone, quarantamila scarpe, in uno spazio ridotto, piccolo come un giardino di casa in città. Ci saranno passate e ripassate, su ogni metro quadrato. E ora che sono andati via quasi tutti, ora che sono rimasti solo vigili del fuoco amareggiati e carabinieri che si detergono il sudore togliendosi il berretto, ora quella terra che non si vedeva, che bruciava in silenzio, senza fiamme, per l'attrito di piedi vagabondi, appare nuda e solitaria. Un vento fastidioso, caldo e inutile, agita e solleva migliaia di pezzi di carta. Frammenti di confezioni colorate di gelati, involucri argentati di sigarette, fogli con appunti, calcoli e disegni approssimativi, giornali con titoli cubitali e fotografie di quel luogo dove essi stessi, stropicciati, volano. Come un film nel film. Come un quadro che raffigura il pittore che dipinge quel quadro.

Il caposquadra, al quale la pensione deve apparire come il traguardo al maratoneta Dorando Petri, afferra uno dei fogli che volteggia nell'aria. C'è scritto, su tutta la pagina, «Basta, non ce la faccio più». L'uomo si appoggia alla ramazza e fissa quei due buchi nella terra arsa. Sono diversi da come li aveva immaginati, nelle lunghe ore trascorse con sua moglie, giorno e notte, davanti al televisore. Immaginati, perché non si vedevano. C'erano solo tante persone, un mare disordinato di persone, teste che si giravano, si piegavano, si scuotevano. Gente inutile, perché contava solo uno, di quelle migliaia, il più piccolo.

Un bambino che ora, mentre l'uomo riprende a fatica a ripulire l'area, è ancora lì sotto. E a lui sembra assurdo stare a spazzare via le carte delle gomme americane e raccogliere i vetri rotti delle bottiglie di aranciata mentre poco lontano quella creatura dorme a sessanta metri di profondità, più vicino all'acqua che alla terra. Il caposquadra si scopre, come uno stupido, a raccomandare ai suoi ragazzi di far piano. Come se si potesse svegliare, il cucciolo Alfredo.

Come era finito là sotto? Nella sua caduta non c'è nulla della gioiosa sorpresa di Alice che, guardando le pareti del pozzo in cui era precipitata, «si accorse che erano piene di credenze e di scaffali» e si domandò: «Chissà se attraverserò tutta la terra. Sarebbe divertente capitare fra la gente che cammina a testa in giù! Mi pare si chiamino gli Antipati». Alice, che quando si fermò lo fece nel modo più dolce: «D'un tratto – bum

bum – arrivò proprio al fondo e si trovò sopra un mucchio di foglie secche. Aveva finito di cadere». Ma questa è una favola, una delle più belle che siano mai state immaginate.

Non c'erano scaffali e credenze, né marmellate di arance, nel pozzo dove cadde Alfredo. Era il peggior luogo dove qualcuno potesse trovarsi. Le pareti erano di pietra dura e quando il bambino si fermò, non lo accolse un mucchio di foglie ma fu uno spuntone di roccia a incastrarlo, in una posizione insopportabile, tanto lo spazio era stretto. Non attraversò tutta la terra, si fermò a trentasei metri. Sotto, l'acqua che scorreva. L'unica cosa simile alla favola di Alice è che, a un certo punto, anche là in fondo arrivarono gli Antipati. Erano degli uomini a testa in giù. Avevano i piedi legati, cercavano di salvarlo, condivisero il suo buio e il suo freddo. Ma furono sconfitti. Come tutti, proprio tutti, in questa vicenda. Perché quella di Alfredo, il cui nome in ordine alfabetico arriva poco prima di Alice, non è una favola a lieto fine. È una orrenda storia vera.

Sono trent'anni che, come tutti gli italiani, ho la sofferenza di quel bambino nella mente. E la sua voce nelle orecchie e nel cuore. Sono trent'anni che non riesco ad accettare il destino che ad Alfredo è stato riservato.

Ognuno ricorda quel bambino, ognuno ricorda quel luogo. Ognuno è in grado di rammentare dove era, cosa faceva. Ed è semplice. Perché un Paese intero si fermò, la vita di tutti si sospese. Perché in quei giorni non si parlava d'altro. Perché in ogni casa il televisore restò acceso per tutto il giorno e per tutta la notte. Perché Vermicino è diventato un luogo della nostra coscienza e Alfredino un nostro senso di colpa collettivo.

Quel bambino solo, piccolo, rannicchiato in quel mondo di un nero inconcepibile è stata la nostra moderna Caporetto. Non migliaia e migliaia di soldati sventrati dalle baionette o feriti a morte dal fuoco nemico. No, un bambino di sei anni, con una canottiera a righe bianche e blu e un paio di pantaloncini corti a scacchi bianchi e blu, caduto in un pozzo.

In quelle interminabili ore ci siamo resi conto che non eravamo invincibili. Che la nostra positivistica fiducia nel progresso, il sogno che razionalmente avevamo cullato ritenendoci in grado di dominare la natura e di poter aspirare a un mondo perfetto, fatto solo di scoperte e possibilità, era una illusione. Magnifica da vivere, terribile da stracciare.

Commentando su «Epoca» lo choc di tutta la nazione, Leonardo Sciascia scrisse: «È stata una notte come quella del primo sbarco sulla Luna: anche chi, come allora, non accese il proprio televisore, dalle esili pareti, dai sottili soffitti e, questa volta, anche dalle finestre aperte per il caldo, diventava il punto di convergenza degli audio intorno messi a tutto volume: assediato e da ogni parte colpito. Ma veniva, nel ricordo di quell'altra nottata, insistente il pensiero che si stava dolorosamente assistendo a una specie di contrappasso, di pena del contrappasso: il trionfo della tecnologia allora; la sua tragica sconfitta ora, davanti al pozzo di Vermicino. Si può andare sulla Luna, ma non si può salvare un bambino caduto in un pozzo. Si possono annientare milioni di vite umane in un attimo; non si riesce a salvarne una sola in trentasei ore. Ne veniva un senso di angosciosa impotenza, di disperazione. Lo spavento che provava Pascal di fronte al silenzio degli spazi infiniti noi lo sentivamo ora davanti a un pozzo da cui la voce di un bambino invocava la salvezza. Il pozzo era il nostro infinito».

Il nostro infinito. Seguiamo la direzione dello sguardo di ciascuno, in quelle due diverse notti che gli italiani, tutti, passarono davanti a uno schermo acceso, in una specie di rito collettivo. Perché ognuno di quei due eventi aveva dentro di sé un colore prevalente, un significato, un messaggio. Perché in quelle due notti tutti abbiamo compiuto un viaggio della coscienza. Dalle nostre case verso la Luna. Dalle nostre case verso un pozzo. Ma quello che conta, come sempre, è la direzione dello sguardo.

Si aprivano le finestre, mentre la televisione costruiva la magica attesa. Entrava aria calda, in quella notte di luglio del 1969. E credo che mai come in quelle ore la Luna sia stata riempita di sguardi. In ogni parte del mondo ci si accorse che era bello guardare in su, sapere che nulla era impossibile, neanche la realizzazione di un sogno che era stato coltivato per generazioni. Potevamo colonizzare la Luna, uno di noi avrebbe messo il suo piede lì, dove Ariosto, Verne e gli antichi greci avevano proiettato i loro sogni e impegnato la loro fantasia. Eravamo cavalli alati, cavalieri invincibili ai quali tutto è permesso.

La notte di Vermicino, invece, il nostro sguardo si abbassò. Scese verso un pozzo invisibile agli occhi. E si fermò, desolato. Perché quel bambino indifeso e solo, che avremmo voluto raggiungere e portare con noi in superficie, alla salvezza, alla luce del sole, era ancora più giù. Era a contatto con il ventre profondo di madre terra. Il luogo più inesplorato, misterioso, inquietante che il nostro pensare potesse pensare. Era nel nero, non nell'azzurro del cielo.

Remo Bodei ha dedicato una sua magnifica opera al rapporto tra gli umani e il sublime. Raccontando come il desiderio di conoscenza e di scoperta dei vulcani, delle foreste, dei deserti sia stato mosso, nella storia, non solo da una crescente coscienza della loro bellezza ma dall'idea di una nuova relazione tra l'essere umano e lo spazio, tra l'essere umano e la natura. Quei luoghi erano originariamente il territorio delle paure: il timore dei vulcani, l'imponderabilità degli oceani, l'invivibilità dei deserti. Erano *loci horridi*. La storia, come storia di scoperte, conquiste e viaggi, ha sostituito al terrore il fascino, al timore l'attrazione. Ha scritto Bodei: «Quando scalo ripide e alte montagne, quando affronto la navigazione o i viaggi di scoperta in mari e territori sconosciuti, quando mi inoltro in foreste primordiali e fittissime, quando attraverso sterminati deserti, quando mi avvicino a vulcani in eruzione, io misuro le mie capacità di resistere all'avvilimento e alle intimidazioni».

In cielo c'è Dio, in fondo alla terra il diavolo. L'iconografia religiosa e letteraria ci rimanda queste due dimensioni opposte. Colori opposti, sentimenti opposti. E in ciascuna di quelle due notti che gli italiani hanno trascorso idealmente insieme, si è viaggiato proprio in queste due dimensioni. E il contrasto le rende, l'una e l'altra, indimenticabili. Milioni di esseri umani hanno vissuto la stessa esperienza di conoscenza e di emozione. E l'hanno vissuta nel buio, nella straordinarietà di un evento capace di sottrarre chiunque alla più necessaria delle pause, il riposo. Una notte in bianco si ricorda per un tempo lungo. Perché è il tempo senza linea d'ombra, senza la scansione del chiaro e dello scuro, dell'inizio e della fine. Perché è una sfida con se stessi, che solo qualcosa di grande, come un amore, una prova, un dovere assoluto, riesce a giustificare. Qualcosa di grande, come un bambino piccolo.

Quel mercoledì 10 giugno, l'anno era il 1981, verso le sette di sera Alfredo Rampi correva attorno al padre. Era felice, leggero come può esserlo un bambino di sei anni che ha terminato la scuola ed è libero di muoversi in spazi aperti, senza alcun obbligo. Alfredo era un bambino allegro. Tutti me ne hanno parlato così. È difficile immaginare tristezza a sei anni, lo so. Ma lui avrebbe avuto qualche ragione per coltivare paura e malinconia. Di lui si erano occupati, da quando era nato, dei signori austeri col camice bianco. Tante volte gli avevano preso il sangue dal piccolo braccio, lo avevano messo davanti a una strana macchina che fa delle fotografie tutte nere, gli avevano appoggiato sul torace dei minuscoli apparecchi che facevano sentire il battito del suo cuore. Qualche volta, lui se ne era accorto, scuotevano la testa e aveva sentito uno di loro mentre diceva a sua mamma: «Alfredo può avere bisogno di aiuto». Una volta i suoi genitori gli avevano parlato di un viaggio in un posto lontano dal quale sarebbe tornato guarito e i signori col camice bianco non avrebbero più dovuto occuparsi di lui. C'erano già andati lì, a far visitare il bimbo, quando era più piccolo, e gli avevano detto che bisognava aspettare che il suo cuore diventasse grande, ma questo non sarebbe mai successo. Secondo la mamma, la signora Franca, «Alfredo si doveva operare a settembre anche se io avevo sempre qualche riserva in quanto lo vedevo vivere bene e mi era stato detto che l'operazione comportava un certo rischio, nell'ordine del 30 per cento. Ero talmente preoccupata che reperii dei libri alla Biblioteca nazionale e poi al Gemelli, nonché al Policlinico, per poter meglio scegliere il luogo in cui farlo operare e anzi decidere se farlo operare».

Era magrolino, mangiava poco. La mamma lo ricorda ancora oggi come un bambino dolce e gentile, a cui piaceva andare alto e veloce sull'altalena. Visse senza nessuna gelosia l'arrivo di un fratellino, Riccardo, nato quattro anni dopo di lui. La signora Brunetti, la maestra della scuola materna Fratelli Bandiera, rammenta che ogni tanto le labbra gli diventavano scure. Aveva una malattia dal nome complicato. Era afflitto, fin dalla nascita, dalla tetralogia di Fallot. Che sembra un'opera musicale o uno spettacolo teatrale in quattro recite. Ma in verità è una sindrome, individuata alla fine dell'Ottocento da un medico francese, che si compone di quattro elementi di anomalia che interessano il cuore e che hanno conseguenze sulla ossigenazione del sangue. Per gli effetti che determina nelle sue fasi acute è nota come «Sindrome del bambino blu». Un medico al quale ho chiesto di spiegarmi nel modo più semplice di cosa si trattasse mi ha detto: «Si respira male, tutto fa fatica. È come se si portasse sulle spalle uno zaino di trenta chili». È una malattia che si riscontra in tre persone ogni diecimila nati vivi. Tre, solo tre.

Correva piano, ma felice. Lo immagino mentre zompetta attorno al padre. Un brav'uomo, Ferdinando. Un operaio dell'Acea che si era fatto in quattro per diventare impiegato, e ci era riuscito. Andavano l'estate a Vermicino, un luogo sospeso tra Frascati e Roma, per far prendere ad Alfredo «un po' di aria buona». L'aria buona, lontano dal rumore della città, lontano dallo smog, dai tubi di scappamento, dai riscaldamenti a carbone. L'aria buona di quella campagna che stava diventando città, a forza di costruire case abusive, di cercare acqua e luce in maniera estemporanea, di praticare ciò che poi sarebbe diventato legge non scritta:

le regole, la programmazione, la contemperazione dei diritti sono un orpello, una noia, una pretesa ingiustificata. Ognuno ha il diritto di fare ciò che ritiene essergli utile, magari con l'autoassoluzione di un titolo morale contraffatto. È così che si può pensare di costruire un pozzo artesiano, in pochi giorni, per cercare l'acqua e averla subito e gratis. Lavori furtivi, approssimativi, senza che nessuna delle regole previste sia rispettata. Pozzi lasciati a cielo aperto, senza una copertura, senza transenne che ne delimitino lo spazio e ne segnalino il pericolo.

Saltellava impaziente, Alfredino. Mentre suo padre parlava con un amico. Si annoiava ad ascoltare quei discorsi da grandi. Aveva giocato con due operai, i fratelli Di Luzio, verso le 18,15. Uno di loro, Bruno, così lo racconta nel verbale della polizia, vergato il 19 giugno: «Il piccolo Alfredo si è messo a giocare con noi; mio fratello lo ha messo anche sulla carriola per farlo divertire». Sono due operai che lavorano alla casa di Alfonso Rizza, il convivente della nonna; un luogo che il bimbo conosce bene, come tutti i dintorni, compresa l'abitazione, poco lontano, di una sua amichetta, una bambina che si chiama Serenella.

Ora è il padre che parla, nella deposizione al competente commissariato Casilino del 18 giugno, nell'immediatezza del ricordo: «Mentre stavamo parlando, dopo dieci minuti o un quarto d'ora, Alfredo mi disse: "Vado dentro" o parole del genere che io interpretai nel senso che egli aveva intenzione di recarsi dentro la casa del Rizza. Egli quindi si allontanò e da quel momento non lo vidi più». Chissà quante migliaia di volte nella testa di Ferdinando Rampi quei momenti sono passati e ripassati, al rallentatore. Chissà quante volte li ha immaginati sua moglie. Alfredino si sentiva sicuro, in quegli spazi, dove poteva muoversi con la sua prima libertà.

Aveva bisogno di sgambettare senza vincoli, forse aveva voglia di tornare a casa. Dalla nonna che amava tanto, dalla sua mamma, da Riccardo. Forse voleva vedere la tv. Forse voleva solo stare un po' per conto suo. Con i suoi piccoli pensieri e i suoi piccoli sogni per il giorno dopo. Il sole era ancora alto e la luce vivida, in quella bella serata. Aveva voglia di andare, Alfredino. Forse si sentiva per la prima volta grande.

Correva, col suo zaino invisibile sulle spalle. Sentiva il suo respiro forte e una meravigliosa sensazione di libertà. Poi la terra gli mancò improvvisamente sotto le scarpe. E scivolò, da un terrapieno verso il basso. Forse avrà pensato, guarda che scemo che sono a cadere così, avrà pensato a non sporcare i pantaloncini corti, avrà pensato che si sarebbe sbucciato le mani nel frenare quella discesa ripida. Avrà temuto di presentarsi a casa con un po' di sangue addosso. Forse no. Forse non ha fatto in tempo a pensare nulla.

Perché un buco della terra, come il mostro di una favola, lo ha inghiottito. Perché lui ha cominciato a cadere senza più sentire quel vento leggero che prima gli sembrava lo sospingesse. Perché tutto è diventato nero. Nero come quel buio di cui hai paura prima di dormire, quello in cui compaiono i fantasmi più spaventosi. Quel nero in cui ti senti solo, perché sei solo. Ha continuato a cadere per un tempo interminabile. Deve essergli sembrata una eternità. Avrà sbattuto contro le pareti dure di quel posto maledetto. Avrà avuto il terrore di non sapere cosa ci fosse in fondo a quel precipitare. Ed era un terrore fondato, perché lì sotto c'era l'acqua. La ricchezza che gli sciagurati committenti ed esecutori di quella opera sciagurata cercavano ostinatamente. Era lì sotto e scorreva, nera come il resto. Pronta, come una madre cattiva, a portare via tutto, anche un bambino caduto dall'alto.

Cosa sarà passato nella testa di quella creatura proiettata improvvisamente in un altro mondo, sottratta alla luce e scaraventata nel buio? Quando la corsa si è fermata, contro uno spuntone di roccia, Alfredo è rimasto così, incastrato e sospeso nell'aria e nel buio. Spero solo che nella caduta abbia perso conoscenza. Spero solo che non si sia reso conto della prima tortura che i grandi, gli stessi che avevano lasciato aperto quel pozzo, stavano per infliggergli. Spero non abbia visto il momento in cui, qualcuno, ha chiuso il cielo sopra di lui. In cui qualcuno ha fatto quello che, scavando il pozzo, avrebbe dovuto fare prima. E che ha fatto, furtivo e disonesto, solo dopo. Spero che Alfredo, sospeso nel vuoto, con il chiarore che arrivava dall'alto, non fosse cosciente nel momento in cui le lamiere hanno coperto quel foro di luce e di speranza e lo hanno precipitato nel buio. Il buio più mostruoso che si possa immaginare.

Due

È sempre quel mercoledì, il 10 giugno del 1981. Sono sempre le sette di sera di quella calda giornata. Nelle Marche, a San Benedetto del Tronto, un giovane uomo di venticinque anni esce dal posto in cui lavora. Fa l'antennista, nel negozio D'Anna. Qualcuno gli aveva telefonato per chiedergli di sistemare un nuovo apparecchio, in via Boito. Lui sale sulla sua Panda. Ha una maglietta bianca, i jeans corti tagliati al ginocchio, calza un paio di sandali. Lungo il tragitto in auto incontra gente che torna dal mare, con le sedie a sdraio o i piccoli ombrelloni sotto il braccio. Dai juke-box arrivano le note delle canzoni di quell'estate. Motivi orecchiabili, che tutti cantano, come *Sarà perché ti amo* dei Ricchi e Poveri o l'ossessiva *Gioca Jouer* di Claudio Cecchetto. O anche una canzone che resiste nelle hit parade da febbraio, quando Loretta Goggi l'aveva cantata al Festival di Sanremo. Una canzone bella con un titolo inquietante, quasi un ossimoro, *Maledetta primavera*.

Da qualche giorno quella piccola comunità è sconvolta da un evento che aveva precipitato una gioia sportiva in un dolore collettivo. La domenica precedente, allo stadio, si doveva festeggiare la promozione in serie B della squadra di calcio della città. Invece, poco prima della partita conclusiva di campionato, nella curva era scoppiato un incendio pauroso. In previsione dei festeggiamenti i tifosi avevano portato sette quintali di striscioline di carta. Improvvisamente qualcuno aveva dato fuoco a qualcosa e gli spettatori sulle gradinate, tremilacinquecento persone, erano rimasti intrappolati. Intrappolati semplicemente perché non si trovavano le chiavi con cui erano stati chiusi i cancelli. Per le ustioni due ragazze rimasero in coma e morirono nei giorni successivi. Ci furono più di cento feriti. Tra i più gravi dei bambini, perché tocca sempre a loro. Maledetta primavera.

Era cominciata con la tonaca bianca del Papa sporca di sangue e con la scoperta che una parte importante dei vertici di questo Paese rispondeva a un altro centro di comando, una loggia di potere massonico che era penetrata in tutti i gangli delle istituzioni. Come un golpe, bianco. Maledetta primavera.

L'antennista sulla Panda arriva in via Boito. Ad aspettarlo non c'è un apparecchio televisivo da sistemare ma pistole puntate. Lo costringono a salire su una 127. Lo rinchiudono nel bagagliaio, come avevano fatto i fascisti del Circeo con Rosaria Lopez e Donatella Colasanti. Per ironia della sorte, bucano una ruota e la polizia stradale si ferma per chiedere se hanno bisogno di aiuto. Il ragazzo ha persino la forza di scherzare su quel contrattempo che fa pensare all'audace colpo dei soliti ignoti. Forse non immagina che facciano sul serio, perché lui sa che quelli che gli hanno puntato la pistola alla tempia non sono rapinatori, non sono sequestratori comuni.

Sono brigatisti rossi. E hanno rapito lui, che vive in un garage riadattato. Lui, che sarebbe diventato padre dopo pochi mesi. Lui, che è figlio di un carpentiere. Lui che però ha un difetto terribile: il cognome. Si chiama Peci. Patrizio, il primo pentito del terrorismo, è suo fratello. Ma forse proprio per questo non teme per la sua vita. Perché è certo che le Br, che lui stesso ha fiancheggiato per un breve periodo, non sono né la mafia né la camorra. Non compirebbero una vendetta su un familiare, non farebbero mai proprio un «codice d'onore» che è lontano mille miglia dai loro convincimenti.

Sbaglia, quel ragazzo: non avrebbe mai più visto la sua città e non avrebbe mai conosciuto sua figlia. Non ha preso sul serio le minacce che un anno prima un capo delle Br in carcere aveva fatto circolare tra i suoi compagni. Minacce rivolte a «chi ha a che fare con Patrizio Peci, questo infame traditore: siano essi padre, madre, fratelli e sorelle». E non può certo sapere, rannicchiato in quel bagagliaio, che di lì a poche ore nell'aula del tribunale di Torino dove si sta svolgendo il processo alle Br, qualcuno avrebbe detto di lui: «L'infame Roberto Peci è stato fatto prigioniero da un nucleo armato della nostra organizzazione. Dopo aver collaborato a lungo con i carabinieri dovrà rispondere al proletariato ... E infatti abbiamo detto che i traditori non costituiscono oggi un problema politico centrale nelle fila del movimento rivoluzionario, ma pur sempre un secondario problema che richiede una soluzione militare: quella dell'esecuzione, loro e di chi li aiuta».

Il «secondario problema» per il quale un giovane uomo viene rapito e «processato» è invece, per le Brigate rosse, un gigantesco problema: è la sanzione, dall'interno, della loro disfatta. Della fine di un regime di terrore che si sbriciola perché giorno dopo giorno i suoi militanti e persino i suoi dirigenti capiscono che gettare la propria vita, dopo averne soppresse altre innocenti, per una rivoluzione impossibile proclamata in nome di un proletariato che li considera i propri peggiori nemici, è uno spreco intollerabile e ingiustificato. Assassini ai quali l'ergastolo o cinquant'anni di pena appaiono improvvisamente come il proprio assassinio. E fanno di tutto per salvarsi. Chi pentendosi sinceramente, chi solamente per alleviare la propria pena carceraria.

Comincia il 25 luglio del brigatismo. Come i fascisti repubblichini che minacciavano di passare per le armi davanti ai familiari chi non si presentava alla chiamata di leva, gli irriducibili dell'«ultima raffica» del terrorismo rosso decidono di uccidere un giovane proletario, solo perché è il fratello di un traditore. Come la mafia, come la camorra.

E Roberto, in quel bagagliaio senza aria, non può certo immaginare chi avrebbe letto dalle gabbie delle Vallette, davanti ai giudici e alle telecamere, il proclama che rivendicava il suo rapimento e annunciava la sua esecuzione. È una ragazza che lui conosceva bene. Era stata fino a qualche mese prima la fidanzata di un brigatista. La fidanzata di suo fratello, l'infame Patrizio.

Sono le sette di sera di quel mercoledì. Alfredino sta precipitando nel buio della sua prigione. Roberto, duecentoventidue chilometri e quattrocento metri più lontano, anche. Sono soli, come nessuno vorrebbe essere. Ma sul loro buio si sta per accendere la più accecante delle luci. Quella delle telecamere. Anzi, di una sola telecamera. Una, per ciascuno.

Tre

Non riesco a pensare a quelle prime ore di Alfredo. Non riesco a immaginare la misura della sua angoscia. Francesco de Gregori avrebbe detto «la paura del buio e della fantasia». Cosa avrà pensato lì sotto, a trentasei metri, solo, senza una luce, senza una voce. Trentasei metri sopra la sua testa il padre sta tornando, tranquillo, a casa per cena. Quando arriva vede che suo figlio non c'è. E allora – immagino la scena – tutti posano sul tavolo i tovaglioli ed escono nella notte che sta arrivando. Sono passate da poco le otto e il padre ripercorre i centocinquanta metri che Alfredo deve aver fatto sulla strada per lui abituale. Si erano lasciati come tante volte e non c'era nulla di rischioso nel tragitto che separa il luogo in cui si trovavano dalla loro casa. Ma Alfredo non ha preso quella direzione, è passato per un'altra via, vicino al cantiere non delimitato, e lì ha incontrato il terrapieno. E da lì è scivolato verso il basso. Senza accorgersi del pozzo aperto, o al massimo coperto da due listarelle di legno fradicio.

Forse ora il bambino sente le voci che in superficie, lassù, lo chiamano. Forse riconosce quelle del padre, della mamma, della nonna. Forse, una volta risvegliatosi dallo svenimento che spero lo abbia stordito nella caduta, ha cominciato anche lui a gridare. Il padre dice di essere andato a controllare quel pozzo, ma di averlo visto chiuso. Chiuso da bandoni di lamiera. E di essersi giustamente tranquillizzato. Non sa, quell'uomo buono, che qualcuno ha manipolato la scena di quel delitto possibile. Sembra sia accaduto prima che le ricerche iniziassero. Ma se così non fosse, le ipotesi sono due, non di più. E non so quale peggiore per i proprietari del pozzo o per chi ci aveva lavorato. Se davvero quel maledetto buco è stato coperto in precedenza da due tavolette di legno, chi lo sapeva, vedendole spostate o spezzate, avrebbe dovuto capire e avvertire subito il padre, la polizia, Dio. Se invece è stato lasciato del tutto aperto, chi lo sapeva, prima di chiuderlo, avrebbe dovuto capire e avvertire il padre, la polizia, Dio.

È questa la maledizione di quel pozzo. Massimo Gamba, che alla tragedia di Vermicino ha dedicato un libro molto accurato e intenso, nel suo testo riporta la testimonianza della persona che aveva effettuato i lavori di sbancamento, imputato per omicidio colposo e poi assolto con formula piena. Degli operai che hanno lavorato in quel cantiere, lui è l'unico sopravvissuto, dopo una sequenza incredibile di morti accidentali. «Mi sembra che erano sette o otto. Felice è caduto da una impalcatura mentre lavorava, Roberto è morto di tumore, così come il pozzarolo Franco. Poi c'era un certo Giuseppe, è stato travolto da un'auto mentre cambiava una gomma ed è rimasto decapitato. Leonardo, invece, l'hanno trovato morto sotto un ponte e non si è mai capito se ci è caduto o ce l'hanno buttato.» Una maledizione che proseguirà, come vedremo.

È la mamma di Alfredo a raccontare quei primi minuti nella deposizione che rende al processo. Sono passati meno di cinque anni e la descrizione rimasta agli atti è vivida e sincera. «Verso le 19,15 mio marito è tornato a casa e mi ha chiesto se avevo visto Alfredo. Io gli ho detto di no, ma non ci siamo preoccupati perché era andato a casa della nonna e poteva essersi fermato là, oppure poteva essersi fermato a giocare con qualche amichetto. Ignoravo l'esistenza del pozzo in cui è caduto il bambino. Poi mio marito è uscito di casa dicendo che andava a vedere dove stava il bambino, dopo poco è tornato e mi ha detto che non lo aveva trovato, ma essendo una zona tranquilla, non battuta dalle auto come in città, io non mi sono preoccupata. Comunque abbiamo parlato di dove poteva essere andato il bimbo. Mio marito è riuscito di casa ed è andato a fare un giro, al ritorno mi ha detto che non lo aveva trovato da nessuna parte. A questo punto ho cominciato a preoccuparmi anche perché incominciava a farsi buio e il bambino non era mai stato fuori col buio. A questo punto chiamammo il 113 dicendo se poteva intervenire e dicendo che si era perso il bambino. Mi ricordo che il 113 impiegò parecchio tempo ma nel frattempo i vicini avevano incominciato a girare nella zona anche servendosi di torce elettriche. A un certo punto io, sapendo che il bambino si era recato con mio marito nel cantiere del Rizza, telefonai a mia madre, con quest'ultimo convivente, per sapere se per caso il bimbo potesse essere rimasto chiuso in qualche vano del cantiere. Mia madre, ascoltata la telefonata, venne subito a casa mia e a questo punto lei mi disse: "Guarda che c'è un pozzo che stanno costruendo nella zona". A questo punto io, sentendo questa cosa, mi sono spaventata e mio marito, insieme al Rizza, sono andati a vedere questo pozzo. Nel frattempo mi pare che ci venne a trovare un vicino di casa che mi tranquillizzò dicendomi che era andato a controllare e aveva visto che il pozzo era coperto. Infatti poco dopo tornò mio marito e mi disse di stare tranquilla perché il pozzo era coperto da una lamiera, e che comunque lungo il cunicolo, di traverso allo stesso, vi erano visibili due pezzi di tavole che ostruivano il passaggio.» Forse solo gli orari sono un po' diversi rispetto a quelli che verranno accertati. Ma la sequenza degli eventi è quella che le parole della signora Rampi descrivono. Quello che oggi sembra chiaro è che il giorno prima il pozzo era stato chiuso da due palanche e dalla lamiera del bidone. Ma che quella sera maledetta qualcosa era cambiato.

A raccontarlo è il figlio di Amedeo Pisegna, proprietario del pozzo, nella deposizione resa solo tre giorni dopo la morte di Alfredo. È il 16 giugno, siamo nei locali del commissariato Casilino. «Mentre ci stavamo dirigendo verso l'auto che avevamo parcheggiato poco dopo il pozzo, cioè all'incirca verso le ore 20,45, ci accorgemmo tutti quanti che la copertura in legno del pozzo era spostata. L'apertura infatti si presentava scoperta per circa due terzi a sinistra per chi guarda e ciò perché era stata mossa la palanca che ricopriva detta parte; l'altro terzo era coperto da più tavolette in legno, tre o quattro, che erano appoggiate obliquamente al terrapieno. Non riuscimmo a trovare la palanca pur avendola cercata. Faccio presente che il giorno prima mi ero recato sul terreno e che in tale occasione avevo visto che l'apertura era coperta anche con la palanca: preciso che la copertura era attuata con tavolette e con palanca tutte appoggiate al terrapieno pur se con rilevante obliquità. Il giorno 10 quando vedemmo che l'apertura era parzialmente scoperta e non trovando la palanca mancante provvedemmo a chiudere il pozzo, cioè l'apertura, con il fondo di bidone o bidone schiacciato che si trovava sopra il terrapieno leggermente incastrato a terra. Quando coprimmo con il bidone il pozzo, non sentimmo alcun lamento.»

Per esser chiari. Il pozzo il giorno prima risulta chiuso da palanche e bidone schiacciato. Il maledetto mercoledì qualcuno toglie la copertura e, forse perché era troppo faticoso ricollocarla nella posizione iniziale, tappa il buco solo con delle tavolette di legno. Non ci si vorrebbe credere, ma la spiegazione più plausibile è che qualcuno, in quel torrido giorno di giugno, lavorando sotto il sole cocente abbia pensato bene di mettere in fresco l'acqua o il vino nel pozzo. E forse, sapendo di tornare lì il giorno dopo, ha ritenuto non fosse necessario ripristinare la chiusura «pesante». Dunque è presumibile che quando Alfredo cade, travolga le tavolette di legno leggero che erano messe sul buco. Tanto che il padre, quando va al pozzo e lo trova coperto di nuovo dal giovane Pisegna, alzando la lamiera tornata al suo posto e illuminando il tunnel con una lampada, nota che «a quattro o cinque metri vi era una tavoletta della larghezza di circa due-tre centimetri posta di traverso al cunicolo come fosse incastrata o appoggiata e un po' più giù c'era un'altra tavoletta della stessa dimensione posta anch'essa trasversalmente in modo da formare per chi guarda una specie di x. Non pensai di chiamare per nome Alfredo in quanto anzitutto mi sembrava assurdo e poi perché la presenza di quelle tavolette poste in quel modo mi fece pensare che fosse impossibile che Alfredo fosse caduto lì dentro in quanto se ciò fosse accaduto avrebbe portato con sé le tavolette; il fatto poi che il pozzo era coperto con un bidone così pesante mi rassicurava». Tutto comprensibile. Ma la verità, che Rampi non poteva immaginare, è che il pozzo è stato chiuso dopo e quelle tavolette sono là perché sono cadute insieme al corpicino del bimbo.

Dunque Alfredo è solo in un pozzo che ora è chiuso dall'alto. Lo immagino quando si risveglia. Come ho fatto, si sarà chiesto, a cadere in un buco chiuso? Oppure, perché l'hanno richiuso sopra la mia testa? E allora avrà messo tutta la sua voce per gridare, chiamare aiuto, invocare i genitori. Passano almeno quattro ore, non pochi minuti. Le prime quattro ore della prigionia di Alfredo. Lui grida cercando i suoi. I suoi, trentasei metri sopra, gridano cercando lui. Li divide la lamiera del bidone.

Le torce elettriche dei soccorritori danno grandi fiocinate di luce, tra gli spazi sterrati e le case in costruzione, illuminano i tronchi degli alberi fino ai rami più alti, come se Alfredo fosse potuto salire lassù e avesse paura di confessare che non è capace di scendere. Invece il bambino è dalla parte opposta del mondo. Non è in alto, è in basso. Non è su un ramo, tra le foglie verdi. È nella pancia della terra. Dove si immagina ci sia il fuoco e invece c'è un gran freddo. E un rumore inquietante, quello dell'acqua che scorre.

Quelle ore devono sembrargli una eternità, anche se, forse fin da ora, Alfredo smarrisce il senso del tempo. Lì niente lo misura, né il ritmo del pranzo e della cena, né gli orologi, né gli orari dei programmi televisivi. Ma neanche il passaggio naturale dell'alba, del giorno, del tramonto, della sera. Lì è la notte permanente. E dunque non si ha coscienza del tempo che passa. Un giorno infinito immerso in una notte infinita. Senza potersi muovere, incastrato in venticinque centimetri di pietra dura. Da impazzire. Se solo si è grandi e paurosi. Ma i bambini, si sa, sono i migliori esseri umani del mondo. E vanno incontro alla sofferenza con una capacità di resistenza superiore. Amano la vita, hanno voglia di viverla, non hanno nulla che li faccia sentire appagati.

Hanno del tempo la cognizione che magnificamente riassume Alison Gopnik nel suo libro *Il bambino filosofo*: «I bambini possono ricordare coscientemente eventi specifici del passato, distinguerli da quelli attuali e serbarne il ricordo per mesi. Possono anche pianificare, immaginare mondi alternativi e tradurli in realtà».

Dunque i più piccoli dispongono di due mondi, che attivano a seconda del bisogno, che possono persino far interagire e mischiare. Quanti sono i bambini che fanno giocare le bambole o i pupazzi come fossero un pezzo della loro vita reale, con i nomi dei genitori o dei compagni di classe? Federico Fellini era un genio perché dominato dal desiderio di non rinunciare mai a questi due mondi e restituiva ostinatamente l'incanto di questa ricchezza a spettatori che, attraverso le sue favole, ritrovavano proprio la doppia dimensione dell'esistenza infantile. Fellini diceva che «l'immaginazione è il pensiero più potente», perché non si vergognava di essere stato bambino. E non per caso in lui il tempo è un luogo narrativo. Ma un tempo frammentato, non unitario.

Proprio come per i più piccoli. Prosegue la Gopnik: «I bambini non possiedono ancora una memoria autobiografica né controllo esecutivo, e non percepiscono la vita come un'unica linea temporale, che parte dal passato e va verso il futuro. Non si spostano avanti e indietro lungo questa linea temporale come fanno gli adulti, recuperando per un istante quel passato Sé che era l'amante felice o il perdente infelice, o ancora anticipando le gioie e le disperazioni del futuro».

Bisogna capire la complessità di un bambino per

spiegarsi l'inspiegabile. Come quella creatura di sei anni, quel cucciolo d'uomo, abbia resistito tanto tempo, con tanta dignità, alla più inumana delle sofferenze. Come abbia avuto la forza e la sopportazione, dote che si attribuisce agli adulti, per attraversare quel calvario e resistere, finché ha potuto, all'assalto della morte e alle generose bugie dei grandi. È semplice. Alfredo era, come tutti i bambini, sapiente e innocente. Tutto qui.

Sopra urlano, corrono in tutte le direzioni, si incrociano chiedendosi: «L'hai trovato?». Lui è lì, vicino, sotto ai loro piedi. Mi ricorda una sequenza di *La Famiglia* di Ettore Scola. Quando il regista racconta un gioco che aveva torturato la sua infanzia. Suo zio Nicola, nella finzione Renzo Palmer, aveva inventato uno spaventoso meccanismo, con la pretesa di far divertire il piccolo Ettore. Mentre il bambino era, che so, nella stanza e giocava sul tavolo da pranzo, lo zio cominciava a chiedere ai presenti: «Avete visto Ettore?». Gli altri, complici, dicevano di no, nonostante il bambino urlasse: «Sono qui». Il gioco continuava all'infinito, mentre Ettore si sgolava disperato per dire che era lì, come facevano a non vederlo. Una tortura, di quelle che solo i grandi sanno ordire, quando pensano di sapere cosa faccia divertire i bambini.

Così Alfredo deve aver gridato mille volte per farsi sentire e per farsi trovare, gridato tanto, con tutta la forza che aveva, per scalare il tunnel e traforare la terra. Avrà pensato che in quel momento la sua voce era il solo modo di continuare a essere vivo. Urlare per sopravvivere.

Ma nessuno lo ha sentito, per ore. Lo cercavano i genitori e la polizia, gli amici e i vicini di casa. Anche i cani che Carlo Rivolta su «la Repubblica» così descrive: «Pastori tedeschi ansanti, volenterosi, tesi come molle, che con il muso incollato al suolo e il naso fremente cercavano di rintracciare la pista di Alfredo». Tutti urlavano maledicendo il buio che cancellava tutto. Ma un brigadiere del commissariato Casilino, verso mezzanotte, sentì qualcosa. A rivederlo, mentre al microfono di Giulio Borrelli della Rai racconta emozionato come erano andate le cose, viene da pensare all'iconografia affettuosa del poliziotto buono di tanti racconti del dopoguerra. Un padre di famiglia, più largo che lungo, come quelli che abbiamo incontrato nei film di Nino Taranto o nei racconti di Mario Soldati. Un uomo con la faccia che più buona non si può e che però, quella sera, si insospettì. Chiese se c'erano dei pozzi in zona. Gli risposero che l'unico era stato già controllato e che era chiuso dalla lamiera del bidone.

Ma l'esperienza investigativa, o forse la conoscenza diretta della campagna, lo spinsero ad andare di persona a verificare. Vide che l'apertura era coperta ma fu il primo a pensare che qualche mano impaurita poteva anche essere intervenuta dopo la caduta. Così si mise in ascolto avvicinando l'orecchio al buco della terra. Gli sembrò di percepire qualcosa, ma in quel momento un aereo passò sulla sua testa e coprì quel refolo di voce che saliva dagli inferi. L'agente che era con lui pensò che fossero i richiami in lontananza delle tante persone alla ricerca del bambino. Il brigadiere decise invece di alzare la lamiera. E così fu lui, Giorgio Serranti, ad ascoltare, per primo, la voce di Alfredo. Fu lui a sentire, per primo, quel grido spaventoso che entrò poi nella coscienza di ogni italiano. Quel bambino diceva a squarciagola la prima parola che aveva imparato, chiamava sua madre.

Forse in quel momento quell'uomo grande e grosso avrà sentito il cuore scoppiargli nel petto e si sarà messo a gridare: «L'ho trovato, è qui!». Tutti avranno girato contemporaneamente il volto verso il luogo dal quale quella voce proveniva, tutti avranno orientato luci e fari verso quel punto indefinibile e avranno cominciato a correre in quella direzione, verso il brigadiere Giorgio Serranti e quel buco nella terra. Quel buco nero.

Lo scienziato Stephen Hawking definisce il buco nero come «il collasso di una stella». Una stella può durare milioni di anni, fino a che si mantiene l'equilibrio tra il calore prodotto dalle reazioni nucleari interne e l'attrazione gravitazionale. E Hawking aggiunge che, come un bambino che comincia la vita, «quanto maggiore è la scorta di combustibile con cui una stella comincia la sua evoluzione, tanto prima la esaurirà». Perché quando il «combustibile» finisce, la stella comincia ad avere degli spasmi, come un cuore sotto infarto.

E poi, citando gli studi di Robert Oppenheimer, lo scienziato protagonista del progetto della bomba atomica, Hawking così racconta la metamorfosi di una stella che diventa il suo contrario, un buco nero: «Quando la stella si è contratta sino a un certo raggio critico, il campo gravitazionale alla sua superficie diventa così intenso che coni di luce vengono piegati verso l'interno a tal punto che la luce non può più evadere nello spazio. Secondo la teoria della relatività nulla può viaggiare a una velocità superiore a quella della luce. Se quindi la luce non può sottrarsi a un buco nero, non ci riuscirà alcun'altra cosa; tutto viene trascinato all'indietro dal possente campo gravitazionale. Si ha dunque un insieme di eventi, una regione dello spazio-tempo, da cui non è possibile sfuggire per raggiungere un osservatore lontano».

Dunque il buco nero è come l'inizio di un bordo, come un «orizzonte degli eventi», come il confine che segna l'inizio e la fine, il buio e la luce. E la vita e la morte di una stella.

In quel buco nero è precipitato, correndo, il cucciolo Alfredo. E ora è lì, forse confortato dalle voci che lo chiamano. Forse ha freddo, certamente ha paura. È come appeso su uno spuntone di roccia. In alto il buio, in basso il rumore dell'acqua. Come un fiume sotterraneo. È sospeso nell'aria, come se volasse. Il sogno di ogni bambino, essere come Peter Pan. Ma il rumore sotto di lui, quell'acqua che brontola, gli deve ricordare, se ha visto il film di Walt Disney, i coccodrilli in attesa famelica che qualcuno cada in mare. È sospeso nell'aria, ma non vola. Anzi, è incastrato, con il piccolo corpo dolorante. La mamma e il papà lo chiamano, cercano di rassicurarlo. Non mentono. Pensano, come tutti, che una volta trovato, non sarà difficile tirarlo su e liberarlo. È solo una questione di tempo.

Di questo certamente si occupano, il bambino non può averne dubitato, i grandi in superficie. Tutti si agitano. Sono arrivati anche i vigili del fuoco di Frascati, inviati dalla sede centrale di via Genova che, come da «relazione di intervento» protocollata il 23 giugno del 1981, hanno ricevuto «alle 0,03 da parte del 113 una richiesta di soccorso per le ricerche di un bambino disperso nella campagna in località Vermicino all'altezza del civico n. 33 della via omonima».

Continua la descrizione ufficiale: «In un primo momento si è cercato di stabilire la profondità alla quale il bambino poteva essere caduto tramite un cordino che con un piccolo peso all'estremità è stato calato dall'alto. Con tale metodo non si è riusciti a determinare con certezza le misure date le difficoltà di percepire esattamente quando il peso raggiungeva il bambino. A questo punto, data la particolare situazione di urgenza determinata dalle continue invocazioni di aiuto del piccolo presumibilmente caduto, a detta dei presenti, da oltre cinque ore, si sono ricercate delle soluzioni immediate per recuperare il bambino».

«Soluzioni immediate», viene da sbattere per terra i fogli a leggere queste due parole, pensando a tutto quello che è accaduto dopo, subito dopo. Alfredo, secondo «Il Messaggero», urla disperato che «ha paura del buio» e gli stessi soccorritori sembrano terribilmente scossi. Un poliziotto si allontana piangendo, si fa strada una legittima concitazione che farà compiere il primo errore di questa terribile storia.

Intanto i vigili hanno cominciato a diramare la richiesta di una gru. Non è come oggi. Non esistevano Internet e Google, non esistevano i telefoni cellulari e la posta elettronica. Eravamo all'alba della civiltà in cui viviamo, solo trent'anni fa. Così i vigili, con buona volontà e totale disorganizzazione, cominciano a cercare sull'elenco del telefono e lanciano un appello attraverso le televisioni private.

Allora esistevano delle piccole emittenti locali, che oggi si ricordano con tenerezza. A Roma c'erano Gbr, Spqr, T.R.E., Telestudio, Pts, Uomo Tv, Video Uno, Teletevere e una coraggiosa tv dei radicali che si chiamava Teleroma 56 e andava in onda da via Nomentana. Per l'esattezza dalla cantina della casa di Bruno Zevi, grande architetto e bizzoso protagonista del dibattito culturale e civile dell'epoca. I programmi di quella tv trasmettevano, senza soluzione di continuità, i monologhi di Marco Pannella o di un leader con il nome disneyano di Roberto Cicciomessere e nottate intere di barzellette raccontate da un imberbe Giancarlo Magalli e dai suoi amici. Nottate fantastiche che si proponevano come alternativa colta alle performance di una ragazza che si dimenava seminuda sugli schermi della sensuale Telefantasy. Oggi un programma così sarebbe trasmesso dalla tv dei ragazzi ma per gli adolescenti di allora costituiva un turbamento di massa. Solo anni più tardi sarebbe circolata la voce che la ragazza in questione era in verità un maschio. Ma gli adolescenti erano cresciuti e poi, si sa, nessuno è perfetto.

Un giornalista del Tg2, Pierluigi Pini, mentre guarda da casa la televisione, passando da un canale all'altro vede scorrere sullo schermo l'annuncio dei vigili che cercano urgentemente una gru. Da sperimentato cronista telefona al numero indicato fingendosi proprietario del mezzo meccanico. Apprende così quello che è successo, si fa dare indicazioni sulla località, telefona immediatamente in redazione e cerca un operatore disposto ad andare con lui a Vermicino. Fiuta la notizia, con quel cinismo moralmente giustificato tipico di chi fa il giornalista di nera. Mestiere per il quale vale davvero la famosa frase attribuita a Mae West: «È uno sporco lavoro ma qualcuno lo deve pur fare».

A Vermicino arriva l'architetto Marco Faggioli, responsabile della sala operativa dei vigili del fuoco. È stato svegliato poco dopo mezzanotte da una telefonata del centralinista della sede di via Genova. Oggi lo racconta con un sorriso amaro: «Che fai?», «Be', io a quest'ora di solito ballo, che succede?». Il centralinista gli riferisce che un bambino era caduto in un pozzo e lui era stato poi chiamato dai vigili inviati sul luogo. Erano due funzionari, uno dei quali di origine greca, l'ufficiale coordinatore Teodoracopoulos. E siccome a Roma è sempre Alberto Sordi, l'operatore della centrale aggiunge: «Te volevo dì che il greco parla greco, brutto segno». In effetti, quando era concitato e preoccupato, il funzionario tornava a esprimersi nella sua lingua madre.

Faggioli capisce subito che è un intervento difficile, inedito anche per la sua lunga esperienza di soccorso nei vigili del fuoco della capitale. Mi racconta che in piena notte chiama Elveno Pastorelli, il comandante dei vigili del fuoco, e gli rappresenta le difficoltà dell'operazione. «Possibile che non sei capace di tirare fuori un ragazzino da un pozzo?» gli risponde, senza afferrare in che labirinto si stanno per perdere.

A casa sua Roberto Caporale dorme. È l'una del mattino, forse anche più tardi. È stata una giornata faticosa. Roberto è un tecnico esperto di telefonia e collegamenti audio, e lavora in una società privata romana. Presta regolarmente la sua assistenza in ambienti delle forze dell'ordine ed è amico di poliziotti e carabinieri. Un agente del commissariato Casilino si ricorda di quel ragazzo minuto che per di più ci sa fare con i microfoni. Lo chiama e lo passa a prendere con la macchina di servizio.

Quando Roberto arriva a Vermicino, dove è già cominciata la ricerca di nani e contorsionisti filiformi, si accorgono che il suo bacino è, come lui ricorda ancora oggi, «di due centimetri più largo della circonferenza del pozzo». Di quei momenti gli torna alla memoria che qualcuno persino «voleva andare a prendere il bambino da sotto, con il canotto, guadando il fiume sotterraneo» e ha bene in mente la confusione e l'incertezza che già regnavano. Quando Vermicino non era ancora la sarabanda televisiva e lo psicodramma nazionale che da lì a poche ore diventerà.

Caporale, che è un ragazzo sveglio, capisce però che le sue competenze professionali possono essere utili più della sua magrezza. Allora si fa accompagnare dalla polizia a via Orazio, dove ha sede la società per cui lavora, e preleva in fretta e furia un microfono «ad ampiezza di modulazione» e un registratore a cassette; dal tavolo del suo capo prende anche una audiocassetta e poi, lungo il tragitto, chiede di fare una sosta a casa sua dove recupera una cuffia.

Intanto a Vermicino qualcuno ha pensato di calare una corda di canapa in fondo al pozzo, nella speranza che il bambino la possa afferrare e lo si possa tirare su, come un naufrago salvato da un elicottero. Ma Alfredo, qualcuno dovrebbe pur saperlo, è incastrato, non può muovere le braccia, non è a contatto con l'acqua ma con la dura terra, la sua cella dello Spielberg.

Quattro

«Come ci sono finito qui?» avrà pensato Roberto chiuso nel bagagliaio della 127 che sfreccia sull'autostrada. La storia della sua famiglia è una delle tante di quegli anni roventi. Il papà carpentiere, la mamma cuoca. Hanno quattro figli, due femmine e due maschi. D'estate, per arrotondare il bilancio familiare, gestiscono una locanda per forestieri. Perché il turismo è l'attività principale di San Benedetto del Tronto, dove la famiglia si è trasferita da Ripatransone. Il comune dal quale prende origine la famiglia Peci è una piccola cittadina di poco più di quattromila abitanti e ha una singolare caratteristica: è attraversato da un sistema intricato di cunicoli sotterranei e di grotte di origine preistorica che solcano per due chilometri il territorio urbano. Un tesoro per gli speleologi.

San Benedetto è famosa non solo per le attività turistiche ma anche per la sua antica tradizione di pesca, che lì è l'industria più fiorente. E i portuali rappresentano, per quella comunità, ciò che a Torino sono in quegli anni gli operai di Mirafiori, o a Varese i lavoratori della Ignis. Il cuore della città, il ceto sociale più compatto, coeso, combattivo. L'orgoglio proletario di quel posto di riviera.

Ma un inverno viene stravolta anche quella vita tranquilla, fatta di uscite all'alba per andare a cercare pesce nell'Adriatico, di ombrelloni chiusi e di alberghi che si rimettevano a nuovo per l'estate successiva, di gelaterie che si improvvisavano pasticcerie, di bagnini che diventavano camerieri per la stagione.

Arrivano le feste, in quel Natale del 1970. Nelle case si addobbano gli alberi e le famiglie dei marinai aspettano il ritorno di padri, fratelli e mariti. Il viaggio di Ulisse, antico come la storia: l'uomo, il mare, il cibo, il viaggio, la casa, la famiglia. Tornava dopo una lunga navigazione, l'equipaggio del peschereccio *Rodi*. Erano stati a Monrovia, in Liberia. Avevano visto le sconfinate distese di acqua e i tramonti color rosso fuoco, forse avranno avuto la pelle bruciata dal sole che a quelle latitudini è forte, nel mese di dicembre. Tornando si erano spinti fino a Venezia per far riparare la loro splendida nave.

Un gioiello della nautica, gemella di altri due pescherecci oceanici che si chiamavano *Onda* e *Luna*. Chissà come e chissà chi decide il nome delle navi, chissà se lo decide mentre le guarda, come si fa per i gatti, chissà se ci mette una citazione della storia della sua vita, chissà se lo dedica, silenziosamente, a una donna amata e perduta. E, allora, chissà perché quelle tre navi avevano dei nomi così stranamente assortiti. Due tratti dalla natura, uno dalla geografia. O, forse dalla storia. Voleva, l'armatore, celebrare la Rodi occupata dagli italiani nel 1912 oppure la eroica battaglia dei nostri soldati contro l'esercito nazista dopo l'8 settembre? *Rodi* era le due cose insieme, come quasi tutto, in quel tempo di guerra e follia.

Da Venezia la *Rodi* si mosse, sfidando la superstizione, alle 17,05 del 22 dicembre alla volta di San Benedetto. Alcuni marinai partirono in treno, per far prima.

Altri, nove più l'amministratore della compagnia che si era offerto di fare la traversata con l'equipaggio, si erano imbarcati impazienti di arrivare dalle loro mogli, dai loro figli.

«Mare grosso, forte vento di bora, procediamo lungo la costa» dissero per radio alle 19 dello stesso giorno. Poi più niente. C'era un mare tempestoso, in quei giorni. Ma nulla che potesse spaventare i marinai e il comandante di una nave moderna e sicura, che aveva solcato burrasche ben più violente di una mareggiata sull'Adriatico.

Silvia Ballestra ha dedicato uno dei suoi romanzi più belli a San Benedetto in quegli anni ubriachi e, in una pagina struggente, ricostruisce l'accaduto attraverso la relazione tecnica stilata dopo il naufragio. La *Rodi* aveva superato Ancona e in lontananza già si avvistava San Benedetto, addormentata nella notte che si faceva giorno. La nave «era sottoposta a continui movimenti di rollio e beccheggio, dovuti al mare grosso e incrociato da NW e NE che determinava il continuo imbarco di notevole quantità d'acqua, sia sulla sovrastruttura, sia nella parte centrale del ponte di coperta, compresa tra la paratia poppiera del castello di prua e la parte prodiera della tuga che per la sua conformazione formava una specie di vasca. L'acqua imbarcata non riusciva a essere smaltita attraverso gli ombrinali e i portelli laterali».

Così la *Rodi* si reclinò, prima su un fianco, come se dormisse. Poi si capovolse. Era al largo di Grottammare. La si vedeva in lontananza dalla riva del mare. Tutta la città si rovesciò sul lungomare appena la notizia cominciò a diffondersi. Una nave si avvicinò, la *Mariangela Montanari*, ma non avvistò nessun superstite e non un solo corpo umano. Solo oggetti, solo i segni della sconfitta della *Rodi* nella sua lotta con il mare.

Solo giacche fradice, scialuppe rotte. Qualcuno disse che i marinai dovevano ancora essere dentro, asserragliati. Qualcuno che aveva sfidato il mare in tempesta e si era avvicinato alla *Rodi* aveva detto di aver sentito dei colpi dall'interno della chiglia. Ma nessuno a terra riusciva a prendere un'iniziativa. Nessuno cercava un modo concreto per salvare quelle dieci vite. Nessuno, né gli armatori né le autorità, era in grado di portare aiuto alla nave, qualcosa che potesse strappare quegli uomini imprigionati alla morte certa.

Nessuno faceva nulla, e passavano le ore. E, come a Vermicino undici anni dopo, la combinazione di ritardi, disorganizzazione, irresponsabilità, impediva di portare in salvo quelle persone, che sembravano già rinchiuse nella propria bara. La gente di San Benedetto decise di prendere nelle sue mani quelle vite che erano sue. La capitaneria di porto e gli armatori si rimpallavano le decisioni, secondo un rituale conosciuto. E si diceva che in verità gli armatori non volevano portare la nave a terra perché se l'avessero fatto l'assicurazione non avrebbe più pagato. Allora i portuali, i sindacati, i ragazzi del Movimento che si ritrovavano alla Rotonda, scossero la città. Ci furono blocchi stradali, il centro venne isolato, la stazione occupata, i negozi chiusero, come le pompe di benzina. Alla ferrovia qualcuno affisse uno striscione che diceva: «I marinai valgono più delle navi, rivogliamo i nostri morti».

Ci vollero ancora dei giorni prima che una nave pontone, la *Micoperi 30*, recuperasse i primi corpi. Solo quattro, ed erano tutti marinai. Altri tre cadaveri, due dei quali furono riconosciuti come quelli del comandante e dello sfortunato amministratore, furono ritrovati in mare un mese mezzo e dopo. Gli ultimi due se li è inghiottiti l'Adriatico.

La storia della *Rodi* è una tragedia italiana. Come nelle inondazioni o nei terremoti, c'è sempre qualcosa che non funziona. Prima o dopo. Ma una nave che affonda racconta sempre, anche psicologicamente, una sconfitta collettiva. Quando la tecnologia è sconfitta dalla natura. Quando il mare che scuote è più forte dei computer e delle camere stagne. O quando la terra che imprigiona è più forte delle potenti trivelle.

Mio padre morì a trentotto anni, una notte di fine luglio del 1956. Era un uomo giovane e fortunato. Era stato radiocronista, aveva seguito il Giro d'Italia e quello di Francia, aveva raccontato Fausto Coppi che scalava il Tourmalet e i funerali del grande Torino, aveva scritto commedie e film. Aveva inventato programmi radiofonici di successo come *Rosso e nero* e *Arcobaleno*. Era persino apparso, nella parte di se stesso, mentre intervistava Totò nel mitico *Totò Tarzan*. Ho trovato una sua foto con Lello Bersani e Gene Kelly in cui lui, sorridente, mostra un copione cinematografico. Lello mi raccontò che il mio papà aveva scritto una sceneggiatura per l'antagonista di Fred Astaire ed era riuscito a consegnargliela. Quando morì, era il direttore del telegiornale, il primo a ricevere quell'incarico. Io non l'ho conosciuto, ma doveva essere un tipo forte, simpatico. I suoi colleghi radiocronisti di allora mi hanno detto che era uno straordinario maestro. E io faccio fatica a immaginarmi un trentottenne che viene riconosciuto come un direttore d'orchestra. Aveva la vita davanti, tutto gli sorrideva. La sua rotta era certa, la navigazione coraggiosa e sicura.

Morì in poco tempo, divorato da una leucemia fulminante. Una di un tipo sconosciuto, per i tempi. Morì il 26 luglio del 1956. Lo stesso giorno in cui affondò l'*Andrea Doria*, la meraviglia della nostra nautica civile. Un gioiello di tecnologia, un annuncio, per mare, che gli stenti della guerra erano davvero finiti e che la vita ricominciava. Era un manifesto di primavera, quella nave modernissima. Eppure un'altra imbarcazione la speronò, come fosse una malattia, e tra strazi e urla la grande nave, futuro e possibilità, si stese su un fianco, come un elefante colpito, e poi scomparve. Di lei resta il ricordo di quello che era stata. E di quello che avrebbe potuto essere. Come una persona.

Da ragazzo mi immaginavo, come in un montaggio alternato, la vita che se ne andava da mio padre e l'agonia di quella nave. Le vedevo insieme, intrecciate da un invisibile filo.

Come mi sembra di riconoscere un legame invisibile, quasi magico, tra la *Rodi* che si strazia e il destino di un bambino che forse la vide scomparire, in una brumosa giornata di dicembre.

Aveva quattordici anni, quel giorno, Roberto Peci. Lo immagino con il bavero alzato, sul lungomare, che partecipa di quella febbre che percorse la sua famiglia, la sua città. Lo immagino con gli occhi sbarrati vedere la rabbia di suo fratello e i pugni chiusi di chi chiedeva giustizia. Per Patrizio, che aveva tre anni più di lui, furono forse i giorni decisivi. Di un percorso di militanza che di lì a poco si incrocerà, perdendosi, con la violenza. Forse il destino di tanti è rimasto incastrato insieme ai corpi dei marinai della *Rodi*. Il destino degli uomini che Patrizio Peci avrebbe ucciso, il destino della sua faccia che un intervento di chirurgia plastica avrebbe trasformato per sottrarlo alle vendette dei suoi compagni, il destino di quel bambino di quattordici anni con il bavero alzato. Che guarda stordito quella nave che muore e non sa che, quel giorno di Natale, anche lui comincia un po' a morire.

Cinque

Roberto Caporale torna a Vermicino con la sua apparecchiatura. Ha tutto quello che può servire per stabilire un contatto col bambino. La Rai, interpellata sulla possibilità di mandare giù una telecamera in grado di riprendere in una condizione di buio assoluto, fa sapere di non possedere nessuno strumento adatto. Il filo del microfono portato da Caporale scende, per un tempo infinito, nel pozzo che sembra non finire mai. Deve passare nel pertugio lasciato dalla tavoletta. I vigili del fuoco hanno fatto di tutto per tirarla via, ma non ci sono riusciti. Nell'operazione si è persino spezzata la corda di canapa che la teneva e ora quel pezzo di legno è un oggetto inerte, un altro diaframma che rende più difficile il contatto con Alfredo.

Il microfono a un certo punto sembra rimbalzare, ha raggiunto la testa del bambino che se ne lamenta con la madre: «Mamma, mi hai tirato qualcosa». Roberto racconta di avergli parlato. «Gli ho chiesto: "Come è successo?" e lui mi ha risposto "Sono scivolato".»

È una testimonianza importante, che serve a fare ulteriormente giustizia di tante assurdità circolate dopo la morte del bambino. Poi Roberto racconta una circostanza inedita: «Al bambino fu detto di puntare i piedi, il microfono salì di qualche metro. Non ricordo quanto ma ricordo che tutti erano contenti». È sicuramente vero, se Roberto lo racconta, non senza emozione, dopo tutti questi anni. Ma dove poteva aver puntato i suoi piedini, Alfredo? E se davvero fosse riuscito ad alzarsi questo voleva dire che almeno all'inizio non era completamente bloccato, un braccio sotto la gamba, come poi l'hanno trovato i soccorritori che sono riusciti a raggiungerlo. A meno che non sia rimasto incastrato ricadendo dopo questo tentativo.

Roberto registra queste prime conversazioni con il bambino. Le registra su una cassetta, quella che aveva preso dal tavolo del presidente dell'azienda per cui lavora. Lo stesso che di lì a poche ore avrebbe deciso il suo licenziamento in tronco. «Fui cacciato per tre ragioni: mi accusarono di aver rubato il materiale dalla sede, mi accusarono che il merito del collegamento con il bambino se l'era preso la Rai e non era ricaduto promozionalmente sulla loro società, mi accusarono di volermi fare pubblicità. Pubblicità io, che durante e dopo la vicenda sono sparito e non ho mai cercato la luce dei riflettori.» Fu poi riassunto precipitosamente, anche perché ci mise poco a dimostrare che se era stato un furto, allora dovevano arrestare anche i poliziotti che, con due macchine e la sirena spiegata, lo avevano accompagnato.

Di quella cassetta con la voce di Alfredo non si è mai più trovata traccia. Roberto racconta che in azienda si diceva che sull'altra facciata del nastro c'erano conversazioni registrate in precedenza e non si voleva che diventassero di dominio pubblico. Comunque per il giovane tecnico comincia una stagione di inoperosità; l'azienda, dopo il clamore, non lo licenzia ma lo tiene lì, senza fargli fare nulla. Una tecnica che ora si chiama mobbing. Non sarà il solo, dei tanti che si sono prodigati per salvare Alfredino, a pagare un prezzo inopinato, a scontare quasi la colpa di non aver girato le spalle di fronte a quel bambino e al suo destino. Come molti altri testimoni che ho incontrato, anche lui la notte, per tanto tempo, si è svegliato in lacrime, con quella voce nelle orecchie e nel cuore.

Passano le ore, in fondo al pozzo. La telecamera non si trova, anche perché, come spiega l'architetto Faggioli, «ne serviva una a infrarossi perché non si poteva mandare giù una luce forte, il calore avrebbe rischiato di alterare l'equilibrio del terreno e far precipitare dei pezzi del tunnel sulla testa del bambino». Tutto è complicato, ogni cosa è collegata a un'altra, nella sfida del pozzo. Ogni gesto ha delle conseguenze, nulla è lineare. Come quel buco nella terra. Che comincia largo, tanto largo da poter inghiottire un bambino che cade da un terrapieno. E che poi si restringe, come un imbuto maligno, fino a soli ventotto centimetri. «È largo come un sottopiatto» dice Faggioli.

Dentro quel sottopiatto c'è un bambino, che urla e vuole libertà. La sua voce arriva nitida e terribile in superficie.

Trascrivo da «Il Messaggero» la cronaca di quei minuti: «Ore 2,50. Il bambino avverte che ha toccato la fune e che la stringe. La madre gli parla senza pause, lo implora di stare calmo e di tenere stretta la fune. Lui invoca: "Tiratemi su". Ore 3,00. Alfredo fa sentire di nuovo la sua fievolissima voce: "Mamma, mamma, aiutami, ho fame..." e la signora Franca: "Adesso ti tiriamo su e così ti fai una bella mangiatona, stai tranquillo". Ore 3,07. Si comincia a tirare la fune, ma Alfredo urla, si dispera e l'operazione si interrompe. Si riprende il tiro della fune, molto lentamente, con numerose pause. Ore 3,20. Alfredo urla: "Arrivano i sassi", piange e perde il contatto con la fune. Ore 3,30. Si tenta di far arrivare legata a un cavo una seconda torcia elettrica, della prima si erano esaurite le batterie. Ore 3,40. Alfredo non risponde più. La madre urla il suo nome. Il silenzio dura venti interminabili e altamente drammatici minuti. Ore 4,02. «Il bambino fa sentire la sua voce: "Voglio uscire, voglio uscire". La madre si copre il volto con le mani e urla: "È vivo, è vivo"».

Posso immaginare la concitazione e la disperazione dei soccorritori e dei genitori. La ricerca di una soluzione. Subito, prima che sia troppo tardi. E così, alle 4,05, si compie forse il più tragico degli errori di questa vicenda.

Prende corpo la «soluzione immediata». Trascrivo le parole di quella relazione di intervento che ho trovato all'archivio di Stato. È firmata da Elveno Pastorelli, il comandante dei vigili del fuoco che seguirà tutta la vicenda e che cerca, con una costruzione bizantina, di «coprire» i concitati comportamenti di quelle prime ore. «Si è pertanto provveduto ad allestire, come d'altronde già attuato con successo in casi analoghi, una base di appoggio costituita da una tavoletta di legno appesa da ambo gli estremi a una corda da calare in corrispondenza del piccolo. Data la tenera età dello stesso si è tuttavia ritenuto di consultare il padre sull'opportunità del tentativo che, pur se dimostratosi efficace in varii casi con persone adulte, poteva presentare ben altre difficoltà con un bambino.

«Avendo accertato, tramite le conversazioni che avvenivano dall'orlo del pozzo, che il piccolo non sembrava aver subito traumi fisici di rilievo e avendo avuto ampie assicurazioni dal padre che lo stesso, di buona costituzione fisica, di natura vivace e di intelligenza spiccata, era da ritenere senz'altro in grado di servirsi con facilità dell'attrezzatura predisposta collaborando alle operazioni di soccorso, si è proceduto a calare nel pozzo detta tavoletta che è scesa regolarmente per circa venticinque, ventisei metri e a tale profondità si è arrestata. Vani sono risultati purtroppo i tentativi di farla scendere oltre, per cui si è deciso di farla risalire.

«Tale operazione si è tuttavia presentata immediatamente più difficoltosa di quanto prevedibile poiché la tavoletta si era probabilmente incagliata in qualche sporgenza più consistente delle pareti. Nonostante vari tentativi la tavoletta non si è disincagliata.»

C'è tutto il peggio del nostro Paese in queste righe. Si mettono le mani avanti dicendo che questa tecnica era già stata sperimentata con successo. Ci si nasconde dietro le spalle, già curve dal dolore, del padre che avrebbe assicurato «la buona costituzione fisica» di un bambino, malato di cuore, forse ferito, certamente disperato. Se Ferdinando Rampi ha pronunciato quelle parole, lo avrà fatto perché aveva fiducia in Alfredo e nella sua voglia di sopravvivere e soprattutto perché, dopo otto ore che quella creatura era precipitata giù, si sarà giustamente fidato dei soccorritori che gli assicuravano la bontà dell'idea «già attuata con successo». Tutto, avrà pensato, pur di estrarre quella piccola voce dalla caverna.

E da quelle righe emergono l'imperizia e la superficialità di chi ha potuto pensare che Alfredo, di cui erano note le condizioni di immobilità anche per quello che lui stesso gridava dal fondo del buco, potesse «servirsi con facilità» della tavoletta. «Facilità», per un bambino di sei anni, incastrato tra spuntoni di roccia a trentasei metri di profondità, dopo una caduta rovinosa. «Facilità», da non crederci.

È la signora Rampi a descrivere quei minuti concitati in una intervista che va in onda a Tg2 Dossier. «Mi dicono, cerchiamo di mandare giù una tavoletta, una tavoletta legata ai due bordi, dove il bambino prende le manine, si aggrappa e viene su. Io adesso, nella mia ignoranza, perché non è che sono... sono una donna che non ha mai fatto il soccorso però gli ho detto a questa persona, gli ho detto, ma pensa che ce la possa fare? Anche perché il pozzo, abbiamo saputo dopo che era ottantaquattro metri, noi non sapevamo se il bambino era lì o a ottantaquattro metri. Venire su, appoggiato a questa tavoletta con le manine, dico non ce la fa con tutto il peso del corpo, non ha questa forza, dico per cui non mi sembra che sia il caso. E lui: "No, no, facciamo così perché così va bene, verrà su". E io: "Va bene", che dovevo fare io, non vedevo l'ora di rivederlo, se questo andava bene...»

Quel pezzo di legno, troppo largo per le dimensioni del pozzo, che evidentemente non si conoscevano, condizionerà buona parte di questa storia. Costituirà un altro tappo, un'altra intercapedine tra Alfredo e la luce, tra Alfredo e la libertà.

È già disperazione, alle quattro del mattino. È già la sensazione di trovarsi in un incubo: il bambino che urla, la tavoletta incastrata, le trivelle che non arrivano, i genitori che implorano una soluzione. I vigili, gente seria, capiscono che quella storia sarà molto più difficile di mille incendi e mille calamità. Per questo anche loro accettano di buon grado l'arrivo di chi conosce davvero quelle brutte bestie che sono i buchi della terra.

È notte fonda quando Maurizio Monteleone, un giovane speleologo del corpo nazionale di soccorso alpino, riceve una telefonata che lo sveglia nella sua casa di via Graziano. Gli dicono: «C'è un bambino in un pozzo a Vermicino, potete intervenire?». Lui si fa dare il numero e richiama per essere sicuro che non sia uno degli scherzi che i ragazzi del club alpino ogni tanto si fanno tra loro. L'ora e la descrizione lo potevano far pensare. Il nome e i recapiti di Monteleone li ha fornito al 113 l'emittente privata Teleregione. Una stranezza, se si pensa che da tempo i ragazzi avevano consegnato i loro elenchi alla Questura e all'Arma dei carabinieri.

Maurizio, con la sua Cinquecento, passa a prendere i colleghi. È già l'alba quando arrivano a Vermicino. Hanno i capelli lunghi, le barbe fluenti e, nel caso migliore, indossano blue-jeans. Il caposquadra si chiama Tullio Bernabei. Ha ventidue anni, solo sedici più di Alfredo. Ho recuperato la relazione che gli speleologi scrissero alla fine della vicenda, il 29 giugno del 1981, nella quale descrivono la situazione che trovarono arrivando: «Sul posto vi erano già i vigili del fuoco e soccorritori improvvisati che si affannavano attorno all'imbocco cercando di levare una tavoletta, legata a una corda di canapa, che precedentemente era stata calata nel pozzo ed era rimasta incastrata. Sistemata una carrucola con bloccante sulla verticale del pozzo tramite un armo a fionda, la squadra inizia i tentativi di discesa: primo tentativo di Bernabei, si fa calare a testa in giù legato per i piedi, ma si ferma a quota meno venti per una strozzatura nel pozzo (dovuta a uno strato di roccia più dura nel quale la trivella aveva praticato un buco più preciso). Riesce tuttavia a vedere la tavoletta qualche metro più in basso».

Tullio, oggi affermato autore di documentari scientifici, rammenta come un incubo quella prima immersione nel buio del pozzo. Aveva deciso di tentare quella via perché era fresco di corsi, organizzati sulle Alpi, nei quali si sperimentava il recupero di persone precipitate nei ghiacciai. Nonostante tutta la sua esperienza, quel buco era davvero troppo piccolo per pensare che in esso potesse racchiudersi un corpo umano, anche quello di un esile bambino. Ricorda oggi: «Scesi bene per i primi dieci metri, ma il pozzo non era rettilineo e faticai molto nella seconda parte dove la pietra era più dura. Vedevo bene la tavoletta, che era a pochi metri da me e ostruiva la vista del bambino. Ricordo il respiro affannoso di Alfredo, ricordo che piangeva sommessamente e che chiamava la sua mamma. Ho cercato di rassicurarlo. Gli ho detto, con tutta la dolcezza che potevo: "Stiamo venendo". Il bimbo mi ha risposto: "Fate presto". Ma non riuscivo a scendere più giù e allora ho chiesto di essere tirato in superficie».

Ancora il rapporto: «Secondo tentativo di Monteleone che prova con un solo braccio in avanti, con lo stesso risultato. Terzo tentativo di Monteleone con tutte e due le braccia in avanti: nessun progresso». Maurizio, che è anche un ottimo disegnatore e sta ora ricostruendo tutta la vicenda in un graphic novel, ricorda di aver intravisto Alfredo, nei pertugi lasciati liberi dalla tavoletta. Attraverso quei piccoli spazi dovevano passare anche tutti i cavi: quello della luce, il microfono, quello che di lì a poco avrebbe cominciato ad alimentare il bambino. Un groviglio di fili che in quello spazio ridotto si è più volte intrecciato.

Prosegue la relazione: «Quarto tentativo. Bernabei si fa calare munito di un gancio di ferro lungo circa quattro metri legato a una corda indipendente, e realizzato con un tondino da costruzione reperito in loco. Riesce a dare alcuni colpi alla tavoletta per smuoverla, poi l'aggancia e la fa tirare dall'alto: il gancio si apre».

Il rapporto a questo punto non è più pura cronaca e ci introduce in una delle dimensioni del dramma di Vermicino. Il dramma degli uomini che, sopra la testa di Alfredo, tentano di fare tutto il possibile per salvarlo. Tutti hanno fatto il possibile. Si sono visti vigili del fuoco, rotti a ogni esperienza, piangere come bambini. Ci sono ragazzi del corpo speleologico che sono restati lì senza dormire per giorni interi. Ci sono volontari che senza sapere nulla di pozzi hanno rischiato la vita là sotto.

Tutti per lui, per quel bambino che non conoscevano. Ci hanno provato in ogni modo, non ci sono riusciti. Quei giorni hanno lasciato in ciascuno dei testimoni che ho ascoltato il sapore amaro di una sconfitta. Di quelle sconfitte che ti segnano per tutta la vita. Di quelle che ritornano, come un fantasma, nelle notti difficili. Di quelle che ti stringono il cuore. Di quelle che, in un momento qualsiasi, per una ragione inspiegabile, ti possono dare un dolore violento e improvviso, come una fiocinata al petto. È legittimo che, ora come allora, ci fossero idee diverse per affrontare e risolvere il problema. E che queste abbiano potuto generare conflitti. Gli speleologi, ad esempio, sono ancora oggi convinti che le istituzioni, specie dopo l'arrivo dei media, non volessero che a salvare il bambino fossero dei giovani volontari e non le strutture ufficiali.

Per capire meglio quel tempo, dobbiamo ricordare che erano passati solo otto mesi dal terremoto dell'Irpinia e dalla tragedia dei soccorsi rivelatisi del tutto inadeguati. Lo Stato era sotto accusa per la sua inefficienza, per la sconcertante lentezza e disorganizzazione. Erano morte troppe persone, per questo. Comuni non raggiunti, gente che scavava con le mani tra le macerie per salvare moglie e figli. L'Italia era rimasta sotto choc. E ora, mettere in salvo quel bambino poteva costituire una occasione di riscatto; il fallimento dei soccorsi avrebbe invece significato una ulteriore, tragica, dimostrazione di impotenza.

A rileggere oggi le pagine del rapporto dei giovani speleologi si sente il sapore di quella Italia in subbuglio. Quella che, dopo la strage alla stazione di Bologna, si era ritrovata a piazza Maggiore un giorno di agosto dell'anno precedente, a fischiare i rappresentanti del governo. Quella che aveva protestato nelle terre martoriate dell'Irpinia. Quella che aveva nelle orecchie l'oscura storia della P2, appena esplosa, che raccontava dell'infiltrazione violenta della massoneria nello Stato.

Così il loro documento ufficiale: «I vigili del fuoco ci impediscono di continuare il lavoro nel pozzo. Tentano di estrarre la tavoletta nel seguente modo: montata una capra sulla verticale del pozzo e fissata una carrucola sulla stessa, vi fanno passare il canapo della tavoletta; collegatolo con un argano cercano di tirare fuori il tutto. Risultato: si strappa il canapone all'interno del pozzo in un punto dove era giuntato. Il canapo cade quindi sulla tavoletta occludendo quasi totalmente il pozzo e rendendo estremamente difficili i collegamenti con il bambino. La direzione delle operazioni (leggi VV.FF.) decide di interrompere qualunque tentativo nel pozzo artesiano e di iniziare le trivellazioni nel pozzo parallelo.

«Ci viene comunicato che la nostra opera non è più necessaria e che dobbiamo tornarcene a casa. Veniamo più volte allontanati dalla forza pubblica, ma rimaniamo comunque sul posto».

In questa conclusione risuona un'eco del finale di *Fragole e sangue*, il film sulla contestazione negli Stati Uniti che aveva formato i giovani di allora, ma è solo la testimonianza di un dolore che non si rassegna. Quei ragazzi non accettavano di non avercela fatta e pensavano che chi in quel momento comandava, sbagliasse.

Prima che mi occupassi della vicenda di Alfredo e che conoscessi quei ragazzi nel frattempo diventati grandi non mi ero mai seriamente imbattuto nella speleologia. I miei occhi sono scesi sotto la superficie del mare e ho provato la inebriante sensazione di volare guidato solo dal rumore del vento; la mia fantasia è arrivata in cima a un'alta montagna e i miei sogni hanno vagato nello spazio infinito. Ma non mi ero mai fatto prendere, neanche nell'immaginario, dall'idea che esistano non altri spazi ma un altro mondo, che si nasconde sotto la dura terra e si protegge con essa. E che quel mondo è a disposizione, come la vetta di un monte, come la profondità di un oceano. È la terra al quadrato, sono montagne rovesciate, piramidi con la testa all'ingiù, fiumi che si nascondono, laghi che non hanno mai visto l'uomo.

Tullio inizia a essere affascinato dalla speleologia leggendo per cinque volte il *Viaggio al centro della terra* di Jules Verne, la ricerca del centro del mondo, raggiungibile da una entrata del vulcano Snaeffels in Islanda, identificabile dall'ombra del vulcano stesso in un solo giorno, il solstizio d'estate. Storia di codici segreti, esplorazioni coraggiose e colte e persino l'incontro con un tempo che si è fermato e la natura incontaminata, gioiello a cui tutti hanno attinto, da Michael Crichton in *Jurassic Park* a Steven Spielberg per *Indiana Jones*.

Immagino Tullio bambino, mentre fuori infuria il Sessantotto, conoscere la propria rivoluzione, quella che avrebbe cambiato la sua vita, i confini della sua conoscenza. In fondo la Comune di Parigi non si proponeva «l'assalto al cielo»? Quel bambino, che non era stato a Valle Giulia e non aveva occupato Palazzo Campana, stava decidendo, in quegli stessi giorni, che da grande avrebbe cercato di dare il suo personale, liberatorio, «assalto alla terra».

Maurizio andava al Tasso, prestigioso liceo classico di Roma. Ma, ovviamente, la sua passione erano le materie scientifiche. A quindici anni girava per catacombe e sotterranei, come se qualcosa lo portasse quasi febbrilmente a cercare radici, non rami. La prima grotta la incontrò durante una furtiva visita in un possedimento nei dintorni di Roma del marchese Patrizi. Aveva diciotto anni e oggi ricorda: «Eravamo gente strana, ci consideravano marziani. Sopra i nostri coetanei facevano a botte per la politica, noi, che pure le nostre idee le avevamo, ce ne andavamo a cercare la felicità sotto terra». In queste persone ho ritrovato l'intensità di una passione che assomiglia a una febbre. E ardono dal desiderio di raccontare, di condividere con gli altri quello che i loro occhi hanno visto, di rivelare una verità, come apostoli di un altro mondo, esistente e possibile.

È Maurizio che mi parla, con l'impeto di un torrente sotterraneo che emerge, per una volta, in superficie. «La grotta è esplorazione, incognito, scoperta geografica. Ci sono profondità di un chilometro, oltre il varco da cui entri. Metti piede dove piede non è mai stato messo, metti luce dove non è mai stata messa. Metti gli occhi dove non sono mai arrivati, attraverso un buco della terra scopri nuovi confini del mondo. Ogni tanto mi chiedono: "Cosa fai nella vita?". Io rispondo: "L'esploratore della terra". Mi obiettano: "Cioè non lavori?". "Mica mi hai chiesto che lavoro faccio, mi hai chiesto che faccio nella vita e la mia risposta è che esploro, cerco, non mi fermo".

«Non si ha paura, o meglio, la paura è uno strumento, serve a misurare il pericolo. Ci si avvicina al rischio in maniera oculata. L'ipercontrollo è la migliore assicurazione. Per conoscere il pericolo bisogna usare la paura. Ma ne vale la pena. Non sai che meraviglia è il mondo rovesciato. Perché tu entri da un varco che la storia di altre esplorazioni o semplicemente la confidenza di un contadino sapiente ti ha fatto scoprire. Entri come si entra nella vita. Non sai cosa ti accadrà, non sai cosa troverai. Nessun satellite, nessuna foto aerea può averti fatto vedere quello che vedrai. Sotto c'è un mondo sconfinato, misterioso e senza fine. E sconosciuto, magico. In montagna la cima la vedi, in grotta no. L'acqua disegna, il calcare di millenni ha modellato forme inaudite, dall'assoluta perfezione di una pietra tonda come un disegno di Giotto a stravaganze solide che sembrano arte contemporanea. Ma è la natura, sono le stalattiti, le stalagmiti. In grotta c'è il vento e si seguono le correnti d'aria. Si incontrano fiumi sotterranei che compaiono e scompaiono e laghi e natura rigogliosa, solo che la luce abbia trovato un pertugio per passare. Io ho visto l'Eden molte volte. E tutto è perfetto, perché la terra nascosta è uno dei pochi luoghi del mondo dove l'uomo non abbia messo le mani. Dovresti vedere cosa sono i canyon sotterranei e cosa è convivere con i fiumi della notte, i fiumi senza stelle. Perché nella grotta il tempo non c'è. Non esiste giorno e notte, alba e tramonto.»

Uno dei protagonisti della speleologia italiana si chiama Andrea Gobetti. È il nipote di Piero. Quel grande italiano, liberale e democratico, che morì esule dopo le persecuzioni fasciste che lo colpirono nei modi che i fascisti prediligono: l'aggressione fisica e l'impedimento a far circolare liberamente idee, ideali, parole. Lasciando per l'ultima volta la sua Torino, una settimana prima di morire, annotò su un taccuino: «Io sento che i miei avi hanno avuto questo destino di sofferenza, di umiltà: sono stati incatenati a questa terra che maledirono e che pure fu la loro ultima tenerezza e debolezza. Non si può essere spaesati ... Non mi importano i risultati perché li accetto come misura della mia azione, di me (un'altra misurazione della volontà sarebbe complicata e impossibile). Il segno: essere se stessi dappertutto». Aveva venticinque anni, neanche.

«Essere se stessi dappertutto», una magnifica lezione. Le parole, come i tic e i tratti somatici e caratteriali, viaggiano anche per mezzo del Dna. Perché esiste un Dna culturale, dovremmo saperlo. E io ho trovato il segno di quel rigore e di quel coraggio nei libri di Andrea Gobetti. Nei suoi racconti delle spedizioni, nella bellezza della descrizione dei rapporti umani, del senso della comunità e dell'amicizia che si costruisce tra chi condivide un rischio, una scoperta. Così ha scritto: «Le grotte sono l'ombra del tempo. Tutti sanno che le grotte sono la memoria dell'acqua; io voglio aggiungere che l'acqua è trasparente, e dietro di lei si vede, si tocca, si vive un luogo fatto a immagine e somiglianza del tempo». All'obiezione immaginaria di un giudice immaginario che guarda annoiato un orologio immaginario, risponde: «"Lei scruta nella sua orbita da polso un'immagine piatta del tempo che l'uomo si è fatta agli albori della civiltà, alzando gli occhi al cielo. Ma quella non è tutta la verità del tempo"». Il giudice gli obietta: «"Lei sa come è fatto il tempo? E che ci fa, fuori dal manicomio? Ah, già, li hanno chiusi". "Ci faccio lo speleologo, mio stimato giudice; esploro la memoria dell'acqua, cioè la natura del tempo." "E che cosa le ha detto?" ... "Che biforca. Mi ha detto che il tempo è un labirinto di separazioni e congiunzioni, grandi gallerie nonché crepe anguste, vicoli chiusi, cul de sac, catture."» E poi aggiunge: «"Lei non ha la più pallida idea di come è fatto il tempo. Lei parla di cose valide, reali, giuste, inoppugnabili: parla e parla di tante cose, ma mai di vuoto, e le cose funzionano nella realtà tangibile, ma traballano, annaspano nel tempo"».

L'acqua ha una memoria, e il tempo ha una natura. A vedere il mondo dal suo «buco del culo» tutto deve apparire più chiaro. Solo chi ha conosciuto quelle notti senza buio e quelle mattine senza luce, solo chi ha vissuto l'emozione di passare da una strettoia e scoprire un universo perfetto può capire e vedere il mondo così.

In un secolo, raccontano Francesco Dal Cin e Antonio De Vivo, autori di *Meraviglie del mondo sotterraneo*, decine di migliaia di speleologi hanno scoperto quindicimila chilometri di gallerie. Come la distanza che separa Roma da Melbourne. Luoghi nei quali l'uomo sembra una formica tanto è piccolo di fronte alla grandezza del vuoto. Nelle Filippine ci sono grotte marine con saloni alti più di cento metri e larghi altrettanto; in Francia si aprono abissi ai quali si accede da un orifizio di cinque metri per otto oltre il quale si distendono vallate larghe settanta metri e lunghe duecento. In Nuova Zelanda c'è una enorme grotta, la Puketiti Flore Cave, le cui pareti sono tappezzate da stupefacenti fiori di gesso; lì vivono delle lucciole che emettono luce per attirare altri insetti, producendo effetti sconvolgenti.

Tullio Bernabei, che ha continuato a girare il mondo e in uno dei suoi viaggi ha conosciuto una splendida ragazza del Chiapas che oggi è sua moglie, mi ha descritto quella che per lui è stata l'esperienza più emozionante. L'esplorazione della mitica grotta dei cristalli di Naica, in Messico. Queste grotte sono emerse dall'acqua per effetto del pompaggio operato per decenni dai lavori di una miniera. Sono state poi scoperte nel 2000. La temperatura lì raggiunge i 50 gradi e l'umidità i 100. Condizioni nelle quali una persona non protetta può sopravvivere qualche minuto. Ma lì c'è il paradiso. Chi, come Tullio, è riuscito a conoscerlo, lo racconta proprio così. Cristalli lunghi anche dieci metri, conformazioni di tutte le forme e i colori. Sono i cristalli di gesso più puri e più grandi mai scoperti e si sono formati nell'ultimo milione di anni, a centosettanta metri sotto l'acqua e a una temperatura di 54 gradi.

Ma il senso poetico della storia di questa grotta è che sta per sparire. O, meglio, sta per tornare dove è stata prima che la mano dell'uomo pompasse, per il fabbisogno della miniera, 1000 litri d'acqua al secondo. Il costo energetico di questa operazione è di 100 kilowattora all'anno ed è una spesa che si giustificherà solo se la miniera continuerà a fornire le 170 tonnellate di argento che oggi genera. Per un milione di anni la grotta dei cristalli non è esistita. Ora sappiamo che c'è. Esistono foto scattate da uomini che, come Tullio ha raccontato in un testo che parla della sua esperienza, hanno rischiato di morire per vedere quella meraviglia.

Scrive: «È una grotta straordinaria, quanto di più bello e misterioso si conosca sulla terra: ma allo stesso tempo è qualcosa di totalmente alieno, non umano, mortale ... Varco la soglia, la caverna principale della Cueva de los Cristales, lunga una quarantina di metri, è un geode gigantesco, un immenso scrigno dove sorge una foresta di cristalli: colonne di selenite bianca, una forma purissima di gesso, nascono dovunque e si estendono, incrociandosi, in tutte le direzioni possibili. Molti cristalli superano i dieci o i dodici metri di lunghezza e pesano tonnellate. Un mondo irreale, oltre l'immaginazione, un fumetto, una scenografia da film di fantascienza. O, forse, più semplicemente, qualcosa di superiore, trascendente, divino». Ma il suo respiratore si guasta e lui comincia a respirare aria bollente, satura d'acqua. «Nella mente si formano i volti dei miei bambini, della mia donna, di mia madre. Non voglio perderli, non voglio morire. Ma sono certo che la morte sta arrivando.» Riuscirà a raccontarlo, come sopravvisse. E come si può morire per non perdere un incanto.

Come la sterna artica, un uccello del Nord, che fa il suo nido nel Circolo boreale artico. Poi però attraversa tutto il mondo, in un viaggio faticoso e pericoloso sorvola continenti e oceani, passa sulla Patagonia e arriva in Antartide, dall'altra parte del pianeta. Unicamente per stare dove si vede e si vive ciò che le piace: il ghiaccio che si fa montagna e superficie. Così, per il piacere degli occhi.

La Cueva sta per tornare in fondo al mare, forse tra due anni. Come Atlantide o come gli affreschi romani della metropolitana di Roma, che Fellini immaginò evaporare al contatto con la modernità. La Cueva tornerà al mare, come una balena che ha perso il senso dell'orientamento, è finita su una spiaggia ma si è fatta fotografare e ha regalato all'umanità la prova della sua esistenza. La ricerca del meraviglioso è come il filo dell'orizzonte. Solo se non smetti di viaggiare puoi nutrire l'illusione di raggiungerlo. E solo se non smetti di sognare puoi sperare di incontrarlo.

Questa splendida follia, insieme a quella eresia

moderna che è il desiderio di relazione con gli altri e dunque la generosità, spiega perché ragazzi con mille possibilità e speranze si sono infilati per primi, legati per i piedi, in un buco della terra grande come un sottopiatto. Per andare a cercare un bambino che non conoscevano, del quale non sapevano gli occhi e il volto. Non era una grotta di cristalli ma, in quell'alba livida di giugno, era lui la loro meraviglia e per raggiungerla hanno rischiato. «Essere se stessi, dappertutto.»

«Iniziano le trivellazioni» hanno scritto gli speleologi nel loro rapporto. In effetti Pastorelli ha setacciato tutta Roma, ha fatto sfondare reti e cancelli alla ricerca di una trivella che possa al più presto cominciare la costruzione di un pozzo parallelo. C'è, agli atti dell'inchiesta, un documento che sembra scritto da Age e Scarpelli, l'insuperabile coppia di sceneggiatori della commedia all'italiana. È la cronaca dettagliata di questi tentativi e anche uno spaccato della disorganizzazione totale di quel tempo. È un altro rapporto firmato Pastorelli: «Ore 1,30 iniziava la ricerca di una trivella di almeno 80 centimetri di diametro che potesse raggiungere almeno 35 metri di profondità. Allo scopo si interpellavano le seguenti ditte: ore 1,32 Sogene capocantiere geometra Maffi forniva indicazioni circa una persona che avrebbe potuto eseguire il lavoro tale D'Angelo che si metteva a disposizione ma aveva la punta della trivella rotta e quindi in riparazione. Per il prelievo della punta si metteva a disposizione del D'Angelo il nostro V.C.R. Sabatini con automezzi necessari. 1,33 Enel a Campagnano con esito negativo. 1,35 Snam negativo ma forniva un ulteriore numero – negativo – oppure forniva l'indicazione di rivolgersi alla ditta Palgrandi.

1,36 Palgrandi non risponde nessuno al telefono. Inviato un vigile sul posto ma non si è potuto reperire nessuna indicazione utile per rintracciare gli incaricati. 1,40 Tecnosonda non risponde nessuno. 1,44 Tecnopali non risponde nessuno. 1,44 Ditta Bottago non risponde nessuno. 1,45 Ferrovie dello Stato (ufficio tecnico) non risponde nessuno. 1,46 si cerca attraverso la Sip di avere ulteriori numeri telefonici esito negativo. 1,50 Giropali non risponde nessuno. 1,50 inviato vigile a casa dell'ingegner Casamassimo, non trovato nessuno. 1,53 Cantiere via Gregorio VII non trovato nessuno. 1,53 mentre continuano le ricerche con esito negativo viene fatto un annuncio alla radiotelevisione privata Teleregione e quindi anche alla Rai attraverso il 113. 2,00 Comunicato sala operativa ministero dell'Interno difficoltà ricerche trivella. 2,00 Geopali (Scipioni) seccato per la sveglia risponde con frasi poco educate. 2,15 attraverso il 113 si cerca di rintracciare nuovamente l'ingegner Casamassimo con esito negativo. 2,20 Metroroma esito negativo. 2,31 So.Ge.Pa esito negativo. 2,50 Brunori forniva il numero della ditta Carchella ma non risponde nessuno. 3,15 contattato il Comune di Roma esito negativo. 3,20 provato nuovamente all'Agip ma non risponde nessuno. 3,25 inviato un vigile in via Aurelia cantiere nuovo tronco metropolitana esito negativo. 3,30 inviato 113 al cantiere presso il pontile di Ostia Lido trovato chiuso. 3,40 inviato 113 nella zona di Acilia con esito negativo. 3,45 provato cantiere Palazzo Grazia e Giustizia esito negativo».

Sono passate così almeno nove ore dal momento in cui il bambino è caduto nel pozzo. L'unico tentativo che va in porto è quello iniziato all'1,32 dal signor D'Angelo che, dopo lungo e generoso peregrinare, reperisce una trivella in via di Torre Spaccata. Alle 6,30 comincia il trasporto. Che si rivelerà complicato perché la trivella ha un guasto meccanico e deve essere trainata da un mezzo dei vigili del fuoco. Che Italia! Non tutto, del passato, è meglio del presente. Ma questa sequenza grottesca ci racconta anche dell'abnegazione, e della fantasia, con cui l'operatore della sede centrale dei vigili cerca una soluzione e della totale impreparazione di una struttura di pronto intervento (non c'erano i cellulari ma esisteva la reperibilità). E poi il nostro è il Paese del signor D'Angelo che si mette di notte a cercare trivelle per Roma e del signor Scipioni che «seccato per la sveglia, risponde con frasi poco educate». È sempre stato così. Ogni tanto prevalgono, anche nella vita collettiva, i D'Angelo. Ogni tanto, in verità più spesso, gli Scipioni.

Nel frattempo si è definita la strategia dei vigili del fuoco, dopo l'interruzione brusca e affrettata del lavoro degli speleologi. Pastorelli è convinto che sia impossibile arrivare al bambino dal pozzo artesiano a causa sia del restringimento, il sottopiatto, del pozzo; sia per la tavoletta incastrata che fa da tappo. Allora si decide di scavare un pozzo parallelo, che scenda oltre i trentasei metri ai quali si presume il bambino sia sospeso, per poi aprire un cunicolo orizzontale, presumibilmente all'altezza dei quaranta metri, e da lì prendere Alfredo, da sotto. Si pensa, giustamente, che sarebbe sbagliato cercare di farlo dall'alto, a trentadue o trentaquattro metri, per le difficoltà di manovra ma soprattutto perché si vuole evitare che i detriti prodotti dalla costruzione del tunnel orizzontale cadano sul bambino aggravandone la situazione. Tutto giusto, sulla carta.

Ma solo sulla carta. Non sul tufo duro, maligno, di quel fazzoletto di terra. Nella concitazione, il bambino urla e i genitori sollecitano, non si consulta un geologo che possa dare una indicazione approfondita sulla natura e le stratificazioni di una superficie che si comincia a bucare alla cieca.

Anche qui è interessante rileggere le parole rabbiose degli speleologi nel loro rapporto: «Ci accorgiamo che vogliono iniziare la trivellazione a meno di un metro dal pozzo artesiano, temendo la non perpendicolarità del pozzo artesiano e soprattutto che le vibrazioni possano provocare frane, iniziamo una feroce discussione riuscendo a far praticare il foro più distante».

Pastorelli nella sua relazione scrive: «Si è deciso di posizionare la trivella e iniziare la perforazione di un pozzo di soccorso parallelo con diametro di almeno ottanta centimetri tramite il quale scendere al livello di poco sottostante a quello del bambino al fine di poterlo raggiungere con un cunicolo orizzontale. Tale pozzo è stato posizionato a una distanza dal pozzo artesiano pari a circa sei volte il diametro di quest'ultimo. Detta misura è stata calcolata come la minima possibile senza interferire con il pozzo primario».

Inizia a lavorare una trivella della ditta Tecnopali che però ha la potenzialità di forare il terreno fino a trenta metri, non oltre. Si attende perciò l'arrivo di una macchina più potente, che ha messo a disposizione la ditta Geosonda scelta, scrive Pastorelli, «per serietà e preparazione in campo internazionale».

In fondo, per i mezzi di allora, in poche ore si sono attivate risorse tecnologiche importanti. Solo che, per arrivare, la grande trivella impiegherà, riferisce la relazione dei vigili, «non meno di otto-dieci ore». Per accelerare il percorso della grande «bestia» la polizia bloccherà il raccordo anulare. Nel frattempo si pensa, correttamente, di cominciare con la più piccola. Si arriverà dove si può, poi il colpo finale verrà dato dal grande braccio della Geosonda.

Sono le 8,45 del mattino. Alfredo ha trascorso la sua prima notte lì sotto. Ed è lì che ora dobbiamo tornare. Perché mentre sopra tutti si affannano, nel pozzo una creatura di sei anni ha certamente già smarrito il senso del tempo.

Avrebbe dovuto passare quelle stesse ore nel suo lettino. A immaginare storie avventurose, fate e calciatori e folletti. A sognare le automobili che gli piacevano tanto, come la «bella macchina» che aveva disegnato a scuola e che la maestra Brunetti ancora conserva. C'è un sole rosso, con i raggi gialli. E un'auto tutta azzurra, vista di lato, con due ruote messe proprio alle estremità e un abitacolo, chissà perché, marrone e un volante con una croce in mezzo. Al sedile di guida c'è una persona fuori scala, per quanto è piccola, come un bambino che fa una cosa da grandi. Sulla punta del cofano una specie di girandola, come quelle dei giochi di un tempo. Penso fosse per Alfredo la riproduzione del simbolo della Mercedes, per la sua struttura netta e semplice il più amato e riconosciuto dai bambini di tutte le generazioni. «Bellissimo» è il giudizio che la maestra scrisse su quel foglio colorato. E Alfredo ne sarà stato felice. Alfredo, il bambino che è ora in galera, ai ceppi, nella prigione più spaventosa che la più perfida delle menti umane possa immaginare.

Sono andato a trovare i genitori di Alfredo, trent'anni dopo. Franca Rampi, alla quale il tempo non ha tolto la bellezza dello sguardo, mi riceve con il marito nella loro nuova casa. Non è quella di allora, troppi ricordi dai quali era bene separarsi per sopravvivere. È un piccolo appartamento, dal quale la signora Rampi segue tutto quello che accade. È una donna evidentemente unica, con una viva curiosità intellettuale e un carattere nel quale mi sembra si fondino principi e convinzioni rigorose e una certa fragilità, prodotta dal doppio terremoto che ha sconvolto la sua vita. La morte di un figlio, in quelle circostanze. E la terribile macchina mediatica che ha invaso la sua esistenza e della quale è stata vittima, solo vittima.

Oggi è ormai quasi normale trarre dei benefici da vicende di cronaca delle quali si è stati involontari protagonisti. Ci sono mariti di donne assassinate che hanno organizzato tournée nelle discoteche e fratelli di bambine uccise che si sono rivolti a Lele Mora perché gestisse loro l'agenda, fitta di «ospitate» in locali alla moda. Una barbarie alla quale ci stiamo pericolosamente abituando. La signora Franca, invece, ha chiuso il portone della sua casa dietro di sé, ha impacchettato i giornali di allora e li ha riposti in cantina. Oggi per lei le uniche occasioni di presenza pubblica sono legate a manifestazioni organizzate dalla Fondazione che lei stessa ha creato, dopo la tragedia di Vermicino, e che porta il nome di suo figlio. Con suo marito fa la vita del quartiere, va a vedere gli spettacoli delle piccole compagnie che recitano nel teatro di zona. Mi mostra con orgoglio la foto del figlio Riccardo: è davvero bello, con lineamenti perfetti.

E non posso non pensare a come sarebbe oggi, a trentasei anni, Alfredo. Se fosse lui ad aprirmi la porta di questa piccola casa, se mi desse lui la mano e mi invitasse a sedermi attorno al tavolo per parlare di quei lontani, terribili, giorni di giugno. Di quell'incubo dal quale è uscito perché i vigili lo hanno salvato, perché gli speleologi lo hanno afferrato, perché i volontari lo hanno preso sotto le ascelle, Dio come è leggero, e lo hanno portato su. O perché si è fatto momentaneamente rondine o farfalla ed è volato via, su, fino alle braccia di sua madre.

Nel suo poetico libro *La saggezza degli uccelli*, Erik Sablè racconta che «secondo un vangelo apocrifo, Gesù quando era bambino fabbricava dei piccoli uccelli d'argilla. Dava loro la vita soffiandoci sopra. Gli uccellini immediatamente prendevano il volo. Questo è normale dato che lui era il Verbo e che il Verbo è la Vita ... Cristo bambino crea divertendosi. Gioca ed è il gioco del Logos che fa apparire il mondo, gratuitamente, per puro piacere».

Avrei voluto che Alfredo fosse per un solo secondo Gesù, o che Gesù gli consentisse di giocare a essere lui, e dalla pietra tombale nella quale era sepolto vivo potesse infondere su se stesso un soffio vitale. Un soffio, uno di quei respiri affannosi che si trasforma in ali e piume e libera quel corpo piccolo da un buco che è persino più piccolo e stretto di lui.

Dice oggi la mamma: «Era un bambino socievole, allegro, pieno di vita. Quando Riccardo venne al mondo era entusiasta, neanche un filo di gelosia. Era appena nato quando mi dissero di questa malattia, mi dissero che non era uno scherzo e che saremmo dovuti andare in America per operarlo. Lui cresceva bene, non aveva grandi disturbi, certo si stancava un po'. Mangiava poco, ma insomma era un bambino con una vita normale. Giocava come tutti gli altri, non aveva il senso di una vita condizionata, di un limite del suo domani. Non sembrava e non si sentiva un bambino malato».

Alfredo è lì sotto da almeno tredici ore quando comincia per lui un'altra delle torture che gli verranno imposte. È la tortura del rumore. Quel bimbo è lì, sospeso nel vuoto, con l'acqua sotto di sé. È ferito, al buio e al freddo da ore, non mangia dal giorno prima. Delle voci dall'alto gli dicono di stare tranquillo perché stanno per liberarlo. Non può muovere le braccia, una delle quali è incastrata sotto una gambina. Cos'altro può accadere a quella creatura?

Può accadere che irrompa nella sua vita anche un rombo terribile, come il motore di un aereo. Che alle otto di mattina, al posto del latte caldo con i biscotti, dopo una notte più brutta di un incubo, arrivi di colpo questo rumore incessante e ripetitivo. La trivella agisce, lo abbiamo visto, a due metri dal bambino. Lui sente tremare la terra che lo fascia, e ascolta quel muggito meccanico amplificato a dismisura dal tunnel nel quale è costretto. Non può nemmeno mettersi le mani sulle orecchie. Può solo urlare, e lo farà, che la smettano, che non ce la fa più.

Alfredo spera che quel rumore finisca, non sa che a quel rumore è ormai appesa la sua vita. La trivella all'inizio va giù veloce e sfonda i primi dieci metri con grande facilità. Poi comincia a rallentare, perché la terra si fa dura.

Intanto si cerca di alimentare il bambino. Arriva a Vermicino il professor Evasio Fava, primario del reparto di anestesia e rianimazione dell'ospedale San Giovanni di Roma. È un torinese alto e gentile, con una formazione singolare. Lo incontro nella sua casa di Roma. Mi riceve nel salotto, intorno quadri e opere d'arte. La moglie è malata in un'altra stanza. Si fa tramonto e poi sera a sentire i suoi racconti. Anche di come ha cominciato, di quali strade ha percorso prima di arrivare al prato sterrato di Vermicino.

Da soldato, durante la Seconda guerra mondiale,

per cercare di evitare il peggio si presentava come studente di medicina, ma non era vero. Durante una battaglia, una pallottola di rimbalzo lo ferì e fu ricoverato in ospedale. Lì ha visto morire soldati soffocati dall'etere con il quale si cercava di alleviare i dolori più lancinanti. Quando, finita la guerra, si iscrisse davvero a medicina a Torino, un giorno ascoltò il professor Dogliotti, luminare del tempo, raccontare un suo viaggio in America in cui aveva preso conoscenza di una disciplina chiamata anestetologia. Chiese agli studenti chi volesse approfondire questa novità. Evasio alzò la mano. E si innamorò di quella disciplina. Vinse i concorsi, «senza essere raccomandato», a Venezia e Roma. Siamo agli inizi degli anni Sessanta, a quel tempo negli ospedali la rianimazione era solo respiratoria, per gli intossicati. Lui pensò si dovesse estendere e per questo si specializzò anche in nefrologia e neurologia. Al San Giovanni, in pochi anni, mise in piedi una struttura di qualità.

Arrivano a Vermicino presto, con l'ambulanza e il primario («Sa, i torinesi si alzano di buon mattino»). Ora a parlare è un'altra relazione che proprio Fava scrisse «Al signor ministro degli Interni Rognoni», il giorno 19 giugno. «Sul posto dell'infortunio i sanitari, accertato che il corpo del bambino era precipitato in un pozzo artesiano e che si trovava alla profondità calcolata di 36 metri, hanno provveduto a controllare continuativamente le sue condizioni fisiche mediante l'ascolto dei parametri fisiologici raccoglibili in superficie grazie a un microfono fatto scendere in prossimità del suo corpo. I segni biologici in base ai quali è stato possibile esprimere valutazioni di vitalità sono stati: le parole del bambino, i suoi lamenti e il carattere della respirazione. Nessuna informazione è stato possibile raccogliere per la valutazione della attività cardiocircolatoria. Allorché, si sono precisate le difficoltà di arrivare in tempi brevi al recupero del bambino, è stato attuato con molte difficoltà, dopo molti tentativi, un estemporaneo sistema di canalizzazione, fatto giungere fino al bambino di acqua e zucchero prima, e di latte poi, alfine di assicurare a esso il necessario apporto idrico ed energetico.»

Le molte difficoltà sono legate al groviglio di cavi che si deposita sopra la tavoletta, nel tentativo di cogliere con precisione il pertugio laterale dal quale far passare le sonde. Il dottor Marcello Fatale, allora giovane assistente del reparto Rianimazione, ricorda oggi che Alfredino a un certo punto disse, evidentemente stanco di latte: «Basta, non lo voglio più, mandatemi la Coca Cola» e poi, lamentandosi per il volteggiare del sondino che spargeva liquido, urlava, con tutta la voce che gli era rimasta: «Basta, mi state sporcando tutto».

Sei

Patrizio Peci era uno «che menava. Una volta diede una bottigliata a un fascista a terra. Roberto era più intelligente del fratello, ma ne subiva l'influenza. Per lui menare era una pena». Sono le parole di uno che li conosceva bene, quei due ragazzi che frequentavano la Rotonda, una piazza di San Benedetto dove si ritrovavano i giovani di Lotta Continua e dell'Autonomia. Allora, tutto, in Italia, era separato politicamente: le strade, le scuole, i cinema, i quartieri, i bar, le curve degli stadi, i vestiti, i capelli. Erano due comunità, estrema destra ed estrema sinistra, che non comunicavano né si incrociavano mai. Se non per picchiarsi mentre, negli anni seguenti, i più violenti si abitueranno a convivere nelle carceri. Dove si racconta che, dopo la iniziale rigida separazione per omogeneità politica, le vite e le solitudini si intrecciavano, fino a costituire impensabili amicizie.

Che anni sono stati. Parlo della metà dei Settanta, la prima. C'era la sensazione, come una epidemia, dei grandi cambiamenti e nessuno si poteva sentire, e si sentiva, indifferente al corso del proprio tempo. C'era la bramosia di cambiare il mondo, di farlo muovere. C'erano muri da abbattere e libertà da conquistare.

C'era il pianeta che, tutto, ci riguardava. Se qualcosa succedeva in Cile o in Grecia, succedeva a noi. Febbre, ogni minuto, ogni giorno, ogni vita. Assemblee e manifestazioni, convegni e volantini. Parole e pensieri di una generazione che si sentiva interpellata e attesa. Parole che si scrivevano su volantini, su striscioni, su giornali. Parole che circolavano, si battevano, si incrociavano, si trasformavano. Odiare l'indifferenza, scrivevano uomini come Elie Wiesel o Antonio Gramsci, che ne avevano visto le conseguenze. E se, come ha sostenuto il grande testimone della deportazione, «il contrario dell'amore non è l'odio ma l'indifferenza», allora i ventenni del Settantaquattro o del Settantacinque erano una generazione di innamorati.

Prima che le pistole e la violenza uccidessero, con i corpi che lasciavano a terra anche quelle collettive speranze. Prima che il piombo si sostituisse ai fiori, prima che il nero divorasse i colori. Prima che avversari divenissero nemici e persone simboli. Gli uni e gli altri da abbattere. Prima che quei ragazzi che volevano cambiare la loro vita si riducessero a toglierla ad altri. Prima che sparissero le parole per lasciare solo slogan, ferro battuto, come *Arbeit macht frei*. Slogan che grondano sangue, che reclamano l'abbandono del senso critico e della propria autonomia. Eserciti, non assemblee. Capi militari che chiedono obbedienza, proclami nei cestini che sostituiscono giornali, armi che spuntano al posto delle penne e dei pennelli. La clandestinità al posto delle manifestazioni al sole di maggio. Il fine che giustifica i mezzi. Ma un fine che non si ricorda più, tanto appare impossibile. E allora restano i mezzi, con la loro bavosa inutilità. Macchine che stritolano vite. Quelle dei poveri innocenti la cui fine è rivendicata. E quelle dei rivendicatori, che sparano, alla fine, per mestiere, perché non possono fare altro. Perché hanno passato il confine e non possono tornare indietro. Dalla clandestinità non si esce. Se non a piedi in avanti, o dietro le sbarre, o dicendo a se stessi che si è degli imbecilli a buttare vite per una rivoluzione che non esiste. Il terrorismo è stato una spaventosa trappola per tutti.

Non tutto è compreso in ciò che precede. Altrimenti si dovrebbe immaginare che l'album di famiglia dei terroristi cominci con la rivolta di Spartaco contro lo schiavismo. La storia non è un fiume che porta detriti, sempre uguali, lungo un letto piatto e tranquillo. La storia fa i salti, conosce gradini e rapide, diventa cascata e stagno, tsunami e ruscello. Non tutto l'orrore del terrorismo era compreso nelle speranze e persino negli eccessi della fase precedente. Che, comunque, aveva dentro di sé un sogno, una speranza, una energia. Il tempo del terrorismo, invece, è stato cupo, fermo, nero come un pozzo.

Patrizio menava e non gli erano più sufficienti le risse con i neri, le bastonature indecenti a professori colpevoli di non pensarla come lui. Quello che facevano i fascisti, allo specchio. Né più, né meno. Voleva di più. Fu contattato a scuola da un suo coetaneo che aveva saputo della costituzione, attorno a quel ragazzo taciturno e rabbioso, di un piccolo gruppo clandestino. Gli disse che poteva metterlo in contatto con le Brigate rosse. Così lo ricorda Peci: «Era come se mentre giocavo a calcio nella Fiamma di San Benedetto veniva uno della mia squadra e mi diceva: "Senti, io ti porto da Bearzot"». Per l'impaziente militante marchigiano, allontanato da Lotta Continua, o viceversa, perché quel gruppo resisteva alla precipitazione dei suoi progetti nella deriva armata, la possibilità di entrare in contatto con le Br appare dunque come una convocazione in nazionale. E così Patrizio dà vita ai Pail (Proletari armati in lotta). Bisognerebbe scrivere un volume solo sulla cupa fantasia applicata alla individuazione degli acronimi che definivano le bande o i gruppi politici di quel tempo. A Roma ne esisteva uno, i Comitati comunisti romani marxisti-leninisti, il cui nome veniva sintetizzato in Cocorò Marlen, che sembra più un balletto del Moulin Rouge o un profumo alla moda che una organizzazione in difesa del proletariato. Il Pail si tramuterà di lì a poco, quasi in una logica da franchising, in comitato marchigiano delle Br. Come una promozione in serie superiore, per mantenere la metafora calcistica.

E la prima «partita» viene giocata nell'ottobre del 1976 ad Ancona. Quando Patrizio Peci e il suo gruppo assaltano la sede della Confapi. Prendono delle carte, buttano l'acido nelle fotocopiatrici, lasciano delle scritte. Poi, facendo il verso ai loro colleghi di Milano, telefonano anche loro al «Corriere» per rivendicare. Solo che è quello «Adriatico», sede nel capoluogo della regione. Nel gruppo c'è anche Roberto. Da tre mesi ha vent'anni. È un ragazzo, che si trova in mano una pistola arrugginita e una bomboletta spray. Deve disegnare il marchio delle Br sul muro, questo è il suo compito. È lì per caso, forse un caso che deciderà della sua vita. Perché uno dei componenti del gruppo, un titolare, si è fatto male il giorno prima. E allora Patrizio lo ha convocato come riserva, credo contravvenendo a ogni regola militare. Che sconsiglia di compiere operazioni violente con familiari e affetti in gioco. Ma Roberto è lì, forse spaurito e incerto, e fa quello che deve fare. Immagino che guardi il fratello maggiore come si guarda un capo. Immagino ne invidi la decisione e forse la spietatezza che lui non ha. Immagino che quel giorno abbia cominciato a tremare per lui, come avrebbe fatto negli anni successivi, quelli della clandestinità, lontano dai suoi occhi. Occhi di fratello minore, che coltiva l'ambizione non solo di seguire il maggiore, ma anche di proteggerlo. Quella impresa, nella quale si trova per caso, neanche da titolare, gli rovinerà la vita. Tre anni dopo viene arrestato.

È il 1979, l'anno in cui, il 9 giugno, si è sposato con Antonietta. Nella fotografia del ricevimento certamente manca una persona. Chissà quante volte, quel giorno, mentre tagliavano la torta o brindavano, avranno tutti sentito la fitta dell'assenza di Patrizio. Inghiottito da quel buio, la clandestinità, al quale Roberto si era sottratto, lasciando presto l'organizzazione. Ora quel ragazzo voleva solo riorganizzare la sua vita. La ragazza che amava, un lavoro nuovo, la passione per il calcio. Come ricorda Patrizio: «Da piccolo voleva diventare un calciatore, come me, ma anche lui si accorse di non essere bravo e allora cominciò a fare l'arbitro. Era bravo, e avrebbe fatto carriera se tutti i guai politici che avevamo non l'avessero convinto a smettere».

Il giorno precedente il matrimonio, mentre a San Benedetto Roberto controlla la lista degli invitati e Antonietta sistema il suo abito, Patrizio, a Torino, entra in casa di Giovanni Farina, semplice sorvegliante della Fiat. Nell'appartamento, quella sì la casa di un proletario, ci sono anche la moglie Giulia e la figlia Elisabetta, di tredici anni. Patrizio scarica addosso a quell'uomo indifeso otto colpi di pistola e lo lascia riverso sul pavimento di casa. Aspettano che apra la porta di casa, schiacciati in tre sul pianerottolo. Si nascondono alla vista dello spioncino che l'uomo, al quale avevano già bruciato la macchina, scruta prima di uscire, alle 5,30 di mattina.

Questo l'allucinante racconto di Patrizio: «Di là intanto cominciano i rumori del risveglio. Uno sciacquone, un rubinetto, la macchina del caffè, "Giovanni ricordati il borsello"... Ecco le chiavi nella serratura. Ci siamo: una spallata e via. Betassa e Toffolo (i complici) lo sbattono contro il muro mentre gli punto la 81 in faccia. In queste condizioni è riuscito pure a mordere una mano a Toffolo e, chi sa come, a graffiare me... Non c'era altro da fare: gli ho sparato alcuni colpi alle gambe mentre gli altri già scendevano le scale. Subito dopo mi scaravento giù anche io ma, arrivato al primo piano, mi ricordo che sul pianerottolo avevo lasciato la borsa con il mitra. Torno su di corsa... Rieccomi alla porta di Farina. È stata l'unica volta che ho potuto vedere un ferito e la scena dell'azione subito dopo. Orribile. Lui gridava in un modo disumano, indecoroso, mentre la moglie gli stava addosso, con le mani sulle ferite, senza sapere cosa fare, piangendo. Sangue ovunque, per terra e sui muri. Ma sopratutto urla disumane. Non mi hanno nemmeno visto, e comunque il mitra non c'era. Sono sceso come una furia, incontrando per strada gli altri due che tornavano indietro: "Che cazzo fai?", "Dove cazzo sta il mitra?", "L'abbiamo preso noi, cazzo". L'autista dell'azione era la mia fidanzata, che se la rideva a crepapelle a vederci andare su e giù così agitati».

Ride a crepapelle, la fidanzata. Sarà lei, due anni dopo, a rivendicare il rapimento di Roberto. E Patrizio è convinto che sia stata lei a suggerire, dal carcere dove era reclusa, di colpire la famiglia Peci. È una tragedia shakespeariana.

Vicende che sono state raccontate prevalentemente dalla parte degli aguzzini, i terroristi. E assai poco dalla parte delle vittime. Lo ha scritto proprio quella bambina di tredici anni che quel mattino vide suo padre colpito a terra. «Avevo tredici anni quando la mattina dell'8 giugno 1979 assistetti al ferimento di mio padre da parte di un commando delle Brigate rosse. Otto proiettili che oltre a ferire lui alle gambe, segnarono profondamente il mio animo e quello di mia madre, anche lei presente. Per un anno continuai a svegliarmi alla stessa ora dell'attentato, le 5,25, risentendo quei colpi, rivedendo quei volti, rivivendo quella paura: tutto si ripeteva immutato. Non mi sveglio più alle 5,25 del mattino rivivendo quegli istanti, ma il segno profondo lasciato da quell'esperienza è indelebile.»

Forse su uno dei tavoli del ricevimento di quel 9 giugno del 1979 c'era un quotidiano. Forse si è messo a volteggiare nel vento quando tutti sono andati via. Forse si è posato a terra su una pagina che raccontava dove era quell'invitato desiderato e assente. Non poteva partecipare, per cause di forza maggiore. Un impegno improrogabile: doveva sparare a un lavoratore inerme.

Due anni e un giorno dopo, Roberto arriva a Roma. Ha fatto tutto il viaggio nel bagagliaio di una 127. Nella capitale i suoi sequestratori non si sono capiti bene con i loro colleghi del posto. E allora, per trasportarlo nell'appartamento di via della Stazione di Tor Sapienza 38, devono aspettare l'una di notte. Intanto girano a vuoto per la periferia romana, con quel ragazzo che li implora di lasciarlo andare, stanno sbagliando, sopravvalutano il suo ruolo, devono sapere che sua moglie partorirà tra pochi mesi. I due seduti nei sedili davanti non si girano mai verso quell'uomo rannicchiato. Gli rispondono con durezza, lo minacciano, gli dicono che sanno tutto di lui e delle sue delazioni. Il ragazzo ha paura, ha capito chi sono i suoi rapitori, sa che i sequestri delle Brigate rosse difficilmente finiscono con una liberazione. Ma ci spera, come è naturale, e farà tutto il possibile per uscirne. Davvero tutto. Per rivedere la luce. Per tornare a casa da Antonietta. Per vedere sua figlia che sta per nascere.

Sette

A Vermicino il tempo scorre. Le ore passano tra il rumore assordante della trivella e le grida del bambino. Il sole è alto, su quel pezzo di campagna romana. Alle 10,20, secondo la cronaca de «Il Messaggero», il bambino ha urlato: «Basta, non ce la faccio più». Un'ora dopo, su suggerimento dello zio Ivo, in verità un amico del padre, verrà calata una lampada chimica che finalmente rischiara un po' il pozzo. Alfredo sembra rassicurato: «Che bello, è tutto illuminato». Il bambino deve aver avuto l'impressione che qualcosa stesse davvero accadendo. Il «biberon» che scende, la luce, il rumore spaventoso della trivella, la sensazione che qualcuno fosse arrivato vicino, oltre la tavoletta. E poi le voci dall'alto, devono esserci tante persone all'imboccatura del pozzo, pronunciano parole di conforto, gli ripetono che è bravo.

In queste prime ore il papà e la mamma si alternano nel colloquio con il bambino, fino all'arrivo del microfono usano un megafono e urlano per farsi sentire da lui. Ascoltano le sue prime grida, cercano di tranquillizzarlo. E gli dicono che manca poco, ancora un quarto d'ora e arrivano da lui. Cosa avrebbero dovuto fare in quei primi minuti? Ma in quella pietosa bugia, che assomiglia terribilmente a una speranza, Franca e Nando inevitabilmente consumano un patrimonio di credibilità. Sono i suoi genitori e di loro Alfredo si fida. Mai potrebbe pensare che gli dicano una bugia, mai potrebbe immaginare che stiano mentendo solo perché gli vogliono bene e vogliono che non ceda, non si rassegni, non impazzisca. Sempre sul «Corriere della Sera»: «Mamma, quando vieni a prendermi?», «Ancora pochi minuti tesoro: porta pazienza», «Papà, sono stanco», «Non ti preoccupare, siamo qui. Non manca molto».

Alfredo si starà accorgendo che non succede niente ed è inevitabile che il compito di confortarlo e di rassicurarlo sia assunto da altri. Ogni voce nuova può sembrare al bambino una conferma del fatto che «stanno per arrivare». Sarà il vigile Nando Broglio a svolgere magistralmente questa funzione. A trovare una chiave per tenere desto il bambino, stimolare la sua fantasia, spingerlo a non mollare. I genitori si rendono conto che non possono, proprio loro, continuare a promettergli quello che non avviene. Che altri possono essere più credibili. Perché i minuti passano e Alfredo capisce che tutto è più difficile di quanto sembra. Ha male a una gamba, ha sete, è stanco.

Mi sono fatto l'idea che Alfredo avesse compreso benissimo la situazione. Ma che giustamente non la accettasse. Non accettava che i grandi lassù non fossero in grado di risolvere il guaio che sapeva di aver combinato. La mamma, il papà, lo zio Ivo e tutta quella gente di cui non conosceva il volto ma sentiva le voci, forti e sicure. Che non ci riuscisse il rombo che gli riempiva il cervello, né un eroe spaziale né i vigili del fuoco, che forse per lui erano la stessa cosa. In una delle deposizioni rese a caldo alla polizia uno dei vigili del fuoco arrivati tra i primi sul luogo, Pietro Quattrini, riferisce di aver parlato con il bambino che «ci informò che si trovava incastrato (l'espressione che lui usò mi sembra che fosse sospeso e fermo nel vuoto)».

Dunque il bambino sa di essere in una terra di nessuno. Con quanta paura deve aver capito di «essere sospeso e fermo nel vuoto»? Questa consapevolezza racconta della sua intelligenza e del suo terrore, della sua lucidità e del suo panico. Trentasei metri sotto terra, sospeso nel vuoto. Qualcuno può immaginare qualcosa di più orrendo? Qualcosa di più terrorizzante?

Le autorità chiedono alla Rai di interrompere le trasmissioni radiofoniche in zona perché il segnale interferisce con il microfono che collega i soccorritori con il bambino. Non è mai successo dai tempi della guerra. L'azienda accetta subito l'invito e alle 10,20 sospende le trasmissioni per un raggio di duecentottanta chilometri a partire dalla capitale. Già da quel momento la caduta del bambino, per le migliaia di ascoltatori che chiamano preoccupati i centralini di viale Mazzini, non è più una piccola storia di cronaca ma un evento senza precedenti. Per un bambino, poco più di venti chili, sei anni, le radio taceranno per sette lunghe ore. Come se ci fosse un bombardamento.

A mezzogiorno la trivella, dopo lunga fatica, è arrivata a venti metri. Di quelle ore la signora Rampi dirà: «Mi avevano assicurato che la trivella in due ore mi portava su mio figlio. Che avrebbe bucato quei trentasei metri che mi separavano da lui. Io vedevo che mio figlio reagiva e ci si poteva fare... E, allora, anche lì si è aspettato un bel po' prima di farla cominciare a lavorare. Dopo di che l'hanno fatta cominciare a lavorare e questa trivella dopo, non due ore, ma dopo sei ore aveva fatto soltanto venti metri. Però... perché venti metri, perché una parte del terreno era poco solida, più friabile, e invece la parte dopo era molto più dura. Quindi lì si era bloccata. Infatti, prima i metri si accumulavano facilmente, dopo invece andavano molto più piano».

Hanno ragione gli speleologi e in particolare l'unica donna del gruppo, la giovane geologa Laura Bortolani, a richiamare l'attenzione di Pastorelli sulla natura particolare del terreno. La trivella della Tecnopali si arrende e l'attesa ora si sposta sulla più potente macchina della Geosonda il cui arrivo è considerato imminente.

Tutto cambia. Sugli schermi televisivi sta finendo la pubblicità. Sono i primi tempi della tv a colori e i tecnici si divertono a mostrare ogni volta tutta la gamma delle tonalità possibili. Quello che prima si poteva solo immaginare: l'azzurro della maglia di Gigi Riva, il rosa di Gimondi, il verde della campagna dove passeggiava Renzo Tramaglino ne *I promessi sposi*, il blu del mare di Ulisse, improvvisamente diventa reale. È una grande emozione collettiva. Nei primi tempi la gente si fermava a bocca aperta davanti ai negozi di elettrodomestici e ricordo un mio amico che si era appassionato persino ai monoscopi che venivano messi in onda prima e dopo le trasmissioni. Dopo ore di osservazione era in grado di stilare una classifica di bellezza, tra quelli della Rai e quelli delle prime emittenti private.

Non c'era più spazio per l'immaginazione, tutto ci sarebbe stato fatto vedere come era. Anche i colori erano parte del linguaggio di una generazione. Il colore dei vestiti hippy, quello delle copertine degli album, quello dei film che i giovani amavano. L'aspirazione a un mondo arcobaleno, contro il grigiore del presente. Le divise di Paul, George, Ringo e John in *Sergeant Pepper's*, gli abiti dei ragazzi di *Hair*, l'amplesso in *Blow-up* di David Hemmings con Jane Birkin sulle carte dalle mille sfumature cromatiche in un set fotografico. Il colore, la libertà. I padri di quella generazione, in Europa, erano stati costretti a indossare camicie tutte uguali: nere, brune. Grigie erano le divise dei soldati al fronte. Grigia l'immagine dominante dei regimi dell'Est. Allora colore, come aria che entra in una stanza chiusa. All'inizio si esagerava, in tv. Come un bambino che vuol far vedere il suo nuovo gioco, i creativi, specie i pubblicitari, volevano stupire e non risparmiavano giochi di tonalità, al confine, spesso varcato, con il kitsch.

Sulla seconda rete l'ultima immagine che gli italiani vedono, prima di precipitare anche loro nel pozzo, è quella della sigla della pubblicità: il cartone animato di una noce, su sfondo celeste, che si apre a metà, come fosse un cappello, e chiude dentro di sé farfalle di tonalità pastello. Poi sparisce, come se avesse inghiottito quella libertà e l'avesse portata via.

È l'una in punto quando compare la sigla del Tg2. Maurizio Vallone si sistema sulla sedia dello studio, si aggiusta la cravatta, si ravvia i capelli. L'assistente gli scandisce, con le dita della mano, quanti secondi mancano all'inizio. Si fa silenzio, si accende una luce rossa, che di solito illumina una scritta che oggi appare beffarda: «On the air».

«Buongiorno, rapida scorsa al sommario dei principali fatti della giornata.» Il sommario prevede come apertura la notizia della crisi di governo, una delle tante del tempo, per la quale è stato incaricato il repubblicano Spadolini dopo la rinuncia del democristiano Forlani. Non è una novità da poco: è la prima volta dal 1946 che un non Dc riceve dal presidente della Repubblica, riuscendo nell'obiettivo, il mandato di formare e guidare un governo. Una pagina di storia, che l'ansia di quel mattino relega al ruolo di incombenza da sbrigare rapidamente.

Poi: «Molta attesa per conoscere la nuova documentazione sull'affare P2 che è in mano alla commissione Sindona»: il caso della loggia massonica era scoppiato grazie al lavoro di due coraggiosi magistrati, Giuliano Turone e Gherardo Colombo, che avevano sequestrato l'elenco durante una perquisizione a casa del capo dell'organizzazione segreta, Licio Gelli. Indagavano sullo scandalo del finanziere siciliano Sindona, un crocevia, uno dei tanti, di finanza, politica, mafia, Stato deviato. Gli elenchi erano stati consegnati il 25 marzo del 1981 nelle mani dell'allora presidente del Consiglio Arnaldo Forlani. Che li aveva trattenuti per due mesi decidendosi a renderli pubblici solo alla fine di maggio. In quella lista ci sono vertici dello Stato e dei suoi apparati, ad esempio quasi tutti i componenti del comitato che al Viminale nel '78 seguiva le indagini per liberare Moro, uomini politici di tutti i partiti (tranne il Pci), giornalisti e imprenditori. Il disegno era quello di «controllare il Paese», in particolare avendo le mani sui servizi segreti e sui media. Gelli voleva l'obbedienza del «Corriere della Sera» e per questo arrivò a proporre al direttore di allora, un affiliato, di licenziare Enzo Biagi o, quasi peggio, di mandarlo come corrispondente in Argentina, dove i militari di Videla erano al potere. Così era l'Italia di allora, a scanso di nostalgie.

Terza notizia: «A San Benedetto del Tronto è scomparso da ieri sera Roberto Peci, fratello di Patrizio, il brigatista rosso che, da tempo in carcere, ha deciso di collaborare con la giustizia. Quello di Roberto Peci potrebbe anche essere un rapimento a opera delle Brigate rosse».

Infine: «Sempre preoccupante la situazione in Polonia dopo la conclusione del Plenum del comitato centrale del Partito comunista polacco». Notizie tali da riempire otto telegiornali e quindici quotidiani.

Vallone mi racconta oggi che invece la loro attenzione era già tutta su Vermicino. Diedero quelle notizie, e lo si capisce ascoltando il suo tono nel leggerle, come una formalità, un necessario dovere. Un po' anche come una perdita di tempo. Lo confesserà la prima parola della frase successiva di quel bravo giornalista per il quale quella vicenda è ancora una ferita aperta e sanguinante. Una parola piccola, un «ma».

«Ma stamane l'apertura di questo giornale è dedicata a un fatto di cronaca che da diverse ore sta tenendo tutti con il fiato sospeso. Un bambino di sei anni è caduto ieri sera in un pozzo artesiano nei pressi di Frascati, vicino Roma. Si trova ancora a una quarantina di metri sottoterra e si sta disperatamente cercando di salvarlo.»

La verità è che dal luogo della caduta di Alfredo l'operatore Vitaliano Natalucci aveva riportato delle immagini sconvolgenti, girate in piena notte. Natalucci veniva dal mondo del cinema. Del cinema ruspante, quello che sfornava, negli anni Sessanta, centinaia di pellicole all'anno. Aveva girato come operatore *Oss 77 Operazione fior di Loto*, *Ad3 Operazione squalo bianco*, *Il giuramento di Zorro*, *Non aspettare Django, spara*. E poi, nel 1967, aveva diretto la fotografia in un film di Edward G. Muller (al secolo Edoardo Mulargia), *Cjamango*, con l'esordio nel cinema di un bambino dalla faccia d'angelo, Giusva Fioravanti, che allora aveva nove anni. Nel cast del film compare anche l'attore Sergio Sagnotti. Per uno strano scherzo della storia Sagnotti è anche il nome di uno degli speleologi che hanno lavorato nelle notti di Vermicino attorno al pozzo.

Quelle immagini hanno sconvolto tutti, in redazione. Anche gente rotta a ogni esperienza si mette le mani nei capelli e qualcuno piange. Il vicecaporedattore Giancarlo Santalmassi, guardando il servizio in moviola, capisce che si tratta, giornalisticamente, di una notizia forte. Quanto forte, lo scoprirà solo dopo.

Senza essere annunciate, le prime immagini da Vermicino entrano nelle case degli italiani. Non è ancora il servizio di Natalucci, sono riprese del mattino, con una luce piena. «Lo so che ti sei stancato, è tanto tempo che stai lì. Ma stai buono, per favore. Siamo in molti a lavorare qui. Senti questa macchina? Non ti preoccupare per il rumore, non urlare, per favore.» Con queste parole, pronunciate dal padre in un microfono direzionato verso il pozzo, il Paese intero muove i primi passi tra le sterpaglie di quella campagna arsa. Comincia a conoscere quei luoghi dai quali mai più, in seguito, riuscirà a liberarsi. Il buco del pozzo artesiano, a due passi di distanza il foro della trivella che scende giù come una lama in un corpo, il terrapieno dal quale il bambino è volato giù.

Segue un collegamento in diretta con Pierluigi Pini che riassume l'accaduto e con l'architetto Faggioli che dà conto del lavoro di scavo e dice che il bambino dovrebbe essere incastrato e che forse, presumibilmente nel frangente descritto da Roberto Caporale, è riuscito un po' a tirarsi su. Ma già se la prende con la sfortuna, come avesse un presentimento. Come se avesse capito che non sarà affatto facile vincere la partita con quel buco nella terra.

Eccolo, il servizio girato nella notte, quello che sconvolgerà ogni italiano. Il microfono calato giù da

Pini registra per la prima volta la voce del bambino, l'Arriflex sedici millimetri di Natalucci riprende l'angoscia della madre. Sono le immagini e i suoni che entreranno nella coscienza di ciascuno e rimarranno per sempre, come un incubo rimosso, in tutti noi.

Ho fatto fatica a rivederle e soprattutto a riascoltarle. Ho pianto, ora come allora. È il documento più straziante che abbia conosciuto. Comincia con un grido. «Mamma.» Non è un urlo, è l'apoteosi della disperazione, il trionfo della solitudine e della paura. Sale dalle viscere della terra, ovattato dalle pareti del tunnel, tanto da sembrare un appello dall'inferno. Arriva fino in superficie, sale alle orecchie della signora Franca, pervade le membrane di quel microfono, scolpisce il nastro che lo registra, commuove tutti gli italiani. Anche quelli che a quell'ora stanno lavorando all'ultimo piano di un grattacielo, quelli a cui la moglie ha telefonato dicendo: «Accendi subito il televisore», anche i controllori di volo che stanno in cima alla loro torre di controllo, anche le guardie forestali nelle loro baite, anche Gesù, Dio, Allah, Buddha, Maometto hanno sentito quella vocina salire disperata da laggiù. Come se la terra si fosse ricongiunta con l'uomo, come se la polvere potesse parlare e tutto fosse diventato il buio, la condizione nella quale il suono viaggia più veloce.

La Nasa ci ha dimostrato che anche i buchi neri hanno un suono. È il caso di Chandra, che si trova nella costellazione del Perseo localizzata a circa duecentocinquanta milioni di anni luce dalla terra. «Nel 2002 gli astronomi ottennero un'immagine da Chandra che mostrava delle increspature nei gas che circondano la costellazione. Queste increspature sono evidenze di onde acustiche che hanno viaggiato per centinaia di migliaia di anni luce dal buco nero verso il centro della costellazione.

«Precedenti osservazioni hanno rivelato il prodigioso ammasso di luce e calore originato dal buco nero. Adesso abbiamo anche il loro suono» dice Andrew Fabian dell'Istituto di astronomia di Cambridge, responsabile delle attività di ricerca.

«In termini musicali la variazione del suono creato dal buco nero lo trasla nella nota di Si bemolle, ovvero mezzo tono più basso della nota normale.

«Purtroppo nessun essere umano sarà in grado di ascoltare questa nota, dato che è cinquantasette ottave più bassa del Do medio. Per una semplice comparazione pensate che un pianoforte generalmente contiene solo sette ottave. Siamo in presenza della frequenza più profonda che sia mai stata registrata da un oggetto nell'Universo ed è più bassa della frequenza limite delle nostre orecchie di un milione di miliardi di volte.»

Dal buco nero di Vermicino, abitato da un bambino che è lì incastrato, è venuto un suono forse persino più profondo di quello di Chandra. Un suono che non viaggia solo attraverso le frequenze percepibili ma sbatte violentemente la porta della mente, occupa il cuore, si insedia, per sempre, nella parte destra del cervello. Dove studia e riposa la memoria.

Quell'urlo, sempre più disperato, quell'urlo misto a pianto, si ripete otto volte, in quaranta secondi. Solo ascoltarlo può dare la cognizione del dolore di quella creatura. È il pianto di un bambino che si sveglia nella notte, nel cuore di un incubo mostruoso, senza sapere se quella che ha vissuto è realtà o cattiva fantasia. È il pianto di un bambino che viene deportato, che vede la mamma allontanarsi e poi sparire, dietro una curva. È il pianto di un bambino al quale un adulto ha fatto la più orrenda delle violenze. È tutti i pianti di tutti i bambini del mondo. Tutti in una volta. Tutti in un bambino solo.

Immagino le case degli italiani, in quel momento. Immagino le madri che arrivano correndo da un'altra stanza e si siedono, con le mani sul volto, davanti al televisore. Immagino un bambino che smette di giocare e cerca con gli occhi un grande e una studentessa che chiude il libro tenendo il segno della pagina. Immagino nonni che si fanno scendere una lacrima, silenziosi. Immagino fratelli maggiori che portano via, con una scusa, il piccolo di casa. Immagino suore che si guardano smarrite e pregano all'istante e camerieri che smettono di servire l'aperitivo. Immagino giocatori di scacchi che sbagliano una mossa facile. Immagino quello che ricordo. Perché così è stato, Alfredo.

«Alfredino, senti, non ti addormentare. Se ti addormenti non possiamo tirarti su. Adesso ti mandiamo giù la corda. Ma tu devi prenderla. Capito? Alfredino, ti mandiamo la corda. Hai capito? Alfredino, di' qualcosa, che ti sentiamo.»

È la fase, nella notte, in cui il microfono cala giù, fino al bambino. La voce che ora arriva non è più quella lontana e intubata delle prima grida. Ora i telespettatori possono ascoltare con nitidezza. È un crescendo intollerabile di angoscia. Ora Alfredino dice qualcosa. Dice, ancora una volta: «Mamma». Non lo dice, lo implora. Ora il microfono registra impietosamente il suo affanno, una sequenza di respiri sempre più veloci, sempre più frequenti. Ogni tanto si inseriscono delle interferenze: una voce in inglese, un giornale radio italiano, una musica sinfonica. Il bambino si lamenta e trasmette verso l'alto il suo pianto sommesso. A un certo punto si distingue chiaramente la sua voce, una pausa, nell'affanno. Alfredo urla solo una parola: «Allora?». Qualcuno, in superficie, ripete: «Allora?», per trasmettere quella voce e si sente qualcun altro dire: «Che carino!». Altro che carino, quel bambino soffre come è impensabile soffrire. Ed è arrabbiato, perché non riesce a uscire. Seguono altri respiri affrettati e lamenti strozzati.

Poi una frase, gridata, nascosta in mezzo al pianto. Una frase strana, inopinata: «La vogliamo piantare?». Quante volte le avrà sentite quelle parole? Quante volte le persone grandi, mamma, papà, nonna, maestra, avranno usato in modo fermo, forse con severità, il verbo «piantare», che ora assume il significato esattamente opposto a quello comunemente inteso? La vogliamo piantare in questo caso significa la vogliamo smettere, mentre quella parola rimanda ordinariamente alla terra, alla nascita di un albero, di un fiore. Che non esisterebbero, se qualcuno non li avesse piantati. Ma ora Alfredino fa sua quella frase di rimprovero. Ora è lui che ha diritto di essere arrabbiato, non un grande. Ora è lui che ha bisogno che tutti la facciano finita con quelle grida e quei rumori e lo riportino nel silenzio della sua stanzetta, dove ora sarebbe a dormire. «La vogliamo piantare» vuol dire cosa aspettate, vuol dire non mi raccontate balle, vuol dire tiratemi fuori da qui, subito.

Il Paese, da questo momento, è tutto lì dentro. Cinquantacinque milioni di persone sono in un pozzo. A trascinarli a forza lì in fondo è stata una voce, solo quella voce. Del bambino, a quel momento, nessuno conosce le fattezze. È solo uno degli ottocentomila bimbi di sei anni che c'erano in Italia allora (ora sono poco più di cinquecentomila). Perché Vermicino ha rivelato la potenza della tv, senza mostrare immagini potenti. Fin da questo primo servizio che paralizzerà il Paese, è il suono della realtà a costruire l'emozione e il racconto. Infatti le scene girate da Natalucci vengono montate senza alcuna relazione con l'audio. Non c'è nessun legame tra le grida del bambino, il suo «La vogliamo piantare», e le inquadrature generiche del pozzo, dei soccorritori, del volto spaurito della madre. È come se, per una volta, le immagini fossero semplicemente una quinta o un sipario del suono. Come se fosse radio in tv. E così sarà per tutta la durata della lunga diretta.

Una voce di adulto ora spedisce la sua voce nel pozzo. Quelle parole interrompono il suono del respiro di Alfredo, che sembra un orologio impazzito, come quelli di Alice. «Sta scendendo una persona. Stai tranquillo. Stai un po' calmino. Sta scendendo adesso. Tra cinque minuti siamo giù. Stiamo tutti ad aspettarti. Fai il bravo bambino.» Rassicurazioni e prescrizioni. Non so di chi sia la voce. Posso capire che di fronte a quel respiro che, amplificato, sembra un metronomo del terrore, le parole sfuggano seguendo, quasi automaticamente, il riflesso a fornire ai bambini modelli e regole di comportamento. «Tra cinque minuti siamo giù» è una bugia, forse obbligata e certo ripetuta, che deve aver distrutto progressivamente la fiducia di Alfredo. Non era fuori della scuola ad aspettare che qualcuno lo andasse a prendere ma se ne stava immobile, a trentasei metri sotto terra. «Fai il bravo bambino», questo no, questo non glielo si doveva dire. Aveva già mostrato di essere un angelo, altroché.

Siamo all'apice di questo prologo del dramma. Perché Alfredo ora è davvero disperato. Ho ripassato cento volte questo video, seguendo la pista dell'audio, come in *Blow out*, il film di Brian De Palma. Andando avanti e tornando indietro si sente, dopo le parole che ho riportato, un «gradino», come se vi fosse stato un taglio. Ma il suono successivo a quella frase «Fai il bravo bambino» è un urlo disumano di Alfredo. Grida: «Basta, basta» come fossero le ultime parole dell'ultima creatura del mondo.

Giulio Nascimbeni scrive il giorno successivo sulle colonne del «Corriere della Sera»: «Ho spento il televisore, ho chiuso la radiolina. Eppure, nella memoria, il grido e le invocazioni del piccolo Alfredo continuano a premere. Mi chiedo, dopo aver ascoltato, se esiste il diritto allo strazio; se sia giusto far viaggiare nell'etere, far entrare in milioni e milioni di case, anche quella voce di passero, anche quella infinita paura. Nel mondo dei bambini il buio non è soltanto l'ombra, il buio è lo spettro, è l'uomo nero, lo scricchiolio, la parete che incombe... Allora è il documento che sostituisce la pietà, l'attesa della salvezza o della morte è costellata da interviste e la voce d'un bambino che sale da un abisso fa dello spasimo un allucinante spettacolo... Speravamo soltanto che, fra i microfoni e le telecamere, trovasse posto anche la pietà».

Esiste il «diritto allo strazio?». No, da oggi, 11 giugno 1981, non esiste più. Quel microfono a testa in giù, quella colonna audio montata in moviola in una calda mattinata romana cambiano per sempre il modo di fare comunicazione. È come se quella notte fossero stati scoperti Internet o il motore a scoppio. Da queste ore, dalla caduta casuale di quel bambino nel pozzo, dall'annuncio che è passato nei programmi di Teleregione, dalla decisione di Santalmassi di mandare il servizio in onda, la televisione si è attribuita il lasciapassare per varcare ogni frontiera. Non esiste più un lembo di vita umana che non possa essere sollevato. Nessun confine, nessun muro. La televisione non è più la buona maestra della vita degli italiani. Non dispensa più il proprio saggio ed equilibrato mix di notizie, cultura popolare, intrattenimento. Non è più, con la parrocchia e la sezione, il luogo in cui tutto è chiaro: il bene e il male, il giusto e l'ingiusto. No, quel pozzo è l'inizio del racconto del caos. La modernità costringe tutti a rivedere le antiche certezze e gli antichi codici. Da sei anni la Rai è stata sottratta, da una sentenza della Corte costituzionale, al controllo del governo. Si respira, dentro l'azienda, un'aria di libertà, di ricerca, di sperimentazione. Renzo Arbore ha cambiato la domenica con il linguaggio irriverente di *L'altra domenica*, Emilio Ravel e Brando Giordani hanno inventato con *Odeon* un nuovo modo di fare spettacolo in tv, un gruppo di autrici ha ripreso e fatto trasmettere alle nove e mezzo di sera il *Processo per stupro* nel quale l'avvocato difensore dell'imputato, con un linguaggio che improvvisamente l'occhio della tv rende ridicolo, sostiene che la donna violentata, se solo avesse voluto evitare lo stupro, avrebbe potuto dare «un morsetto» durante la fellatio.

È come passare da un'Italia all'altra, come se il nuovo Paese, quello che ha sconfitto la campagna contro il divorzio e che sta per approvare la legge sull'aborto, reclamasse nuovi linguaggi, volesse rompere gli steccati, peraltro raffinati e dorati, della sua vecchia, tenera, intelligente televisione pedagogica. Non ci sono più il milione e settecentomila persone che alla sera accendono la tv per seguire un padre francescano, barba lunga e occhi gentili, mentre impartisce lezioni di fede e di vita, parlando la lingua semplice della buona gente. Non ci sono più i trentacinquemila italiani che conseguono la licenza elementare grazie a *Non è mai troppo tardi*. Né ci sono più i quindici milioni e mezzo di spettatori che vivono la storia di ingiustizia sociale di David Copperfield, che piangono e si indignano con Charles Dickens in prima serata. Né, ancora, i sedici milioni e seicentomila che ascoltano rapiti Giuseppe Ungaretti declamare i versi dell'*Odissea*.

Quella televisione ha contribuito a generare una nuova società che ora chiede un cambiamento. È rimasta vittima delle sue macchinazioni. E ora quel piccolo pozzo è la Sarajevo della storia televisiva. Nulla sarà più come prima. Nel bene e nel male, nella libertà e nel cinismo dell'informazione elettronica. Inizia una nuova era, con quella «voce di passero», strozzata da «una infinita paura».

Otto

Giovanni Senzani riunì l'esecutivo del cosiddetto Fronte delle carceri. Erano quattro persone, in realtà. Tre giovani e questo professore quarantenne. Strano tipo, in verità. Docente universitario, autore di rapporti sullo stato delle nostre carceri, previa autorizzazione del ministero. Collaboratore di una rivista diretta da Lelio Lagorio, ex ministro socialista, e tra i partecipanti di un convegno di criminologia a Lisbona, nel quale erano presenti, nella delegazione italiana, Girolamo Tartaglione, Girolamo Minervini, Alfredo Paolella. Tre magistrati che saranno di lì a poco uccisi dai terroristi.

Agli atti della Commissione stragi del Parlamento figurano i rapporti di diverse sedute nelle quali si cita Senzani. In una di esse, 18 ottobre 2000, il presidente Pellegrino così si esprime: «Sul problema dell'ospitalità data da Senzani al brigatista Bombaci, il magistrato di Firenze Tindari Baglione ci ha riferito che quando Bombaci, insieme ad altre tre persone, fu individuato e bloccato, fu accertato che dimorava nello stesso stabile del professor Senzani. La preoccupazione della polizia fu di chiedere a Tindari Baglione se potevano informare Senzani che ospitava in casa persone pericolose. Questo ha portato il dottor Tindari Baglione a concludere che in quegli anni le Brigate rosse e la magistratura e la polizia fiorentine avevano lo stesso consulente. Senzani era un consulente accreditato dalla polizia e dalla magistratura fiorentine ma, allo stesso tempo, era coinvolto nel vertice delle Brigate rosse».

E poi ancora, nella stessa seduta: «Ma il nodo è questo, che Senzani era un personaggio accreditato; era accreditato all'estero, era accreditato in Italia, aveva funzioni importanti nel ministero di Grazia e giustizia; conosceva il meccanismo di tale ministero tanto che una serie di obiettivi delle Brigate rosse furono individuati perché Senzani forniva informazioni sul ruolo che determinati magistrati svolgevano nell'organizzazione giudiziaria, un ruolo non noto pubblicamente alla maggior parte dei cittadini italiani. Un magistrato ci ha riferito che lo consideravano un loro consulente, perché era un criminologo, e poi invece abbiamo accertato – questo è un fatto pacifico – che da un certo momento, dal 1979 in poi, è uno dei capi delle Br».

Questo è Giovanni Senzani, un uomo del quale molti racconteranno frequentazioni poco chiare. Si parlerà di un suo incontro, durante il rapimento Peci, con un certo Santini, uomo ritenuto di collegamento tra Kgb e servizi deviati italiani. Si sa poi che intratteneva rapporti con la camorra e con la 'ndrangheta. Ho avuto modo di parlare a lungo con chi conosce dall'interno la storia di quegli anni e oggi dice che questa mostruosità appariva alle Br eticamente giustificabile perché sostenuta da un argomento tipico di quella cultura: il fine giustifica i mezzi. Ciò che ripetevano a se stessi i nazisti che conducevano i bambini nelle camere a gas.

Quel lavoro sporco era funzionale alla rivoluzione: «Usiamo tutto quello che apre una contraddizione nel blocco dell'avversario». Ma oggi chi ha fatto quella scelta, in quegli anni, si chiede, conoscendo la risposta: «Ma chi usava chi?».

Senzani era un capo e non gli sarà stato difficile guidare una riunione con tre terroristi tanto giovani quanto abituati ai riti di quelle istanze di discussione. Posso ricostruire quella riunione. Senzani curava il rapporto con i brigatisti in carcere la cui volontà, nella assurda gerarchia dei valori dei terroristi, era tenuta in massima considerazione. Da lì emerse l'indicazione di punire la famiglia Peci. Sulle prime fu progettato l'omicidio di Roberto. Che fu presentato come l'assassinio di un traditore, perché si diceva che le delazioni successive al suo arresto avevano fatto imprigionare dei compagni. A chi obiettava che quell'omicidio potesse apparire una vendetta trasversale di stile mafioso, un inedito nella storia delle Br, Senzani replicava che tutta la storia dei movimenti rivoluzionari comprendeva, per definizione, l'annientamento del traditore. E Roberto Peci tale doveva essere ritenuto.

Ma dal Fronte delle carceri si muoveva un'altra campagna. La vendetta su Roberto doveva servire a svelare la storia, della quale i Br in prigione si dicevano convinti, del doppio arresto di Patrizio Peci. I terroristi erano certi che i carabinieri avessero usato Roberto per far arrestare una prima volta il fratello. Che poi sarebbe stato rilasciato per consentire in mesi di delazioni e pedinamenti di arrestare il maggior numero possibile di brigatisti.

La verità è che quel ragazzo è stato torturato e ucciso perché doveva sostenere una balla costruita dalla paranoia dei Br in carcere: non volevano ammettere la fine di quella storia tragica, dissolta dall'interno dalla convinzione sempre più diffusa tra gli stessi terroristi che tutto fosse stato una follia. E, diciamoci la verità, una follia della quale i giovani con le armi in mano si sono accorti solo quando sono passati dal togliere la vita agli altri a capire che avrebbero vissuto il resto della propria dietro le sbarre, in un clima di violenza insopportabile come è quello del carcere. Si davano una ragione del sangue altrui ma non sopportavano l'idea di perdere la libertà. Per molti di loro verrà il tempo del pentimento sincero. E del razionale riconoscimento che la rivoluzione era fallita perché era sbagliata.

Uno di loro mi ha raccontato che in quegli anni sparavano perché non «potevano smettere», perché quella scelta di vita, al tramonto dell'organizzazione e allo svanire delle motivazioni, appariva in tutta la sua irreversibilità. Come sarebbero cresciuti, diventati adulti, entrati nel tempo della famiglia, dei figli, della vecchiaia? O la rivoluzione vinceva o l'alternativa era finire in galera oppure sdraiato a terra con delle lettere di cartone e dei segni di gesso attorno. E la rivoluzione aveva già perso. Così, come funzionari della morte, continuavano, come per inerzia, la loro commedia tragica. «Era una scelta autodistruttiva, sapevamo di essere entrati a cento all'ora in un vicolo cieco. Mi accorgevo che dietro c'era il vuoto, che il proletariato in nome del quale continuavamo a uccidere persone innocenti era contro di noi. Non contava più la meta ma solo il viaggio maledetto che avevamo iniziato. Eravamo in alto mare ma non potevamo approdare da nessuna parte. Io avevo cominciato perché mi contagiò lo spirito di quegli anni. Non mi bastava nulla. E tutto mi sembrava possibile. "Se non ora, quando?" mi chiedevo nelle assemblee che vibravano di tensione e di determinazione. La violenza non era teorizzata da pochi. Qualcuno passava la linea d'ombra della clandestinità, qualcun altro no. Ma avrebbe voluto farlo e comunque simpatizzava, c'era un misto di disperazione e di utopia, che spingeva a pensare che il momento fosse arrivato, che la fine del regime Dc e del capitalismo fosse a un passo. E che la rivoluzione interrotta dopo la Resistenza potesse, con noi, giungere a compimento. In molte scuole dopo il rapimento di Moro ci furono applausi e documenti che si guardavano bene dal condannare. E così, nella prima fase, anche in molte fabbriche. Dall'interno ci indicavano gli obiettivi da colpire e noi, come una agenzia di pompe funebri, andavamo.

«Ma il delitto Peci fu il punto estremo di divaricazione. Io avevo cominciato ad appassionarmi di politica a quindici anni quando ci furono le manifestazioni di protesta perché il regime di Franco aveva eliminato con la garrota un prigioniero politico. La garrota era uno strumento barbaro di esecuzione delle condanne a morte, che uccideva per strangolamento il prigioniero. Consideravo l'assassinio di un prigioniero come la più odiosa delle violenze, qualcosa da fascisti. E ora la mia organizzazione, quella per la quale avevo fatto il mio viaggio senza ritorno, faceva come loro. Prendeva il più indifeso degli uomini e lo uccideva. Mi ritrovavo immerso in una logica che rifiutavo: tutto quello che è utile alla rivoluzione è morale. Appunto, i mezzi che divorano il fine. Per questo quando fu scelto il sequestro provai sollievo. Forse sarebbe andata come con il magistrato Giovanni D'Urso e Roberto Peci sarebbe tornato dalla sua famiglia. Forse.»

Hanno distrutto vite, hanno mutato la storia di un Paese perché inseguivano una follia. Una follia che grondava sangue innocente.

Ma Roberto Peci è stato ucciso anche per un'altra

ragione. Non meno odiosa della prima. Perché le Br, in quella primavera del 1981, avevano subito colpi durissimi ed erano in via di sfaldamento. Così la racconta Mario Moretti nel libro-intervista con Carla Mosca e Rossana Rossanda, *Brigate rosse. Una storia italiana*: «Soltanto nel 1981 le Br si dividono, diventano il Partito guerriglia e il Partito comunista combattente. Il primo era capeggiato da Senzani, che aveva fatto parte anche del Fronte delle carceri, nel secondo confluì tutto il resto. Si frantumano». E alla domanda delle intervistatrici: «Chi tenne la sigla Br?», il discusso leader che guidò l'operazione Moro risponde: «Tutti. Nessuno, per nessun motivo al mondo, vuole abbandonare la sigla Br. Né la Walter Alasia, né il Pcc, né poi le Ucc, tutti. Ma nonostante dicessero: "Siamo un'altra cosa", di politicamente nuovo, che superasse le vecchie Br, non trovarono nulla. L'epilogo venne in brevissimo tempo, si polverizzò l'organizzazione. Una organizzazione rimasta unitaria per dodici anni, nell'81 divenne un arcipelago... Eravamo debolissimi, alla frutta, agli sgoccioli. Le scissioni e le divisioni sono presentate come lotte fra titani, e invece sono crisi di nervi di pigmei».

I pigmei, che si contendono il marchio delle Br come fosse una insegna di successo, Philips o Coca Cola, che sembrano dominati da marketing e divisioni, da autopromozione e vendette interne, devono gridare per dimostrare di esser vivi. Così, in quei mesi in cui sono «alla frutta», gestiscono simultaneamente quattro rapimenti. Ogni pezzo dell'organizzazione ne compie uno per dimostrare di non essere inferiore, politicamente e militarmente, all'altro. Così la colonna romana, la Walter Alasia, quella napoletana e il Fronte delle carceri si dividono la gestione dei sequestri di Renzo Sandrucci, di Ciro Cirillo, di Giuseppe Taliercio, di

Roberto Peci. I primi due usciranno vivi, gli altri saranno trucidati dopo decine di giorni di sequestro e tortura psicologica.

Le Br sono reduci dal «successo» della gestione politica del rapimento del giudice D'Urso e ora le varie schegge della diaspora pensano di mostrare la loro forza, più all'interno che all'esterno, con operazioni militari complesse e a forte impatto mediatico. Nello schema di potere delle Br, Senzani doveva diventare il responsabile della colonna napoletana e lasciare la guida del Fronte delle carceri a Stefano Petrella. Ma non lo fa e accumula i due incarichi, come un boss della politica del tempo. E così tutta la preparazione, la gestione e la conclusione del processo Peci saranno segnati anche da un fronte interno, dalla necessità di dimostrare ai propri militanti sbandati di essere i più decisi, organizzati, spietati. Tipico, nelle fasi di tramonto di un regime. Roberto Peci è stato ucciso anche perché il suo rapimento e la sua morte erano, in una lotta interna di potere, funzionali a un gruppo di terroristi allo sbando.

In quella riunione si decide l'uccisione di Peci. Chi non è d'accordo si adegua, perché così vuole il rigido sistema di centralismo democratico che vige all'interno dell'organizzazione. Ma giunge nei giorni seguenti un contrordine. Dalle carceri hanno deciso di usare Roberto per fargli confermare la tesi che circola di cella in cella sul doppio arresto. Per ottenere questo obiettivo non bastano più i memoriali e le foto Polaroid. Serve un salto di qualità, anche emotivo. Serve usare la sofferenza e la solitudine di quel ragazzo per dire al popolo dei terroristi, forse cento persone all'epoca, che non è vero che le Br si stanno sfaldando perché «la guerra è stata persa, la guerra è finita».

Le immagini strazianti di quell'uomo sequestrato serviranno a dire che è solo uno spione, Patrizio Peci, che ha fatto cadere dei compagni e che, lo vedete?, l'organizzazione è ancora capace di colpire in ogni luogo e di fare un salto di qualità. Ma è come quando Ceausescu si affacciò al balcone della piazza centrale di Bucarest e rimase basito perché dal fondo salì una crescente salva di fischi, è come la pantomima di Mussolini che visitava le scalcagnate truppe di Salò promettendo loro un radioso futuro, o come uno dei capi del regime iracheno che annunciava in diretta tv che «avrebbero spezzato le reni agli Usa» mentre sullo sfondo si vedevano i primi soldati americani entrare a Baghdad su carri armati che non incontravano alcuna resistenza. Come i soldati giapponesi sull'isola, i terroristi degli anni Ottanta non accettano che la loro guerra sia stata persa.

Quando, all'una di notte, la 127 si ferma davanti alla casa di via della Stazione di Tor Sapienza i due terroristi scendono e aprono il baule dell'auto. A Roberto sibilano che non deve fare un gesto, né dire una parola. Lo avvolgono in una coperta, in modo che non possa vedere nulla né essere visto, lo sollevano e a braccia lo trasportano al primo piano. Lì c'è il suo nuovo mondo. Una tenda, una brandina, un bagno chimico. L'ostaggio viene maltrattato perché quella è la condizione necessaria per fargli capire che non ha margini. Il meccanismo psicologico è la subordinazione totale del destino del rapito al raggiungimento degli obiettivi dei rapitori. Gli fanno capire che non scherzano, lo tengono con durezza a distanza e gli dimostrano che se farà quello che dicono loro si salverà. Cominciano giorni duri per quel ragazzo che si guarda intorno e capisce che non sarà facile uscire da quella tenda. Chiude gli occhi e si butta sulla brandina. Avrà pensato alla sua casa, dove la notte prima ha dormito di fianco a sua moglie. Avrà pensato al giorno in cui sarebbe diventato padre. Avrà pensato a San Benedetto, alla sua vita normale. E tutto gli sarà sembrato terribilmente, orrendamente, lontano.

Nove

Un film che amo immensamente, *L'uomo dei sogni*, si conclude in modo felice. È una storia di realismo magico. È la storia di un uomo, uno di quelli che ha condiviso i sogni e le utopie del suo tempo, che si è ritirato nello Iowa. È il tramonto, sta camminando, solo, in mezzo ai canneti. Sente, all'improvviso, una voce dall'alto che gli dice: «Se lo costruisci, lui tornerà». Dopo lo stupore capisce, anzi sente, che deve costruire un campo da baseball. Lo farà, seguendo un inspiegabile impulso, e un giorno vedrà arrivare, sbucati dai campi di grano, i giocatori di baseball di una mitica squadra, i Chicago White Sox, guidati dal leggendario «Shoeless» Joe Jackson. Una squadra che nel 1919 fu radiata dal campionato per aver venduto una partita. E otto di loro furono squalificati a vita, interrompendo un sogno. Quel campo diviene il luogo in cui passato e presente si toccano, in cui realtà e desiderio si conoscono. L'uomo si è indebitato per costruire quel campo e ha messo in gioco ogni sua ricchezza e la vita della sua famiglia. Alla fine del film si vede una interminabile colonna di macchine che si avvicina al campo da baseball. Segno che quella follia, figlia di una illusione magica, ha convinto tanti.

Alle 13,30 di giovedì 11 giugno, sulla via Tuscolana a Roma, si forma una fila che sembra quella dei sognatori. Ma dentro quelle macchine ci sono persone che appartengono a un'altra specie, forse opposta, quella dei curiosi. Il Tg2 è finito da qualche minuto, tutti hanno ascoltato le grida di quel bambino. In molte case la gente ha spento il televisore, ha preso le chiavi della macchina e si è avviata verso il pozzo. Forse non sanno perché, ma sanno che non possono aspettare, che quel luogo li chiama, quella sofferenza ha bisogno di loro. Curiosi attratti dalla tv, certamente. Ma c'è qualcosa di più. Nella storia che le immagini hanno raccontato c'è un concentrato di paure e di sensibilità che sono nel profondo di ogni essere umano. Quel pozzo è un luogo in cui ciascuno, da bambino, è stato almeno una volta. È una stanza buia, un rimprovero estremo, un bosco in cui ci si è perduti. Per questo ci chiama, tutti. Chi ci è andato fisicamente, chi è restato davanti alla televisione, senza poter parlare.

Un quarto d'ora dopo la fine del Tg2, Vermicino è presa d'assalto. Ci sono centinaia di persone, assiepate davanti al pozzo, sul terrapieno. Ostruiscono, con la loro invadente curiosità, le operazioni di soccorso. Nel verbale reso alla polizia il 16 giugno, Pastorelli così ricorda quei momenti: «Dopo aver richiesto sia ai sottufficiali di P.S. e dei Carabinieri nonché dei Vigili Urbani di procurarmi uno spazio libero di almeno venti metri di diametro occorrendo anche con opportuno transennamento, mi sono rivolto, anche in maniera concitata, al capitano dei CC. della Compagnia Frascati, richiedendo energicamente di farmi largo. L'ufficiale ha provveduto temporaneamente ad allontanare la folla che, tuttavia, poco dopo, ha ripreso le posizioni originarie. Nel contempo, sono arrivati giornalisti e fotoreporter, i quali hanno occupato i due colli immediatamente sovrastanti la zona interessata ... Le mie richieste sono state rinnovate successivamente per molte volte, senza tuttavia raggiungere mai un risultato definitivo».

A Vermicino ormai regna il caos. Nessuno pensa a portare delle transenne per delimitare l'area di intervento dei vigili. O a fare un cordone con gli uomini delle forze dell'ordine. I medici, i pompieri, gli speleologi si muoveranno spostando curiosi o, grottescamente, saranno costretti spesso a invitare la rumorosa folla al silenzio per poter impartire disposizioni di soccorso. È già un circo, sulla testa di Alfredo che si affanna a sopravvivere.

Alle 14,05, come riporta «Il Messaggero»: «Cinque lunghi minuti di panico. Alfredo non fa più sentire la sua voce, poi il bambino riprende a parlare, a fatica. Prima la madre, poi il padre vengono colti da malore». Tutto è terribilmente lento, terribilmente disorganizzato. E Alfredo certo non crede più ai «cinque minuti» che gli sono stati promessi undici ore prima.

Quando, verso le 14, la grande trivella della Geosonda fa il suo ingresso sulla spianata di Vermicino, la sensazione è che la svolta sia vicina. La sonda della Tecnopali si è fermata a poco più di venti metri, bloccata dalla durezza della pietra, come Laura Bortolani del gruppo degli speleologi aveva segnalato fin dall'inizio a Pastorelli. Ancora oggi ricorda con rabbia di averglielo detto: «Scusate, lo sapete che in tutta questa zona c'è la colata lavica di Capo di Bove, quella su cui i Romani hanno costruito la via Appia? Se incontrate il basalto, voi qui ci state un mese». Ma non le viene dato ascolto, non viene consultato nessuno, non vengono chiamati i geologi dell'Eni o del Cnr, non vengono valutate le carte che avrebbero potuto indicare la natura del sottosuolo. L'unica fonte «scientifica» è l'opinione di un pozzarolo. Bisogna fare presto, non si può perdere tempo.

Alle 15,30 la grande macchina comincia a operare. Deve rompere diciannove metri di terra. Se la piccola trivella ci ha messo cinque ore a farne venti è facile immaginare che nel pomeriggio il bambino sarà raggiunto.

Alfredo è stanco, evidentemente ogni tanto si assopisce. Chi ha nelle orecchie quel respiro veloce, affannoso, può capire che non si sopporta di ascoltarlo a lungo. È lì sotto ormai da quasi venti ore. Ma quando comincia a operare la nuova, prepotente sonda, per lui riprende la tortura. Il rumore è infernale, anche perché alle fasi di trivellazione si alternano momenti nei quali, per cercare di sfondare la roccia, viene fatto partire, da una ventina di metri, un gigantesco cilindro di acciaio che deve, con la forza della caduta, perforare la pietra dura. Laura Bortolani ricorda che le bottiglie e le lattine di Coca-Cola abbandonate sul terreno saltavano in aria, tale era la violenza dell'impatto. E Alfredo è lì sotto, incastrato, con un terremoto che scuote la sua terra e le sue orecchie.

La grande trivella si mostra rapidamente un gigante spuntato. Sembra un George Foreman contro Muhammad Ali. Picchia pesante ma la terra resiste, rivela strati che non si perforano neanche sotto i colpi più duri.

Alle 17 il Tg2 si collega di nuovo. Il bambino, nella concitazione di quelle fasi, viene per errore chiamato Alfredo Rompi. Pini, dal terrapieno, dice che la sonda gira lenta ma che contano di giungere ai trentanove metri previsti entro tre o quattro ore e pensano così di «salvare prima di sera» il bambino. A Vallone che, da studio, gli dice di richiamare in ogni momento perché «abbiamo intenzione di interrompere le trasmissioni con edizioni straordinarie», il bravo cronista risponde, interpretando lo stato d'animo che si respira lì: «Non appena arriveremo al momento, che speriamo sia presto, del bambino riportato alla luce, vi chiederò la linea».

Passa meno di un'ora e a Vermicino si consuma un ennesimo cambio di stato d'animo. La grande sonda, che doveva fare i venti metri che restavano in poche ore, si rivela incapace di bucare quella terra che ha inghiottito, rapace, il cucciolo Alfredo. Alle 17,50, più di due ore dopo l'inizio delle manovre della macchina della Geosonda, Peppe, il manovratore della trivella, «annuncia sconsolato che in due ore e mezza è riuscito a scavare appena mezzo metro di roccia».

Intanto vengono cambiate le bombole di ossigeno, messe a disposizione dai sommozzatori, con le quali si alimenta di aria il cunicolo. E, come si legge nella relazione del professor Fava: «I sanitari rianimatori hanno, di tempo in tempo, regolato la erogazione in rapporto alle esigenze del bambino». Il piccolo continua a dare segni di lucidità, una disperata vitalità.

Alle 18,30 il Tg2 manda in onda una edizione straordinaria. Per capire quanto la notizia stia crescendo, come una febbre invasiva, va ricordato che l'edizione serale è prevista solo un'ora e un quarto più tardi. Ma la vicenda di Vermicino, da quella voce e da quelle grida, sta pervadendo tutto il Paese che torna a casa dopo il lavoro. Il Tg1 ha cominciato anch'esso a occuparsi attivamente della storia e così il Tg3.

Vallone apre l'edizione straordinaria con un'aria preoccupata e le prime parole di Pini spiegano perché: «Non posso darvi notizie tra le più confortanti.

La macchina ha trovato pietrisco che ne ha ritardato l'azione. L'elica è stata cambiata ma avanza con difficoltà. Le condizioni del bambino si fanno più difficili. Prima avevamo detto tre o quattro ore, ma la previsione è peggiorata. Si parla di sei o sette. Il rischio di un eccessivo ritardo può pregiudicare non la vita perché finora non si è mai parlato di eventi disastrosi. Vorremmo tranquillizzare. Il professor Fava non è ottimista ma neanche pessimista».

Vorrebbe tranquillizzare, ma non ci riesce. Perché come una *excusatio non petita* per la prima volta si fa strada un concetto che la mente non accetta, l'«evento disastroso». La fiducia che avevamo imparato a riporre nella potenza della scienza comincia a vacillare. È possibile che quella grande macchina, gioiello di potenza e tecnologia, non riesca a forare un terreno che, solo due metri più in là, dei semplici pozzaroli sono riusciti a bucare tanto in profondità da arrivare a ottanta metri, in prossimità dell'acqua che cercavano?

È possibile, non accettabile, ma possibile. Tanto che la verità, terribile, è che dopo quattro ore di lavoro la magnifica macchina ha fatto meno di un metro. Ne mancano diciannove, troppi. Nel pomeriggio Tullio Bernabei è tornato alla carica con Pastorelli per togliere la tavoletta che ostruisce ogni passaggio verso Alfredo. Il possibile, per quanto difficile, passaggio di un uomo e persino l'alimentazione del bambino. Nel piccolo pertugio lasciato libero si accavallano già troppi cavi, la luce, l'ossigeno, il microfono.

Nella relazione degli speleologi così è raccontata questa fase: «Alle ore 17 ci viene nuovamente chiesto un aiuto. Insieme ai VV.FF. caliamo nel pozzo un microfono e un tubo per l'aria. Notevoli sono le difficoltà per oltrepassare la tavoletta. Caliamo quindi un sagolino con un peso e una luce chimica per stabilire la profondità cui si trova il bambino. Il bimbo non riesce a scorgere la luce e si desiste recuperando la sagola su pressante invito della direzione delle operazioni a non perdere tempo. Nella fase di recupero il bimbo dice di scorgere la luce, si misura la profondità a meno 36. Si tenta inutilmente di inviare al bambino una boccetta con alimento. Siamo di nuovo allontanati e operano solamente i VV.FF.».

La relazione di Fava confermerà che solo «dopo molti tentativi» è stato attuato «un estemporaneo sistema di canalizzazione fatto giungere fino al bambino, di acqua e zucchero prima e di latte poi, alfine di assicurare a esso il necessario supporto idrico ed energetico».

Alle 19,45 il Tg2 chiude la sua edizione straordinaria con le seguenti notizie riferite da Pini, ancora in collegamento da Vermicino: il bambino ha cominciato a bere, un uomo si sta preparando a scendere nel pozzo, mancano ancora due o tre ore di lavoro della trivella. E poi racconta quella che a me sembra una poetica leggenda: «Il bambino quando ha avuto acqua e zucchero ha detto che non voleva bere whisky e il dottor Gentile, il suo cardiologo, ha dovuto faticare non poco a convincerlo». Rispondendo a una precisa domanda che la conduttrice Piera Rolandi gli rivolge dallo studio, Pini conclude il collegamento con queste parole: «Si pensa che entro la mezzanotte la cosa si risolva».

Alle 17 era stato annunciato che in due o tre ore tutto sarebbe finito. Ora, passate le 20, se ne pronosticano altre quattro. Se a mezzanotte la trivella avesse finito il suo lavoro avrebbe impiegato nove ore per fare lo stesso tratto di scavo che l'altra aveva realizzato in quattro. Ma non sarà così. «Si pensa che a mezzanotte la cosa si risolva.» Così gli italiani si mettono a cena con la ragionevole speranza che questa storia finisca con un grande spavento e nulla più. E che Alfredo, stanotte, dormirà nel suo lettino e non nel freddo e nell'umidità di quella terra aspra.

A Vermicino, intanto, c'è il delirio. Il bambino è lì sotto, solo come nessuno può esserlo mai. Sopra, cito Fabrizio Paladini su «Il Messaggero»: «Verso le sette ci saranno mille, milleduecento persone venute dalle case vicine, dalla Valle dei morti, come sinistramente si chiama la località lì vicino, tanti altri da Roma, qualcuno da Frascati ... Superare i controlli che i carabinieri hanno istituito è facile. Alcuni bambini si sono portati le borracce, altri vengono issati sulle spalle dei genitori per vedere meglio. Tutto intorno, per terra, lattine di birra, bottiglie vuote, carte oleate in cui erano racchiusi i panini, scatole dei rullini fotografici usati dalle decine di fotografi presenti». Tutti ricordano quelle ore come il caos totale. Il dottor Fatale mi parla di «un circo equestre», il giudice Misiani dirà sconsolato: «Era un vero casino». Il professor Fava ricorda che «sembrava un teatro» e Roberto Amen del Tg2 descrive «un'atmosfera felliniana». Maurizio Monteleone dice che era cosciente di recitare involontariamente una parte della riedizione di *Asso nella manica*. Il famoso film di Billy Wilder racconta la storia di un giornalista fallito che trova la sua occasione di riscatto nella vicenda di un povero messicano sepolto, per un crollo, nel fondo di una caverna indiana. Il cronista, uno spietato Kirk Douglas, prolunga l'agonia del pover'uomo e trasforma quell'evento tragico in uno spettacolo dal quale trarre benemerenze professionali e denaro. Gian Piero Brunetta, parlando del film, nota «la facilità della manipolazione del consenso da parte di una società pronta a trasformare tutto in spettacolo e merce, non ultimo la morte». Il film si doveva chiamare *Ace in the Hole* ma poi il titolo fu cambiato nel più diretto *The Big Carnival.* Il riferimento al film di Wilder, uscito esattamente trent'anni prima, riempirà le pagine dei giornali, nei giorni di Vermicino.

Io sono rimasto invece colpito dalle incredibili coincidenze della vicenda con la storia di un B movie americano uscito nelle sale italiane il 6 giugno del 1952 con il titolo *La bambina nel pozzo.* È la storia di Carolyn, bimba nera di cinque anni, che cade casualmente in un pozzo, in una zona di campagna. Della sua sparizione viene accusato un bianco, un emarginato. E così si scatena, nella piccola cittadina, una ondata di violenze razziali, perché i neri pensano che le autorità vogliano proteggere il responsabile in quanto bianco. È un innocente, ma la giustizia sommaria, che si alimenta del *crucifige* prodotto dalla emotività, genera nella piccola comunità il diffondersi di false notizie. Che, questa volta, non viaggiano attraverso i media ma volano, dilatandosi a ogni passaggio, di bocca in bocca, di orecchio in orecchio.

La bambina viene trovata da un ragazzino e allora sembra davvero di vedere Vermicino. Arriva un tecnico, un Roberto Caporale americano, e viene calato un microfono nel pozzo. La mamma chiama la figlia dall'imboccatura del tunnel e lei risponde disperata invocandola. Le calano una corda che lei non riesce a prendere. Il pozzo è di venticinque metri e la bimba è sospesa a diciannove. Attorno al buco della terra si riuniscono migliaia di persone. Lì, almeno, c'è una corda che tiene distante la folla dagli uomini che si danno da fare. I soccorritori decidono di scavare un pozzo parallelo. Queste sono frasi tratte dai dialoghi del film: «Scaveremo per diciannove metri e ci arriveremo con una galleria», «Quanto vi ci vorrà?», «Dipende dalla qualità di terreno che incontreremo», «Dubito che una bimba della sua età possa sopravvivere, sarebbe quasi meglio svenisse o cadesse in coma», «Sceriffo, credo ci sia roccia», «Non la raggiungerete mai in tempo in questo modo, dobbiamo fare una trivellazione, porta la gru più grossa», «Sto facendo una trivellazione, saremo al livello della bimba in meno di un'ora. Lottiamo col tempo, possiamo fare da noi ma potremmo raggiungerla più rapidamente con un uomo esperto, tu hai lavorato in una miniera».

Scavano il tunnel parallelo e fanno calare un uomo, dopo averlo imbracato. Scende nel cestello e da sotto comunica che sta filtrando acqua. La bimba si salverà, come vuole l'happy end. E qui è, purtroppo, la differenza con la storia del bimbo di Vermicino. Ma c'è un particolare che mi ha fatto gelare il sangue: il padre della bambina ha addosso una tuta bianca. Sulla schiena campeggia il nome dell'officina presso la quale lavora. Si chiama Alfred's Auto Service.

Alle 20,45 arriva un uomo di bassa statura, siciliano, un pozzarolo magrissimo, con una gran barba bianca e un gran coraggio. Si chiama Isidoro Mirabella, vive a Mentana, ha cinquantadue anni. Il suo tentativo, nella storia di questa vicenda, è relegato in un ruolo secondario. Forse perché, quando lui è sceso, le telecamere non trasmettevano in diretta. Invece, per Tullio Bernabei, quello è uno dei momenti decisivi della vicenda. «Se Isidoro fosse riuscito a segare la tavoletta, avremmo trovato qualcuno che sarebbe arrivato dal bambino passando direttamente dal pozzo artesiano, senza bisogno del parallelo, del tunnel di comunicazione e, soprattutto, delle ore per fare tutto questo. In fondo già Isidoro è arrivato a una decina di metri dal bambino e uno come Licheri a trentasei metri, con la collaborazione di Alfredo non provato da un altro giorno di sofferenza, ce l'avrebbe fatta a riportarlo su.»

La tavoletta, la vera maledizione di questa storia, la madre di tutti gli errori. Un errore, quello, compiuto in buona fede, sotto la pressione di una situazione inedita ed emotivamente durissima. Ma resta un errore, forse fatale. Isidoro viene munito di un seghetto e fatto calare nel pozzo. Per un attimo si sospende la trivellazione che, ricorda Tullio, per il bambino doveva assomigliare «a un terremoto prolungato di due giorni».

Ora lascio alla relazione sanguigna degli speleologi, scritta proprio in quei giorni, il racconto di quel momento: «Arriva un microscopico volontario occasionale non più tanto giovane; ma dall'aria calma e sicura, di nome Isidoro. Siamo quindi spronati a riprovare la discesa nel pozzo artesiano e cominciamo a insistere presso la direzione in tal senso.

«Ottenuto il permesso, fatta indossare a Isidoro l'imbracatura di Laura (la misura più piccola a nostra disposizione, ma larghissima per lui), lo caliamo nel pozzo. Isidoro riesce a prendere il capo strappato del canapo, e si fa recuperare distendendolo quindi in salita fino a fissarlo a una delle sonde che passano nel pozzo, affinché non si riammucchi sulla tavoletta. Esce provato, ma decide di ritentare una volta riposatosi. Date le capacità dimostrate pensiamo di farlo ritentare munito di un seghetto alternativo elettrico per segare la tavoletta. Nel frattempo si prepara Bonucci per andare a togliere di mezzo il canapo. Tutto però viene impedito di autorità e riprende il lavoro della trivella».

Tullio conferma la ricostruzione e ricorda che, di

fronte all'esigenza di quest'altro tentativo, Pastorelli «si spazientì». E, in effetti, né nella sua deposizione alla polizia, né nella relazione protocollata al ministero il 23 giugno, si fa alcun riferimento al tentativo di Mirabella. E, se posso essere sincero, mi ha colpito, nel verbale del commissariato Casilino, leggere come il comandante provinciale dei vigili di Roma «scarichi» la responsabilità della scelta della tavoletta sui suoi uomini e, soprattutto, sul padre di Alfredo: «La decisione di introdurre nel pozzo artesiano una tavoletta appesa a delle funi è stata presa prima del mio intervento perché in altri casi la misura si era rivelata efficace; tuttavia si trattava di casi in cui il diametro e la profondità del pozzo erano diversi. La predetta decisione fu adottata dal personale di primo intervento su sollecitazione del padre del bambino e senza alcuna consultazione con me».

Elveno Pastorelli era un gran tecnico. L'architetto Faggioli dice che «era malato dei pompieri». Non c'era emergenza in cui non si assumesse tutte le sue responsabilità, in cui non fosse presente personalmente. Non era un burocrate, condivideva con i suoi uomini le missioni e le decisioni più difficili. In un tempo in cui non esisteva neppure il concetto di Protezione civile, Pastorelli, anche scottato dal disastro nazionale del terremoto dell'Irpinia, cercò di estendere ruolo e competenze dei vigili del fuoco considerandoli, a ragione, come lo strumento professionalmente più dotato per fronteggiare emergenze naturali.

Ma forse proprio per questo Vermicino fu, per lui, la prova più ardua. A sei mesi dalla Caporetto del sisma campano ancora una volta gli uomini dei soccorsi erano di fronte a una sfida terribile. Ancora una volta sotto lo sguardo impietoso della tv. Quella tv che aveva denunciato con giusta ferocia il disastro dei soccorsi durante l'inverno del 1980 e ora, senza alcuna aggressività e semmai piegata dal dolore per la situazione che raccontava, si limitava a documentare quello che succedeva nella spianata polverosa della campagna romana. Pastorelli, uomo intelligente, sapeva che, per ragioni imperscrutabili, la sorte di quel bambino di sei anni avrebbe pesato, nell'opinione pubblica, non meno dei 2914 morti di quella gelida notte di novembre.

Faggioli mi ha raccontato che la domenica mattina, dopo la conclusione della storia, andò a casa di Pastorelli e lo trovò in uno stato di prostrazione. Aveva scritto una lettera di dimissioni, in cui si assumeva le responsabilità principali del fallimento. Faggioli la prese, la lesse e gliela strappò davanti agli occhi. In quel momento il giovane funzionario non soltanto tutelava il suo comandante ma forse difendeva il suo corpo di appartenenza.

Loro, i vigili, erano rimasti soli in quella emergenza, unica e devastante. Lo disse Pastorelli ai giornali il 15 giugno: «Bisogna fare chiarezza, è molto grave che le reazioni siano indirizzate nei nostri confronti, forse soltanto perché, durante quei tre lunghi e drammatici giorni, rappresentavamo lo Stato. È facile, ora, una volta sconfitti, trovare il capro espiatorio».

Avevano sbagliato, a più riprese, ma c'erano sempre stati, senza mai risparmiarsi. Oggi i vigili del fuoco italiani sono uno dei corpi più funzionanti ed efficienti dell'intero Stato. Quando ero sindaco di Roma ne ho potuto apprezzare il coraggio e le capacità in molte occasioni. Ho con loro un legame che si è rafforzato nel tempo, in particolare dopo la tragedia di via Ventotene dove, in una violenta esplosione, morirono quattro giovani pompieri.

Ma in quella circostanza Pastorelli voleva dimostrare che sarebbero state le istituzioni a risolvere il problema. Non un pozzarolo barbuto né dei volontari ventenni e contestatori. Sbagliò. Lo fece nel desiderio di salvare il bambino e di dare lustro allo Stato. I suoi errori furono anche frutto di quella inadeguatezza strutturale che proprio i sindacati dei vigili del fuoco denunciarono all'opinione pubblica dopo la conclusione dei tentativi di salvataggio di Alfredo: «Siamo in 117 per una popolazione di tre milioni di abitanti, abbiamo 55 mezzi ma la gran parte è guasta per cui ne possiamo usare solo 32. Le radio ricetrasmittenti, quei giocattoli che ormai da anni e anni si possono comperare anche nei negozi per bambini, sono naturalmente fantascienza. Se domani andasse a fuoco un palazzo di dodici piani non avremmo le scale di salvataggio adatte».

Maurizio Bonardo, uno dei vigili che scese nel tunnel, nella stessa conferenza stampa dichiarò: «Nell'alluvione del '62 eravamo senza mezzi anfibi, senza battelli, perfino senza stivali di gomma; all'incendio della Purfina avevamo delle autobotti che sembravano dei giocattoli in confronto a quello che c'era da fare; andiamo sugli incendi con i badili». Bonardo mi racconta oggi che di lui i colleghi dicevano «borsetta ed elmetto, sindacalista perfetto», perché lui, finito il permesso e le riunioni, tornava in turno, senza mai mancare. Diedero l'anima, tutti, i vigili come Bonardo che scese nel tunnel di collegamento senza respiratore e il comandante Pastorelli che non si mosse mai da lì, con la giacca completamente macchiata dall'olio che colava dal grande braccio della trivella.

A mezzanotte, secondo l'ultima edizione del telegiornale, il bambino avrebbe dovuto essere libero.

Quando Gino Pallotta inizia l'edizione notturna del Tg2, le cose non stanno così. Luigi Bartoccioni, che ha sostituito un esausto Pini, apre il collegamento dando la parola al professor Fava. Dalle sue parole gli italiani capiranno che tutto è maledettamente più difficile di quanto fosse stato detto. «Purtroppo devo segnalare che in queste ore il bambino sente la stanchezza, ha qualche disturbo respiratorio. E si sente molto preoccupato. Il bambino è affetto da una cardiopatia congenita che si traduce in una trasposizione di grossi vasi cardiaci e un difetto interventricolare. È uno di quei bambini che vengono chiamati bambini blu, ha una particolare malattia malformativa del cuore. Questa condizione aggrava la situazione attuale e rende più minacciosa, più pericolosa questa estenuante attesa del soccorso diretto. Io ritengo che l'ossigeno gli arrivi in quantità sufficiente. Infatti il bambino non ha turbe psichiche. Ma la condizione più pericolosa è la condizione di stress, di disagio, di dolore, di separazione dal mondo. Condizione che comporta certamente modificazioni e difficoltà cardiocircolatorie date le sue particolari condizioni cardiache malformate dalla nascita. Il bambino ha bevuto qualche cosa e non lamenta attualmente un grande senso di sete. Quello che tormenta il bambino è questo disagio fisico che si protrae da 28 ore ormai, la condizione di immobilità. Noi immaginiamo sia in questo tunnel molto stretto, circa venticinque centimetri, senza alcuna possibilità di movimento. Il bambino lamenta un dolore alla gamba, forse qualche contusione, speriamo non sia una lesione più grave. Il bambino chiama la mamma, chiama i soccorsi, domanda quando lo libereremo. È un bambino tuttavia molto giudizioso, molto maturo. Probabilmente la disavventura di nascita lo ha preparato ad altri disagi e ad altre sofferenze e l'ha in un certo senso preparato a questa prova di estrema difficoltà.»

Bartoccioni gli chiede come l'uomo che è sceso, tra «un groviglio di cavi», abbia trovato Alfredo. «Secondo quello che mi ha riferito il bambino soffre con molta serenità, molta rassegnazione, nella speranza di essere liberato presto. Quando si sono fermate le macchine perforatrici credo che abbia riposato per qualche tempo. Quando le trivelle hanno ripreso a funzionare, dopo l'insuccesso del tentativo di Mirabella, il rumore ha risvegliato il bambino, che ha ripreso a parlare. È in queste condizioni che ho parlato con lui e ho potuto riconoscere che ha un respiro più affannato, leggermente dispnoico. Cosa che mi rende un po' preoccupato, mi rende molto preoccupato. Io spero che questi tentativi di avvicinamento si svolgano nel tempo più breve perché il tempo gioca contro il bambino.»

Al giornalista che gli chiede come viva Alfredo l'incredibile rumore che costringe loro stessi, in superficie, a urlare nel microfono, Fava replica: «I rumori sono assordanti, sono molto forti, disturbano molto il bambino. D'altra parte noi facciamo un'azione psicologica. Gli diciamo che questi rumori che lui sente più forte lo debbono confortare perché vogliono dire che il soccorso è più vicino. Cerchiamo di agire psicologicamente per evitare che uno stress psichico condizioni alterazioni cardiocircolatorie importanti. Qualche ora il bambino può ancora sopportare. Per quanto dobbiamo riconoscere che le sue condizioni, dalle sette o le otto di questa sera, sono leggermente peggiorate. Direi che non sono ancora preoccupanti però debbo segnalare un certo declino della sua resistenza fisica».

Ho riportato per intero l'intensa testimonianza del professor Fava perché essa descrive con chiarezza lo stato del bambino alla mezzanotte del giovedì, quasi trenta ore dopo la caduta. Quando oggi, nel rosso del cielo di Roma che fiammeggia dalle grandi finestre dietro le sue spalle, gli chiedo quali ricordi porti con sé di Alfredo, questo anziano, elegante signore si ferma e mi dice, con un filo di voce: «Ricordo i lamenti, quei lamenti. Non mi hanno mai lasciato».

Isidoro Mirabella avrebbe potuto salvare Alfredo. Se non gli fosse stato impedito credo proprio ci sarebbe riuscito. È morto nel gennaio 2011. In assoluta povertà e solitudine. Il comune di Mentana si è assunto le spese del funerale. Era un uomo semplice e buono. Era diventato la mascotte della squadra di calcio del comune e si era molto affezionato all'allenatore Alfiero Bernardi. Quando questi scomparve nel lago di Vico nel tentativo di salvare i suoi figli, Isidoro crollò. Era andato nel ventre della terra e aveva sentito, a un passo, il respiro affannoso di Alfredo. Ora aveva visto il suo migliore amico inghiottito dall'acqua. Era troppo anche per lui. Per quel manovale siciliano che sentì come un dovere del suo cuore andare a Vermicino e tuffarsi a testa in giù nella terra. Un italiano generoso. Uno degli angeli di Alfredino.

Il telegiornale va avanti e riferisce della crisi di governo con la cronaca del tentativo di Spadolini, che «ha ottenuto dal presidente Pertini un mandato ampio, senza indicazione preventiva di formula» e che registra, insieme al disappunto Dc per la rinuncia di Forlani, la sera prima, anche il sostegno del Psi e del Pli e l'attenzione del Pci. Riprese filmate mostrano una riunione della direzione, con Berlinguer, Pajetta, Bufalini, Tortorella, Barca e Giorgio Napolitano.

Segue ampia informativa sullo scandalo P2 con la notizia che, proprio nella stessa giornata, la Camera ha approvato la costituzione di quella commissione d'inchiesta che, con la presidenza di Tina Anselmi, avrebbe cercato di dare contezza al paese della spaventosa dimensione di quella piovra, i cui tentacoli, in verità, sembrano anche oggi aver resistito a tutto. Pallotta racconta che il Gran Maestro della massoneria del tempo, il generale Ennio Battelli, ha annunciato la «sospensione dell'attività di tutte le logge massoniche d'Italia per protesta contro la campagna scatenata dopo la scoperta della P2». La serrata dei ventimila massoni italiani è, evidentemente, un segnale rivolto al potere che, in quelle ore, sbanda vistosamente sotto i colpi della rivelazione dell'inquinamento totale che l'infiltrazione dei piduisti aveva determinato in ogni campo della vita pubblica. Va poi in onda un servizio di Italo Moretti da Montevideo, come sempre pregevole, che racconta come le centinaia di carte sequestrate nella villa di Gelli siano nella cassaforte del ministero dell'Interno del regime militare uruguaiano. Moretti aggiunge che, tutto il mondo è paese, i servizi segreti uruguaiani in realtà avevano proceduto a quel sequestro curiosi di sapere se in quelle carte vi fossero prove del coinvolgimento di autorità politiche o militari del Paese. E non solo a scopo difensivo, ma anche per poterle eventualmente usare nella violenta lotta per il potere che si era scatenata tra i vertici militari.

Dall'Italia si dà conto del colloquio avvenuto in ospedale tra il giudice Dell'Osso e il ministro Stammati. Il nome di Stammati era stato trovato nelle carte di Gelli, con riferimento a un contratto tra Eni e Arabia Saudita. E il giornalista del Tg2 dice che l'uomo politico era stato ricoverato con il falso nome del genero e che si sospettava avesse tentato il suicidio. Poi la notizia del rapimento di Peci, con le riprese della Panda azzurra del giovane che era stata lasciata, in direzione opposta a Roma, da «un ragazzo e una ragazza», come racconta una testimone oculare. Così era l'Italia, in quella notte di giugno.

Dopo le altre notizie della giornata, perlopiù dall'estero, si torna, in chiusura, su Vermicino. È notte fonda quando Pallotta torna a collegarsi con Bartoccioni che ora ha vicino a sé Ferdinando, il padre del bambino. Quando gli passa la linea da studio Pallotta gli grida: «Mi senti? C'è un rumore infernale». È insopportabile per chi lo ascolta da un comodo studio di via Teulada, figurarsi da quel buco della terra, a due metri dalla punta della trivella. Ferdinando alla domanda sullo stato del bambino, con il quale ha appena parlato, risponde: «Alfredo sta piangendo, chiede della mamma. Piange, piange. Mia moglie sta a letto, è crollata, nun je la fa più. Alfredino è un bambino abbastanza tranquillo, vivace. Ieri è improvvisamente sparito. Deve aver messo un piede in fallo. Sono venuto al pozzo ma era coperto da una lamiera. La tavoletta? Ci ha fatto perdere molto tempo. Alfredo non ha mangiato né bevuto. Per i tempi non lo so, non lo sanno neanche loro. All'una e mezza, le due, si spera di riuscire a tirarlo fuori, sperando che resista».

Viene introdotto il professor Gentile, il cardiologo che ha in cura Alfredo. Per inquadrarlo meglio, il giornalista invita il padre a spostarsi così che l'altro sia in «favore di telecamera». Il medico dichiara che a spaventare e terrorizzare il bambino è soprattutto il rumore della trivella, anche se a lui hanno raccontato che è una macchina fantastica, con i pompieri sopra. Hanno lavorato sulla sua fantasia e lui «è stato agganciato, è coinvolto». Ma aggiunge che appena riprende il rumore forte, Alfredo urla. Sta passando in quel buco la sua seconda notte. È al freddo, poco alimentato, incastrato, sottoposto al bombardamento di un terremoto infinito, assordato da un rumore micidiale, e attende quei soccorsi che, la sera prima, gli è stato detto sarebbero arrivati in un quarto d'ora. È solo, separato dal mondo.

Quando termina il Tg2, è piena notte. Prima del segnale di fine delle trasmissioni va in onda l'oroscopo di Peter Van Wood, letto da Anna Maria Gambineri. Dell'Ariete, il segno di Alfredino, si dice, per il giorno che viene: «Per farvi amare dovrete mostrare di amare gli altri. Non siate troppo aggressivi e permalosi».

Dieci

A San Benedetto del Tronto, nella sua casa, una giovane donna sta vivendo i momenti che cambieranno per sempre la sua vita. Un assassinio è come un bombardamento a tappeto. Colpisce non solo il bersaglio individuato ma straccia, a grappolo, la vita di tante persone. Di un padre, di una madre, di fratelli e sorelle, di amici, di una moglie. E, in questo caso, persino la vita di chi ancora non c'è. Di una bambina che nascerà, cinque mesi dopo quella maledetta serata di giugno, dopo quella maledetta primavera. Vivono in un garage, Antonietta e Roberto. Lui si è messo a fare l'antennista e lei lo accompagna quando lo chiamano per riparare un apparecchio o installare un'antenna. Sta su una sedia e aspetta. Si sono conosciuti due anni prima alla Rotonda e già sono una famiglia.

Fermiamoci ancora un momento su questo luogo. Persino il suo nome, una semplice e anonima definizione architettonica, può essere letto in un altro modo. La circolarità del tempo, l'eterno ritorno, uno spazio senza angoli, dove è difficile nascondere e nascondersi. Attorno a quella fontana, seduti sul bordo dove arrivano gli schizzi d'acqua, sono nate mille storie, si sono definiti mille destini. Storie d'amore e di violenza, amicizie e odi, decisioni capaci di cambiare il corso della propria vita, o della vita di altri. Mi piacerebbe sapere come cominciò e come finì. Ci deve essere stato un giorno, credo all'inizio degli anni Settanta, in cui a qualcuno dei ragazzi della sinistra venne in mente di darsi appuntamento alla Rotonda. E ci deve essere stato un altro giorno, alla metà degli anni Ottanta, in cui alcuni di quei ragazzi, forse cresciuti e forse tristi, hanno smesso di incrociarsi lì. E dal giorno dopo la Rotonda non è stata più la Rotonda. Come uno stabilimento che chiude gli ombrelloni, come un cinema che fa l'ultima proiezione, come un campo di calcio dove si gioca una partita il giorno prima della sua distruzione.

È opinione comune, a San Benedetto, che la Rotonda finì anche sotto i colpi di una repentina, velocissima invasione dell'eroina. Sarà la malattia complottistica della sinistra ma è un dato di fatto che in pochi anni sul mercato di quella città affluisce una spaventosa quantità di droga e molti, ancora oggi, sono convinti che sia stata sparsa a piene mani per «sdraiare» quella gioventù ribelle.

Lì alla Rotonda, ricorda oggi Antonietta, era come se si venisse «chiamati», come se il vento caldo di quei giorni, prima di diventare tramontana e poi bufera, avesse spinto i ragazzi, quasi sospesi nell'aria e inconsapevoli, verso quel luogo magico. Ma era un vento che sapeva distinguere chi aveva l'eskimo e i capelli lunghi da chi portava i Ray-Ban e i pantaloni a zampa d'elefante. E li posava da una parte o dall'altra della ferrovia, ben separati. Non si poteva star da soli, in quei tempi. Non si poteva non parlare di quello che succedeva in ogni angolo del mondo, non si poteva non condividere con altri l'euforia di quei giorni che sembravano annunciare un mondo nuovo, diverso. Il futuro a portata di mano. Antonietta racconta che una sera non sapeva come tornare a casa e chiese a quel bel ragazzo con la barba se poteva accompagnarla in auto. Lui, ovviamente, rispose di sì. Era il gennaio del 1979.

Chissà quante volte, durante i giorni della reclusione, Roberto avrà pensato a quei momenti. Nella situazione in cui lui si trovava per la sua mente non c'era che il passato. Sopravvivere e il passato. Non aveva nulla che gli fornisse stimoli per occupare i pensieri se non la sua condizione; e il modo migliore per uscirne è quella enciclopedia di foto, filmati, sensazioni, carezze, sguardi, voci, luoghi che è la memoria. E la memoria, la geografia dei ricordi, devono essere state lo spazio prevalente di quelle milleduecentosettantadue ore legato a una brandina, di quei cinquantatré giorni, di quelle cinquantatré notti.

Antonietta lo ha visto andar via verso le 16. È tornato a casa a pranzo e poi si sono dati appuntamento per la sera. Obiettivo: uscire insieme, con la Panda azzurra, per andare a mangiare la pizza e festeggiare così il secondo anniversario del matrimonio. La moglie lo attende con fiducia e si prepara per quella piccola ricorrenza. Ma lui non arriva e, come ricorda ora, a quel tempo «non c'erano telefoni cellulari, si poteva solo aspettare». Quello che lei fa, affacciandosi ogni tanto alla porta della casa-garage per controllare se dall'angolo sbucava una utilitaria Fiat e un sorriso in una barba. «Mi aveva detto vado a mettere un'antenna, non è che mi sono messa a chiedere dove, da chi. Era il suo lavoro. Era una giornata come le altre. Credevo. Invece l'ultima volta che l'ho visto nella mia vita è stata quando ha varcato la porta in quel pomeriggio di sole.» Antonietta parla di lui come di «un uomo buono, semplice» che aveva mille piani per il futuro e il sogno di una casa decorosa dove far crescere la creatura che sarebbe nata.

Quando faceva l'arbitro, ricorda sorridendo, «io andavo alle partite con lui. Mi mettevo in tribuna, in disparte. E Roberto mi aveva detto che, alla fine, dovevo uscire dallo stadio prima degli altri. Ci davamo appuntamento in un luogo un po' lontano perché lui aveva sempre paura che io venissi coinvolta in qualche rissa. Erano campetti di provincia e prendersela con l'arbitro, quando si perdeva, era una comoda abitudine. Roberto mi diceva sempre che dovevo tenermi pronta perché lui sarebbe passato con la macchina e doveva trovarmi dalla parte giusta della strada, pronta a balzare su, perché poteva capitare che ci inseguissero».

Lui non si sentiva minacciato, pensava che mai le Br avrebbero compiuto una ritorsione nei confronti dei familiari. «Non sono mafiosi o camorristi» diceva, forse per tranquillizzare la famiglia e se stesso. D'altra parte anche Patrizio, che conosceva meglio di lui quel mondo, aveva incontrato in carcere il padre e, vedendolo preoccupato, lo aveva rassicurato dicendogli che non era mai successo che i terroristi avessero compiuto atti di rappresaglia contro i congiunti.

Forse per questo, già nelle prime rivendicazioni, le Br cercano di modificare le motivazioni a sostegno del rapimento perché sia evitata l'interpretazione della vendetta mafiosa.

La mattina dopo il sequestro, il prefetto di Torino De Francesco invia un telex urgentissimo al ministero degli Interni: «Ore 8,50 odierne est giunta telefonata anonima – voce maschile – al quotidiano "La Stampa" ricevuta da vice capocronaca Ernesto Marenco seguente tenore: "Qui B.R. Fronte delle carceri. Scrivi: abbiamo rapito questa notte a San Benedetto del Tronto Roberto Peci fratello del pidocchioso Patrizio Peci. Hai capito bene? Sarà sottoposto a processo del popolo, seguirà comunicato. Hai capito bene?"».

Alle 16,45 telefonano alla redazione milanese de «Il Giorno» e, come scrive nel suo rapporto il prefetto Vicari, «sconosciuto con erre moscia dice: "Qui Brigate rosse, colonna romana. Rivendichiamo il rapimento del fratello di Peci. È rinchiuso nelle carceri del popolo e sarà sottoposto al giudizio del proletariato. Segue comunicato. Farà la fine di Hanns-Martin Schleyer"».

Queste telefonate, e quella che seguirà, sono come un manuale sulla miseria dei terroristi. Alle otto di mattina, dopo aver sequestrato un ragazzo, rivendicano l'azione definendolo «fratello del pidocchioso Patrizio». Sono loro a scrivere così la «causale» dietro quel messaggio. Aggiungo che la definizione di «pidocchioso» è razzista e fascista.

Poi, nel primo pomeriggio, definiscono Roberto, semplicemente, il «fratello di Patrizio» e annunciano un singolare processo nelle carceri del popolo. Un processo senza avvocati, senza giuria e, soprattutto, con la sentenza già scritta: «Farà la fine di Hanns-Martin Schleyer», il presidente degli industriali tedeschi ucciso al termine di un sequestro organizzato dalla Raf, le Br tedesche, nel 1977. È questa la «giustizia del proletariato», in quegli anni infami.

Il giorno dopo, come ministri che di primo mattino controllano febbrilmente le proprie dichiarazioni sulla rassegna stampa, leggono i giornali. «La Repubblica», sotto il titolo «Come ai tempi del fascismo repubblichino», scrive in prima pagina che «il sequestro del fratello di Peci, rapito dalle Br per vendetta e ricatto contro il brigatista pentito, fa varcare un'altra orribile soglia al partito terrorista: adesso siamo al fascismo e al nazismo allo stato puro, cioè alla criminalizzazione di un individuo per le "colpe" dei parenti». E il «Corriere della Sera» affida alla penna di Antonio Ferrari il suo commento, sotto il titolo «Un ricatto infame»: «Per colpire Patrizio Peci, 28 anni, terrorista pentito, le Brigate rosse hanno scelto la più infame delle scorciatoie, coinvolgendo, per la prima volta, la sfera privata, quella della parentela e degli affetti ... è il disprezzo dell'ultima barriera umanitaria: quella che, nel codice del terrorismo, aveva sempre evitato il coinvolgimento di estranei. Siamo arrivati ai familiari».

Confusi dal loro stesso gesto i terroristi cambiano linea. Hanno rivendicato il rapimento con due sigle diverse, nella guerra grottesca dei marchi che hanno messo in campo, e ora si trovano costretti a capovolgere le motivazioni. Al termine di quella giornata, il 12 giugno, alle 0,15 il prefetto di Torino invia un altro telex al ministero: «Ore 20,25 anonimo dettava redazione quotidiano "La Stampa" seguente telefonata: "Qui Brigate rosse, Roberto Peci è in mano al Fronte delle carceri delle Brigate rosse. Non lo abbiamo preso perché è il fratello di Peci ma perché è un infame anche lui. Cerca di precisarlo, se non lo farai penseremo anche a te"».

Le Br cercano di raccontare ora che hanno preso Roberto non in quanto fratello di Patrizio ma in quanto infame anche lui. Devono aver scoperto in poche ore questa diversa ragione del sequestro. La verità è che non reggono neanche loro il carattere camorrista di quel gesto, una prima volta per le Br impazzite dell'ambiguo Senzani. E allora devono correggere, smentire, precisare. E siccome non possono mandare una lettera di smentita ai sensi dell'articolo 8 della legge sulla stampa, fanno quello che i delinquenti sanno fare: minacciano.

La persona che ho incontrato è stata uno dei carcerieri di Peci e mi ha descritto la sua condizione: Roberto ha una cuffia sulle orecchie, gli fanno sentire musica tutto il giorno. La tenda ha una struttura di sostegno in polistirolo e da uno spiraglio il suo carceriere guarda quello che fa. Non può parlargli, perché mai il prigioniero deve ascoltare, e poi eventualmente riconoscere, la voce di chi, non essendo ancora in clandestinità, gestisce il covo, l'appartamento trasformato in carcere. Per le Br la caduta di un covo è più destabilizzante dell'arresto di uno di loro. Per questo tengono in compartimenti ben divisi il sequestrato e il carceriere. Lui si limita a controllare quell'ospite silenzioso che «passa il suo tempo a pensare, sdraiato sulla brandina, legato a un polso. Ascolta musica e pensa. Forse gli interrogatori, per quanto disumani, lo distolgono dalla noia e dalla solitudine che vive nel pozzo in cui è precipitato». La persona che ho incontrato non ricorda di averlo sentito piangere. «Se ha pianto, ha fatto in modo che nessuno se ne accorgesse.» Dagli appunti che ho preso durante il colloquio: «Era un ragazzo. Cercava di salvarsi. Aveva dei momenti di crollo. Cercava di stabilire un rapporto umano. Gli davamo da mangiare quello che mangiavamo noi. Non mi pare avesse né libri, né giornali. Se non quelli che servivano per spingerlo a certe dichiarazioni. Gli si mostrava il dato articolo per fargli intendere che i giornali non pubblicavano i comunicati, la famiglia non faceva abbastanza, gli amici lo avevano abbandonato. Quello che era utile a pilotare il suo umore, le sue parole, quelle che avrebbe detto negli interrogatori e che noi avremmo riportato all'esterno. Perché un sequestro è uno strumento politico, è una guerra che si combatte su più fronti. Si combatte con il nemico, che ti bracca, con i media, che devi usare e controllare e anche con l'ostaggio, che va guidato e accompagnato lungo un percorso psicologico».

Dovevano essere eterne quelle giornate trascorse legato alla brandina, in compagnia di pensieri e ricordi, in attesa di un pasto e di una parola. Una parola, anche di chi ti ha portato via, ti ha strappato alla famiglia e forse ti ucciderà. Anche lui aspetti, con un'ansia che assomiglia orribilmente a un desiderio. «Noi cercavamo di fargli capire che ormai i nostri destini erano intrecciati. Che il paradosso della sua condizione era che solo dal nostro successo dipendeva la sua libertà. Se fossimo stati sconfitti lui avrebbe perso tutto. Lo interrogavamo spesso. Quando c'erano novità dai media noi tornavamo da lui.»

La foto di Roberto recluso viene fatta pervenire nella serata di giovedì 12 giugno a Torino. Anche qui è curiosa la descrizione che ne fa il prefetto nel citato telex di mezzanotte e un quarto. Nel messaggio le Br indicano al giornalista, dopo averlo minacciato, dove si trova il comunicato: «È in corso Massimo D'Azeglio, angolo piazza Dante». E così prosegue il testo prefettizio: «Cronista portatosi sul posto notava un vecchietto che si allontanava con un giornale prelevato dal cestino. Seguitolo e richiesto di mostrare il giornale in interno il cronista rinveniva un volantino delle Br (trasmesso per telecopie) con allegata una fotografia riproducente su drappo rosso seguente scritta: "Brigate rosse (cerchio con stella at cinque punte). La rivoluzione non si processa. Il proletariato processa la borghesia. Costruire il

Partito comunista combattente e gli organismi di massa rivoluzionari. Individuare annientare gli agenti della controrivoluzione infiltrati nel movimento rivoluzionario". Punto in basso su lato destro est riprodotta effige rapito Roberto Peci che indossa camicia tipo scozzese punto indagini in corso punto».

Le Brigate rosse hanno allestito il set con la meticolosità di un bravo scenografo. Non servirà solo alle fotografie. Come era stato per Moro o per Sossi. No, siamo entrati in un tempo nuovo, in quel giugno del 1981. Siamo passati alle immagini e al sonoro. È come quando abbiamo visto Al Jolson nel film *Il cantante di jazz* o come quando, nel lontano 1926, fu fatto il primo esperimento italiano di colore al cinema, con il Pathecrome feature. Il film, di Carmine Gallone, si intitolava *Gli ultimi giorni di Pompei.*

Undici

Un giovane vigile del fuoco raggiunge il suo posto di lavoro, alla squadra Tuscolano. È la sera di giovedì. Ha sentito in televisione del bambino e quando gli dicono che lui e i suoi colleghi devono dare il cambio ad altri, capisce che questa uscita sarà diversa dalle altre. Non può sapere, invece, che sta per cambiare la sua vita, anche la sua. Si chiama Nando Broglio, ha quattro figli e tra poche ore, come racconta oggi, «ne avrà uno in più». Quando arriva a Vermicino la prima sensazione è di un «caos, una confusione totale, la gente che si affollava dappertutto, anche attorno ai pozzi. E fotografi, cineoperatori, un vero casino». Quest'uomo, che la mamma di Alfredo ricorda ancora oggi con grande affetto, rimarrà per due giorni e due notti piegato all'imboccatura del pozzo e riuscirà a stabilire un magico rapporto con il bambino che lo assumerà come la voce credibile, che gli arrivava dal putiferio, per lui inimmaginabile, che si svolgeva sulla sua testa.

Hanno passato la notte insieme, i due nuovi amici. Lui si è presentato: «Alfredo, mi chiamo Nando, sono un vigile. Ho dei bambini come te. Ti va di parlare?». Non ha studiato psicologia, non è un esperto in casi di emergenza come quelli dei film americani dove sono tutti belli, alti e biondi o neri e affascinanti come Denzel Washington o Morgan Freeman. Nando è un uomo di buon senso, ha quattro figli piccoli, sa ascoltare, è un romano vero, con quell'impasto di ostentata sicurezza e di spiccato umorismo che credo abbia rassicurato il bambino e glielo abbia reso simpatico.

È venuta notte, poi l'alba, il freddo si è sciolto nelle ossa di quell'uomo e di tutti quelli che si prodigano per tirare fuori Alfredino. Alle 7,30 nelle case degli italiani i televisori si accendono prima del solito. È Giancarlo Santalmassi che apre l'edizione straordinaria del Tg2. A Vermicino il tempo passa con un altro fuso orario. È un tempo indistinto, che cambia solo di luminosità. Sono stati aboliti la notte e il giorno, l'alba e il tramonto. È come un anno piccolo, che comincia mercoledì sera alle sette. Quando il cronista Gino Roca, sul posto, comincia il collegamento, ha al fianco Franca Rampi, che chiede di fare un appello: «Sono trentasei ore che mio figlio è dentro il pozzo e non si sa quanto ancora possa resistere. Qui stanno facendo gli scavi però c'è del peperino e non riescono a forarlo. Il tempo passa e sono sempre più o meno allo stesso punto. Io chiedo a qualcheduno che può dare un consiglio in merito sulla trivellazione del peperino. Grazie».

Trentasei ore, un'eternità. Eppure Alfredo è vivo, comunica, non ha smesso di combattere. Il cronista del Tg2 parla di «resistenza incredibile», come una formidabile voglia di vita, un attaccamento al futuro che consente di sopportare quel calvario e di non lasciarsi andare. In quelle prime ore del mattino il professor Fava dice che «il bambino è ancora molto vivace. Certo sente il disagio del sequestro. Chiede acqua. Si lamenta. Siamo riusciti a fargli bere un po' di latte».

Ma ora il microfono viene calato nel pozzo, ancora una volta. Lo annuncia Gino Roca che dice quello che non dovrebbe poter dire: «Siamo a qualche centimetro dall'imboccatura del pozzo». Nelle case degli italiani che stanno versando anche loro il latte nelle tazze dei figli si sente Nando che urla: «Alfredo, mi senti? La senti l'acqua? Alfredo, dove cade l'acqua, ti cade addosso? Alfredo senti la macchina? È vicina ormai. Bravo. La senti l'acqua? Ne vuoi ancora? Alfredo mi senti? Alfredo? Mi senti? Alfredo? Senti l'acqua? Hai sete?».

Riprende il microfono Roca che dice: «Si sente parlare Alfredo? Vediamo se si riesce a sentire qualcosa, io non ve lo posso assicurare».

Sì, si sente qualcosa. Si sente la voce di un bambino che urla tre volte la stessa cosa che urla da trentasei ore. E tre volte sono solo quelle che noi percepiamo nei pochi secondi in cui il microfono raggiunge la sua voce.

Sì, si sente qualcosa. Viene dal centro della terra, sale per metri, è come una pioggia a rovescio. Dice quello che ha detto dal primo momento. Chiama chi pensa lo possa aiutare. Chiama chi lo ha messo al mondo. Chiama chi lo ha fatto uscire da un liquido caldo e confortante. Chiama chi gli ha dato il primo latte e lo ha asciugato dopo averlo lavato. Chiama chi lo prendeva in braccio quando piangeva sollevandolo dalla culla, con un magnifico movimento dal basso verso l'alto. Quello che gli servirebbe ora. La chiama, con una disperazione che è l'altra faccia della sua incredibile resistenza.

È ancora il professor Fava a cercare di dare una forma razionale a quella emozione che dilaga nelle case degli italiani. «L'impressione che ho avuto parlando col bambino, paragonata alle impressioni di ieri che ci rendono segnali obiettivi di quelle che sono le sue condizioni, ci consente di sperare. Il bambino seppure piange e si lamenta ha lucidità di mente, riconosce la sua situazione di disagio, le difficoltà e sente però che i soccorsi gli stanno vicino e psicologicamente è confortato tuttavia a sperare.»

Roca, che è in una giustificabile concitazione, sbaglia più volte il nome del bambino e dice: «L'importante è che resista Armando, che non abbia un crollo, vero professore?». «Non abbiamo più problemi di idratazione o di alimentazione, desideriamo soltanto che il bambino non abbia un crollo psicologico che avrebbe conseguenze fisiche soprattutto cardiocircolatorie per la sua malformazione cardiaca.» Poi cominciano a parlare del momento in cui sarà ricoverato in rianimazione al San Giovanni. Ne parlano al futuro, non al condizionale. Come se tutto fosse vicino, come l'ambulanza che staziona poco lontano. Un'ambulanza che, in quel contesto, è una buona notizia, un buon auspicio.

Le immagini si concentrano sulla trivella. Sembra un quadro di Léger, una sequenza di *Tempi moderni*. La telecamera indugia su quella meraviglia meccanica, ne ingrandisce i particolari, ne mostra tutta la potenza. È lei, ora, la protagonista. Una immensa gru, a una altezza che in tv sembra vertiginosa, tiene sollevato un enorme cilindro che si conclude con un'elica a forma di fusillo. Quell'attrezzo deve affondare nella terra, più giù che può, e poi riportare su, nelle sue pieghe, la terra da spostare. Il cilindro gira su se stesso, come se avesse vita propria.

Certamente ha una voce, una voce insopportabile nella sua monotonia e nella sua freddezza. Una voce che entra anch'essa nelle case delle italiani con una ambigua forza emotiva: è la voce della possibile speranza, l'annuncio greve che stiamo per farcela; no, è il grido del carnefice che infligge la tortura a un innocente. Santalmassi da studio capisce la portata psicologica di quel rumore infernale e ne parla come di «trentasei ore con quel cupo rumore che abbiamo sentito. Un rumore che entra, oltre che nelle orecchie, nelle ossa e nel cervello».

Per capire davvero Vermicino, per mettersi davvero dalla parte di Alfredo, bisogna sentire quel rumore infernale. Che dura ormai da quasi ventiquattro ore, ininterrotto. Ininterrotto e amplificato, con la terra che trema. Ogni pausa deve essere sembrata al bambino come un miraggio. Ma più la macchina taceva, più la sua libertà si allontanava.

Più la natura, la sua pietra dura, la sua eredità di eruzioni lontane vincevano sulla tecnologia, più la fine per il bambino era vicina. Il contrario della notte della Luna, dell'apoteosi della pace seguita alla guerra, del trionfo della possibilità sui rischi, dei sogni sugli incubi. La generazione che arriva sulla Luna sancisce che il tempo del sangue è finito. È come se l'*Apollo 11*, man mano che si allontanava dalla terra, avesse lasciato nello spazio, come un detrito, le immagini in bianco e nero di Hitler che urlava odio nel microfono, di Mussolini nel cappotto di Salò, degli impiccati per le strade, dei carri armati sovietici che sparavano nelle strade di Budapest, dei Vopos che presidiavano il muro di Berlino, di Jan Palach che si dà fuoco in piazza San Venceslao.

Quel viaggio sulla Luna era il trionfo della libertà. Era la magnifica vittoria della scienza e dell'ottimismo globale. Altro che muri e confini, fili spinati e trincee. Il nuovo mondo era una possibilità. Non reclamava limiti ma possibilità, quel mondo nuovo, in cui milioni di persone potevano condividere la stessa emozione nello stesso momento, in cui qualcuno poteva andare, a nome di tutti, nel punto più lontano raggiungibile. Di tutto questo avremmo trovato la cosciente manifestazione nella potente spinta alla libertà che sarebbe pian piano cresciuta a ogni latitudine e nella sua definitiva celebrazione. Esattamente venti anni dopo quella notte di sogni. Nel novembre del 1989.

Allora la scienza sembrava capace di convivere con la natura, scoprendola e rispettandola. Ora milioni di persone tifano perché la macchina sia più potente della terra. Sono sicuri che così sarà, perché questi anni di progresso hanno fatto capire che nulla è impossibile. Che la complessità della scienza e della tecnologia è più forte della semplicità della natura. D'altra parte non ne è la testimonianza proprio questo telecomando che mi consente di cambiare canale su un televisore che ora è a colori? Siamo invincibili, lo abbiamo dimostrato.

Ma a Vermicino non è così. Quella pietra dura rende la terra invincibile. Bartoccioni chiede a un responsabile della Geosonda: «A che punto siamo?». Nell'incredibile sequenza di questa vicenda siamo a uno snodo decisivo, sotto il primo sole di quel venerdì mattina. Quel venerdì decisivo. La risposta è: «Siamo a venticinque metri. Previsioni non è possibile farne perché dipende dalla quantità di materiale di roccia eruttiva che incontreremo, il peperino per capirsi. Non sappiamo quanti metri ancora potremo trovare. Non dovrebbero essere molti dalle nostre ipotesi di lavoro. Nella notte abbiamo fatto tre metri, tre metri e mezzo».

Bartoccioni prova a dare forma alla domanda che

si materializza davanti agli schermi accesi, da Aosta a Mazara del Vallo: «Sono pochissimi se si pensa che si deve arrivare a trentotto metri». Il responsabile risponde piccato: «Non sono assolutamente pochissimi, perché lei deve mettere in relazione due fatti importanti. Il primo è la vicinanza del foro dove stiamo scavando a quello dove si trova il bambino, quindi bisogna andare avanti con estrema cautela, bisogna andare abbastanza cauti per evitare che accada qualcosa al bambino. Secondo, le caratteristiche del materiale che abbiamo incontrato sono molto forti. Vede, la macchina è molto potente però è legata a non esprimere tutta la sua potenza per non dare vibrazioni al terreno e per evitare franamenti nel foro accanto dove c'è il bambino». Una frase che non va dimenticata, per quello che vivremo dopo.

Sale, sul terrapieno dove sono assiepate le troupe televisive, la signora Rampi. I cronisti del Tg1 e del Tg2 si litigano le sue dichiarazioni, sovrapponendo le rispettive domande. La signora trova il modo di fornire una sola risposta: «I tecnici non sanno dire. Ora sembra vada meglio. Ma la notte andava pianissimo».

I giornalisti non si lasciano sfuggire l'occasione di mettere a confronto le due persone che hanno di fronte a loro. E non su opinioni culturali o politiche, religiose o civili. No, sulla vita di un bambino. È una tecnica televisiva che si svilupperà nel tempo, come sappiamo.

Alla signora Franca che dice: «Siamo andati sotto di pochi centimetri», il responsabile della Geosonda risponde: «Quanto ancora possa durare questa operazione dipende da quanto è profondo questo banco di terra. Noi speriamo che sia rimasto poco. Sull'ordine di qualche metro». La mamma di Alfredo sbotta: «Come qualche metro! Mi hanno detto che ormai eravamo arrivati!». Qui comincia un dialogo serrato e drammatico.

Il tecnico: «La macchina trova dei tratti più duri e altri più morbidi. La sua velocità varia in ragione di questa differenza».

Franca: «Ancora non si sa bene a che profondità siamo arrivati».

«Siamo a venticinque metri, signora.»

«È da ieri che mi dite sempre che siamo a venticinque metri.»

«No, ieri eravamo a ventidue metri.»

«Ieri pomeriggio verso le sette mi avete detto che eravamo già a venticinque metri. Ora è passata tutta la notte, sono le sette di mattina e siamo sempre a venticinque metri. Il bambino sta a trentasei. Quando arriviamo? Tra una settimana? Dieci giorni? È da quel dì che mi dite la stessa cosa.»

«Lei con me non ha mai parlato. Non posso rispondere di quello che le hanno detto altri.»

Intanto la signora Franca, mentre pronunciava la frase «Sono le sette di mattina» viene fatta spostare perché le telecamere possano riprenderla meglio. Ma questo non la distoglie dal suo sfogo, sincero e forte.

«Voi considerate, ieri mattina alle nove mi hanno detto: "Signora, in un'ora e mezza lo tiriamo fuori". Un'ora e mezza sono diventate tre, sei, poi dieci, poi dodici e ancora non si sa quando. Il bambino non è emotivo. È un bambino bravo, giudizioso. Io non so come fa a resistere ancora mio figlio, lì in quelle condizioni, in quel cunicolo stretto, messo in quella posizione da trentasei ore senza potersi muovere. Io non lo so, io sarei impazzita. Lui vive. Ma quanto ce la farà ancora? Questa macchina non va avanti, non va avanti, non va avanti! Un pezzettino, dieci centimetri, quindici centimetri, qui è questione di metri. Qui staremo pure un mese, con questo andamento.»

Seguono, a queste parole aspre, commenti sullo stato di salute di Alfredo e interrogativi sulla sua, ancora una volta, incredibile resistenza. Bartoccioni arriva a dire che «i bambini che hanno vissuto sotto l'incubo della malattia hanno una specie di senso di distacco, una maggiore maturità. A sei anni hanno la maturità di bambini con almeno il doppio dei loro anni».

Santalmassi chiosa dicendo che «il miglior alleato di Alfredo Rampi è Alfredo Rampi stesso, la propria psicologia, la propria disponibilità forse a vivere quella che per lui è anche una, seppur tremenda, avventura».

Nella parte finale di questa edizione straordinaria gli spettatori assistono a un altro confronto, forse di generazioni, forse di concezioni del mestiere del giornalismo. Bartoccioni esalta la grande spinta di solidarietà che in quelle ore ha mosso vigili del fuoco, medici, forze dell'ordine, tecnici ma stigmatizza «quello strano pellegrinaggio di gratuito voyeurismo, queste colline qui vicino si riempiono, con le strade intasate di persone che vengono in zona semplicemente per curiosare. Ecco, questo è un appello che noi rivolgiamo, ce lo hanno chiesto, a non venire qua. È una curiosità non sana, non serve a niente, ostacola i lavori, rende più difficili le comunicazioni».

Santalmassi annota: «Be', credo d'altra parte che questo sia comprensibile e inevitabile. C'è un celebre film americano, *L'asso nella manica*, in cui la zona in cui si svolgevano le operazioni di soccorso...».

Il cronista sul posto lo interrompe: «No, ma *L'asso nella manica* è un ricordo vecchio, nessuno qui vuole fare *L'asso nella manica*».

Santalmassi: «Ma non c'entra questo, scusami Bar-

1

1-2: Il piccolo Alfredo Rampi
in due foto scattate al mare.
Quella con la canottiera
a righe, di solito presentata
in bianco e nero, è l'immagine
entrata nelle case di tutti
gli italiani attraverso
la tv e i giornali.

3

3: Alfredino fotografato in casa.

4

5: Con il fratello
inore Riccardo.

6

6: Un'altra immagine con il fratellino.

7

7-8: Alfredo con grembiule e cartella, il primo giorno della scuola materna, e su una giostra.

8

0:
biglietto con gli auguri di Pasqua e un disegno di Alfredo per la scuola materna.

11

11: Lo speleologo Maurizio Monteleone viene calato nel pozzo dove è precipit
Alfredino. Riuscirà ad arrivare fino a una strozzatura a venti metri di profondità.

12

13

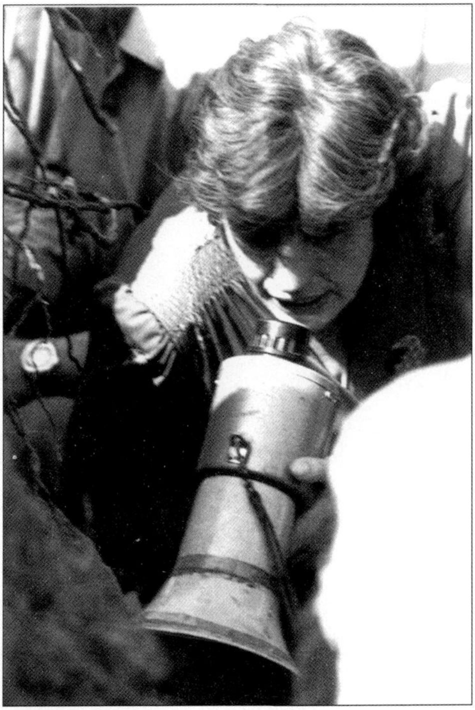

.-13: La madre di Alfredino,
anca Rampi, in mezzo
a folla e mentre si rivolge
n un megafono al figlio
trappolato nel pozzo.

:: Franca Rampi accanto
presidente della Repubblica,
ndro Pertini.

15

15: La folla accorsa a Vermicino dopo che i telegiornali e radio avevano dato la notizia della caduta di Alfredo.

16: Il foro praticato dalla trivella nel tentativo di raggiungere Alfredo.

16

17

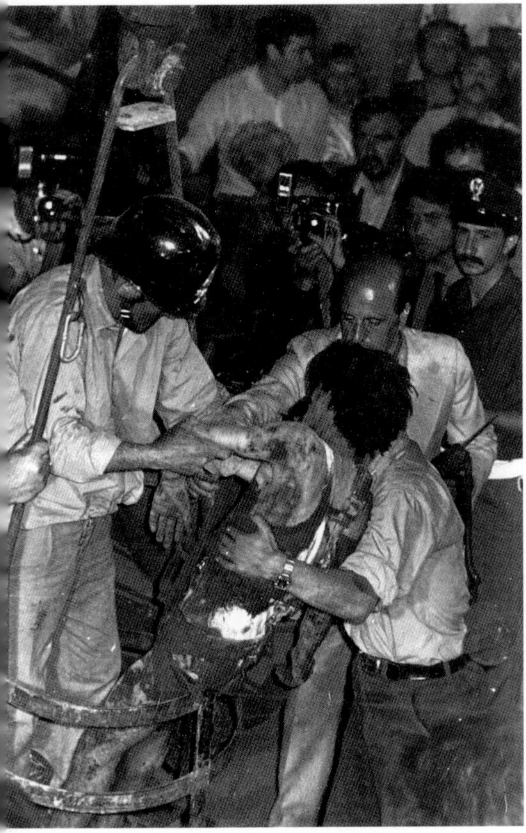

17: Il volontario Angelo Licheri esce stremato e ferito dal pozzo dopo l'ultimo, vano tentativo di imbragare Alfredino e riportarlo in superficie.

;: I funerali di Alfredo. In primo piano, Angelo Licheri e Donato Caruso, i ıe volontari che erano riusciti ad arrivare fino al bambino.

18

19

19-20: Due immagini di
Roberto Peci.

20

21-22: Roberto con la moglie Antonietta.

23

Quattro delle fotografie scattate dai brigatisti a Roberto Peci durante la prigionia, e mandate a giornali e agenzie di stampa.
23: 17 giugno.
24: 10 luglio.
25: 27 luglio.
26: 31 luglio. Peci tiene in mano la risoluzione strategica n. 16 delle Br.

25

BRIGATE ROSSE
LA RIVOLUZIONE NON SI PROCESSA IL PROLETARIATO PROCESSA LA BORGHESIA
COSTRUIRE IL PARTITO COMUNISTA COMBATTENTE E GLI ORGANISMI DI MASSA RIVOLUZIONARI
INDIVIDUARE E ANNIENTARE
DELLA CONTRORIVOLUZIONE
INFILTRATI NEL MOVIMENTO
l'Unità

6

BRIGATE ROSSE
LA RIVOLUZIONE NON SI PROCESSA: IL
LA BORGHESIA
AGENTI

27

27: Roma 1983: due anni dopo l'uccisione del fratello, Patrizio Peci depone durant
il processo contro le Brigate rosse per l'assassinio di Aldo Moro.

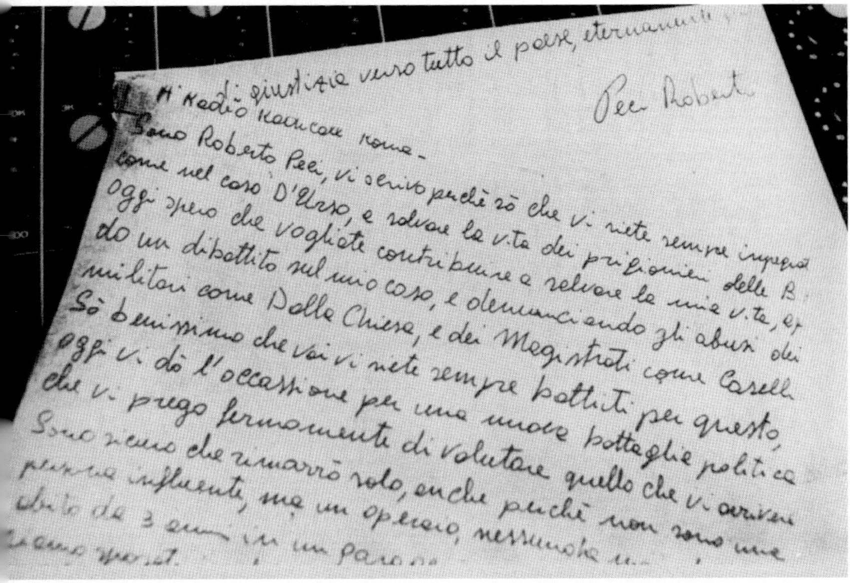

giustizia verso tutto il paese, eternamente

A Radio Radicale Roma -

Sono Roberto Peci, vi scrivo perchè sò che vi siete sempre impegna

come nel caso D'Urso, e salvare la vita dei prigionieri delle B

Oggi spero che vogliate contribuire a salvare la mia vita, ap

do un dibattito sul mio caso, e denunciando gli abusi dei

militari come Dalla Chiesa, e dei Magistrati come Casell

Sò benissimo che voi vi siete sempre battuti per questo,

oggi vi dò l'occasione per una nuova battaglia politica

che vi prego fermamente di valutare quello che vi scriv

Sono sereno che rimarrò solo, anche perchè non sono una

persona influente, ma un operaio, nessuno

Peci Roberto

28: Una lettera, dettata dai carcerieri e scritta da Roberto Peci, inviata a Radio Radicale assieme a un nastro registrato.

29: Le forze dell'ordine nel casale diroccato sull'Appia dove fu ucciso Peci.

30

30: Il volantino con cui le Br annunciano la morte di Roberto Peci. Fu Giovanni Senzani a scattare la fotografia dell'esecuzione.

toccioni, volevo soltanto dire che c'è una influenza dei mass media, si chiamano così i mezzi di comunicazione di massa, che quando si interessano di un avvenimento, inevitabilmente lo amplificano. Non può essere che questa amplificazione avvenga senza conseguenze su delle persone che anche a titolo di curiosità, non certamente legittimate dall'aiuto che possono portare e che deve essere fatto dai tecnici, pena poi magari qualche inconveniente...».

«Giancarlo, Giancarlo, ma in concreto ieri sera per noi era difficile fare i collegamenti perché esisteva un muro profondo dieci metri di persone che ci spingevano, ci spingevano verso la buca. Ecco, queste persone non devono venire per non creare problemi ai tecnici.»

«Certo, questo è un appello che facciamo alla sensibilità di ciascuno perché noi non possiamo non seguire questo avvenimento che purtroppo si prolunga.»

Hanno ragione tutti e due. Ma non sono più padroni della gigantesca macchina emotiva che si è messa in moto. Hanno evocato qualcosa che non possono controllare. La tv, da ora, smette di essere una macchina di narrazione di fatti collettivi, di eventi storici, di storie inventate. No, in quelle ore sta cambiando tutto. La trivella non riesce a bucare la terra. Ma quella telecamera, unica e fissa, sta bucando l'unico diaframma che era rimasto intatto. La grande macchina della tv, come la palla d'acciaio nero alla fine di *Prova d'orchestra* di Fellini, sta sfondando il muro. Di là non troverà immaginari orchestrali i cui litigi impediscono di costruire un'armonia, metafora del caos moderno. Troverà la vita reale di un bambino, anzi dell'idea di un bambino del quale, al momento, conosciamo il pianto, le grida e persino le condizioni del suo cuore malato ma non conosciamo neanche il volto. La tv ora entra per la prima volta nella vita vera di un solo essere umano. Il più debole, indifeso, sofferente che si possa immaginare. Ci entra con la sua musica assordante e le sue luci stroboscopiche. Non so se è giusto. So che è forse inevitabile. Ma che questo, come Pasolini ci ha insegnato, non lo rende, di per sé, giusto.

Dodici

Quale era la cosa più giusta da fare? Alfredino non può saperlo, la sua età glielo impedisce. Roberto invece non deve pensare ad altro, in quei lunghi giorni, quelle lunghe sere, quelle lunghe notti. Anche lui, che non ha neanche una penna e un foglio per scrivere i suoi pensieri, deve articolare una strategia. Deve usare gli occhi della mente, gli unici che i terroristi non riescono a bendare, per immaginare una via d'uscita. Conosce il modo di ragionare dei suoi carcerieri. E conosce la sua legittima, infinita, voglia di tornare libero. Ripensa alle parole che ha pronunciato, intervistato da Vittorio Monti, sulle colonne del «Corriere della Sera». Sono i giorni del sequestro D'Urso, quando i sequestratori rivolgono pesanti minacce a Patrizio, un «cadavere ambulante» che ha cominciato a collaborare. Roberto, rispondendo al giornalista, non sa che proprio lui finirà nella stessa casa dove il magistrato è recluso e subirà la stessa umiliazione degli interrogatori e delle parole estorte. Il 4 gennaio del 1981, dopo aver incontrato la famiglia di Patrizio Peci e aver descritto la madre come «una donna spezzata dal dolore», Monti scrisse sulla prima pagina del quotidiano: «Parla per tutti Roberto Peci che ha buona proprietà di linguaggio e che a tratti si interrompe per aiutare nel lavoro il padre. "Il vero problema che emerge dietro il caso di mio fratello è quello del rapporto fra lo Stato e chi decide di abbandonare la lotta armata... Molti giovani vorrebbero piantarla col terrorismo. Bisogna trovare il modo di aiutarli concretamente. Questo è il momento buono per stroncare l'eversione ma bisogna battere il ferro finché è caldo... Sono sicuro che ci sono brigatisti che stanno guardando al destino di mio fratello per decidere se continuare o arrendersi. Aiutarli non sarebbe un segno di debolezza ma piuttosto riconoscere il principio della resa trattata. E poi, adesso mio fratello è in pericolo, le Br lo vogliono morto, ma se tanti altri rinunciassero alla lotta armata perché hanno la possibilità di rifarsi davvero una vita, non ci sarebbero più simboli da colpire"».

Uno dei suoi carcerieri avrebbe scritto in un lucido memoriale su quei giorni di caos e lotte di potere nelle Br che «fino a quel momento le Brigate rosse avevano solo subito il progetto-pentiti, non avevano mai detto la loro parola sulla sempre più pesante catena di pentimenti che stava seriamente minando la crescita delle organizzazioni rivoluzionarie. Non si poteva ammettere che il pentimento fosse dettato da motivi morali e politici, in realtà si doveva accreditare, nel movimento rivoluzionario, la tesi che esistesse solo il tradimento per motivi utilitaristici, abilmente manovrato dai carabinieri e dalla magistratura di guerra. Era necessario allora far chiarezza su questo problema, arginare la valanga di dissociazioni che incominciava a prodursi, disarticolare il progetto-pentiti terrorizzando traditori e affini».

Se l'obiettivo era terrorizzare, sono certamente riusciti nel loro intento. Sono nel terrore la moglie di quel ragazzo, le sue sorelle, i suoi genitori. È nel terrore suo fratello, nel carcere di Pescara. Una famiglia distrutta. Ma questo era uno degli obiettivi degli squadristi delle Br. Tanto che, come dice un brigatista nella deposizione al processo di Macerata: «Per quanto riguarda il progettato sterminio della famiglia Peci, preciso che da qualche parte venne la proposta dello sterminio dell'intera famiglia Peci». L'idea fu bocciata. Ma qualcuno la avanzò. Perché l'obiettivo era una vendetta mafiosa, non c'entravano Trotsky o Stalin.

Al proposito la lettura degli atti del processo risulta illuminante. Viene citato un episodio. Per me clamoroso. Una terrorista viene ferita, colpita dall'avvocato di Patrizio Peci che reagisce a un agguato di quegli stessi che hanno in mano, da soli nove giorni, Roberto. Sono parole di un brigatista che ricorda i rapporti tra Br e poteri criminali. E ricorda che Senzani comunicò loro che la donna sarebbe stata curata presso la clinica di Domenico Pittella, medico e senatore calabrese del Psi legato alla 'ndrangheta, che l'avrebbe addirittura operata personalmente. Alla loro sorpresa, la spiegazione che il nuovo capo delle Br diede fu la seguente: «Senzani affermò che il senatore aveva spiegato di aver voluto questo contatto perché loro erano d'accordo con noi. Che erano rimasti entusiasti delle nostre operazioni e in particolare del sequestro di Roberto Peci. Disse: "Finalmente avete capito come si trattano i traditori, noi lo abbiamo sempre fatto", intendendo con questo che le famiglie dei traditori vanno sterminate. In cambio aveva però fatto sapere che sarebbe stato molto soddisfatto se le Brigate rosse avessero sequestrato un altro boss della zona, anche lui medico e impegnato in qualche organismo regionale che gli dava molto fastidio. Disse che lui ci avrebbe fornito tutte le informazioni necessarie su questo personaggio il quale era ricchissimo. Tanto che in quindici giorni poteva benissimo mettere insieme una decina di miliardi che potevamo chiedere come riscatto. A lui non importava se l'avessimo ucciso o meno, bastava che gli togliessimo i soldi e lo rovinassimo economicamente. La cosa ci sembrò fattibile, perché ci servivano i soldi».

Neanche Mario Puzo in uno dei suoi romanzi avrebbe potuto scrivere una pagina così chiara e spaventosa. Eccoli, i difensori del proletariato e i paladini della lotta contro l'ingiustizia. Eccoli, a trattare morte e soldi con papaveri della mafia che si complimentano perché, rapendo un antennista, hanno mostrato di «capire come si trattano i traditori». Manca una puntura per scambiare il sangue e c'è tutto.

D'altra parte durante il caso Cirillo, intrigo ancora oscuro dopo trent'anni, un luogotenente di Raffaele Cutolo si era permesso di intimare ai terroristi di liberare l'assessore Dc pena rappresaglie su «detenuti e parenti Br». Anche questo è un episodio indicativo del rapporto sporco tra i militanti rivoluzionari e i poteri criminali. Sono sempre le parole di un brigatista nel memoriale agli atti del processo Peci: «Questo fatto ci preoccupò non poco ... Poi dal carcere ci dissero che Cutolo sconfessava la lettera del suo luogotenente, nel senso che non minacciava rappresaglie di nessun tipo. Certo che "però avrebbe piacere" che la vicenda Cirillo si concludesse presto, per sgravare la zona di Napoli dal peso del controllo delle forze di polizia. Non importava come, sia con la morte, sia con la liberazione di Cirillo, l'importante era che finisse presto. Ci offriva, in cambio, una serie di uccisioni di sbirri e magistrati fatta da loro e che noi avremmo potuto rivendicare e la liberazione, ancora fatta da loro, di un nostro militante».

Un orrore: un vero accordo di mutua collaborazione, le Br trasformate in un'agenzia della camorra. La Salò delle Br si consuma in queste convulsioni ciniche e in traffici ancora più strani, come quelli con i servizi segreti, già riportati. Sempre nel corso del processo emergono altre parole di un brigatista sullo strano incontro del loro capo con un uomo alla stazione di Ancona, il sedicente Santini. Alla richiesta di volerne sapere di più, «Senzani prese a rispondermi vagamente. Alla fine mi rivelò che l'individuo da lui incontrato era una persona legata al Kgb ma "impicciato" (usò proprio questo termine) anche con i servizi segreti italiani ... Il Senzani mi spiegò che il suo contatto col Santini era strumentale nella sua ottica perché poteva trarne vantaggio a livello di informazioni o altro. Mi aggiunse che il suo interlocutore gli aveva dato informazioni su persone sorvegliate dalla polizia e sulla strage di Bologna».

Chi era questo misterioso interlocutore? Molte indiscrezioni e qualche fonte da me consultata fanno riferimento a Pietro Musumeci, funzionario dei servizi e figura di spicco di quel «Supersismi» che fece parlare di sé a cavallo tra gli anni Settanta e gli Ottanta. Di quella struttura non potrebbe esistere definizione più precisa di quella fornita dal professor Giuseppe De Lutiis nel suo *Storia dei servizi segreti in Italia*: «L'operato del gruppo di potere costituitosi all'interno del Sismi tra il 1978 e il 1981 con a capo Santovito e Musumeci si differenzia da altri precedenti episodi di cosiddetta "deviazione" dei servizi segreti per la molteplicità di attività esplicate. Nel 1962-64 il generale De Lorenzo e il Sifar predisposero principalmente un'attività di schedatura dei cittadini e di preparazione di un possibile colpo di Stato, negli anni Settanta i dirigenti del Sid esplicarono soprattutto azioni volte a proteggere eversori di destra e sospetti autori di stragi.

Gli ufficiali del Sismi che ne costituirono le strutture occulte nel 1979-81 spaziarono dalla trattativa trilaterale con Br e camorra per la liberazione di Cirillo al depistaggio dei giudici impegnati nelle indagini sulla strage del 2 agosto, dalla cosiddetta "operazione Billygate" al peculato, dalle macchinazioni nei confronti dei collaboratori del capo dello Stato alla diffusione di notizie calunniose attraverso la stampa da loro stessi finanziata. A somiglianza della P2 – della quale la struttura era peraltro una articolazione – il Supersismi svolgeva insomma un amplissimo ventaglio di attività, tutte direttamente o indirettamente finalizzate a intervenire nella sfera politica, il che era con tutta evidenza incompatibile con le finalità dell'istituto». Se Musumeci è il fantomatico Santini, perché Senzani lo incontra di nascosto? Di cosa hanno fretta di parlare, a meno di un anno dalla strage di Bologna e con i sequestri Peci e Cirillo in corso?

Ma chi è Senzani, l'uomo che, dicono i suoi compagni di allora, «non era affatto controllato e girava tranquillamente per l'Italia»? È sempre lui, in mezzo alla tela di ragno che collega terrorismo, 'ndrangheta, camorra, servizi. Lo fa perché «non importa il colore del gatto, purché prenda il topo»? Può essere, ma le Br sono arrivate alla loro Salò divise, lacerate da odi viscerali e, come i repubblichini, incapaci di far altro se non uccidere.

Roberto li conosce. Mille volte si sarà chiesto quale fosse il loro vero obiettivo. Un sequestro politico come quello di D'Urso o un atto di forza come l'uccisione di Moro? Una vendetta verso Patrizio, certamente. Ma con quale obiettivo? Ammazzare il fratello applicando il motto «Ucciderne uno per educarne cento», per frenare l'emorragia del pentitismo? Oppure umiliare il primo collaboratore di giustizia del terrorismo costringendo il fratello a rivelare una storia che potesse screditare Patrizio e farlo apparire non come un pentito ma come un furbo traditore, uno che si è solo venduto?

Quante volte Roberto avrà giocato la propria personale, silenziosa, partita a scacchi con i suoi assassini? Quante volte avrà cercato di capire dallo sguardo che spuntava dai passamontagna, dal movimento delle mani, dalla variazione dei toni della voce, quale fosse davvero la strategia dei suoi sequestratori?

Ha giocato la sua partita, Roberto. Ma, come in una sfida maledetta, tutte le mosse erano vincolate. Ha subito mille volte scacco al re. Mille volte si è divincolato, ma ha solo ritardato la fine. Perché lo scacco matto era già stato deciso. E gli era stato annunciato dal finestrino di una Panda: «Siamo le Br, vieni con noi».

Cosa sarebbe potuto accadere per capovolgere il risultato atteso? Quello che Senzani aveva già proposto all'inizio: ucciderlo e basta? In quale minuscolo spiraglio di luce sarebbe dovuto passare Roberto per riveder le stelle? Chi lo ha sequestrato mi ha detto che era un pertugio piccolo piccolo. L'unica ragione per liberare Roberto era che si sfaldasse lo Stato. Che l'emergere, dalle sue confessioni, delle verità che le Br volevano far circolare potesse incrinare «lo Stato imperialista facendo esplodere le contraddizioni esistenti fra le varie fazioni». In quegli anni si era convinti che il verbo giusto da accompagnare alla parola «contraddizioni» fosse «esplodere». Si immaginava una Santa Barbara permanente, un tripudio di fuochi di artificio e di brandelli fumanti di contraddizioni. Invece, alla fine, furono quelle delle Br a deflagrare. Altre, molte altre, si composero. Verbo che, nella frenetica e immobile Italia, è molto più frequentato.

Il carceriere di Peci mi ha detto: «La tendenza del sequestro, e la sua intenzione originale, portava all'uccisione. Lo Stato non ha mai ceduto. Il nostro obiettivo minimo erano le dimissioni di Caselli e Dalla Chiesa. Se non succede nulla come facciamo a liberarlo? Cosa diciamo, "Abbiamo scherzato?". O ottenevi qualcosa o si procedeva. Nella nostra giustizia lui era colpevole. Era già condannato a morte. Solo se fosse stato più utile da vivo al progetto di disarticolazione dello Stato, si sarebbe salvato. Per questo era importante che circolasse la teoria del doppio arresto e del ruolo che avevano avuto Dalla Chiesa e Caselli in questo passaggio».

Le Br volevano dimostrare che Patrizio Peci era stato preso una prima volta e poi rilasciato per consentire alle forze dell'ordine di seguire i suoi movimenti e sgominare tutta la rete dell'organizzazione. Una tesi che postulava che i carabinieri, arrestato un capo terrorista, gli rimettessero la pistola in mano, gli concedessero una temporanea licenza di uccidere e lo lasciassero andare, con il rischio che sparisse. Una tesi inventata, frutto di una sapiente costruzione o di una paranoia. Nella prima ipotesi qualcuno aveva interesse a usare questa vicenda per ottenere obiettivi politici che nel processo un terrorista ha così riassunto: «Sapevamo che c'era un attacco in corso nella stessa Arma dei carabinieri al generale Dalla Chiesa, che il Psi non si sarebbe lasciato sfuggire l'occasione di "cavalcare la tigre" scagliandosi strumentalmente addosso a magistrati come Caselli di nota formazione Pci». Era questo il pertugio, lo spiraglio che i brigatisti fanno intravedere a Roberto.

Nel memoriale agli atti si raccontano le prime ore dopo l'arrivo di Roberto nella casa di via della Stazione di Tor Sapienza. «Ricominciò così la farsa degli interrogatori a cui avevo già assistito con D'Urso, ma a quel tempo ancora non la pensavo in questo modo. Dopo aver per settimane odiato il traditore Roberto Peci, mi ritrovavo ora in casa un poveraccio sconvolto e sereno, fiducioso e pessimista nello stesso tempo.»

Quel poveraccio con gli occhi bendati e la musica nelle orecchie sta pensando a come sfuggire al coccodrillo con le fauci spalancate, a cosa ideare per ritornare al suo garage, alle sue antenne, alla pancia di Antonietta.

Chi lo ha visto in quei giorni mi dice che «Roberto, negli interrogatori, stava elaborando una linea difensiva. Pensava di dirci quello che volevamo sentirci dire. E noi lo portavamo, giocando sulle sue paure, proprio lì. È un meccanismo che funziona dai tempi dell'Inquisizione».

E poi aggiunge una rivelazione importante: «Roberto, all'inizio, ci diceva che la storia del doppio arresto era una balla. E diceva la verità. Ci diceva che eravamo su una pista sbagliata. Ma poi comprese, per la nostra ostinazione, che la sua salvezza aveva come prezzo che lui accettasse di confessare una storia falsa. Così, pian piano, adattò la sua versione, seguendo gli input che venivano dalla nostra costruzione logica. Più passa il tempo, più il prigioniero è disponibile a dire quello che i carcerieri vogliono ascoltare. È una realtà manipolata, in cui ciascuno pensa di giocare l'altro. Solo che, per Roberto, era come la roulette russa. Lui aveva una sola possibilità. Noi almeno il doppio».

Agli atti processuali è consegnato questo racconto di uno dei suoi carcerieri: «Fra la prima e l'ultima delle due versioni ce ne furono decine che divergevano per dei piccoli particolari. In quel momento sembrava che Roberto Peci fosse reticente, che non volesse ammettere le sue responsabilità. Oggi, ripensandoci, mi è abbastanza facile capire come, nelle terribili condizioni psicologiche in cui si trovava, avvenisse di fatto una sorta di condizionamento per effetto della quale egli si convinse piano piano a costruire una storia come quella che noi in fondo volevamo sentire. Le continue versioni contrastanti, viste sotto questa luce, del resto confermano questa idea: non sapeva quello che doveva dire e andava a tentoni. In questo senso si può dire che la storia del doppio arresto fu costruita insieme, da parte nostra senza rendercene conto, da parte sua perché pensava in questo modo di salvarsi».

È Senzani che decide di «mediatizzare» il sequestro attraverso le riprese televisive. Riprese che venivano effettuate con una delle prime telecamere portatili. Nella nostra memoria sono immagini in bianco e nero, invece sono a colori. La scenografia è desolante. La brandina, una bottiglia d'acqua, pacchetti di sigarette, un numero di «Lotta Continua» alle pareti, una foto del nemico Dalla Chiesa, due fogli di carta con scritto «La campagna Peci continua» e «L'unico rapporto della rivoluzione con i traditori è l'annientamento», poi il marchio di fabbrica e uno striscione con delle follie tipo «Costruire il Partito comunista combattente».

Chi c'era ricorda che i brigatisti avevano persino definito una regia che prevedeva una medesima inquadratura di apertura e di chiusura. È interessante analizzarla. Primo piano sfuocato della stella a cinque punte e zoom lento all'indietro fino a inquadrare la scena. Sigla di inizio *Bandiera Rossa*. Il volume viene abbassato perché, c'è da non crederci, una voce fuori campo, in un romanesco esagerato, annuncia, come fosse alla radio: «Qui Brigate rosse, Fronte delle carceri. Questo filmato è stato realizzato nella prigione del popolo durante uno degli interrogatori a cui è stato sottoposto il traditore Roberto Peci». Poi le domande e le risposte, per cinquantasette minuti e venticinque secondi. Ogni tanto il cameraman, preso da impeto creativo, fa una panoramica sulle mani del carcerato o sulle gambe del carceriere. Alla fine, zoom in avanti a finire sulla stella a cinque punte, sfuocata come all'inizio. Musica, di nuovo *Bandiera Rossa*, che sale. Una struttura linguistica che assomiglia più a *Domenica In* e *Discoring* che ai film di Pudovkin o Eisenstein.

L'obiettivo era usare l'impatto emotivo determinato dalla sofferenza di quel ragazzo sempre per «far esplodere le contraddizioni». Si passava dalle Polaroid di Moro alla voce, ai gesti, alle parole di un giovane incatenato. In quei set, e nella scrittura delle lettere, si giocava la complessa partita a scacchi. «Le lettere le scriveva lui. Ma noi gli suggerivamo delle correzioni. "Guarda che se va bene a noi, va bene a te." Il problema era, come sempre, far pubblicare i testi e cercare di far trasmettere le immagini. Senzani sosteneva che "si trova sempre un giornalista che pubblica, se gli diamo qualcosa di ghiotto".»

Mi sono chiesto molte volte in questi anni cosa fosse eticamente più giusto fare di fronte alla sfida dei terroristi che condizionavano la vita di una persona alla pubblicazione di una foto, di un testo delirante, di riprese televisive. Allora, come quasi tutti, non ebbi esitazioni nel pensare che non si dovesse accettare nessun ricatto, che non si dovesse cedere alle Br, che ogni trattativa sarebbe stato un riconoscimento della legittimità del loro attacco allo Stato. E che, per i poliziotti e i magistrati morti, sarebbe stato immorale che ci si piegasse ai diktat di assassini. In quel momento sembrava giusto così. A direttori di giornali di destra e di sinistra, a intellettuali di destra e di sinistra, a politici di destra e di sinistra. Quando arriva la violenza, l'etica personale è sottoposta a tensioni inenarrabili. Ciò che in tempo di pace appare codificato, quietamente adagiato in un letto di regole certe, è revocato violentemente in dubbio quando arriva il sangue, con tutta la sua compagnia di ricatti, minacce, scelte impossibili. Quanto vale la vita di un essere umano? Lo Stato non deve cercare tutte le strade per salvare chi può, anche a costo di rinunciare all'orgoglio di sé?

So bene che l'argomento che si oppone è che un qualsiasi cedimento alimenta una spirale di morte. E che dunque la incolumità di un «salvato» può significare il sacrificio di molti innocenti. Che lo Stato, come avviene in guerra quando qualcuno cade sotto le armi o sotto un bombardamento, ha il dovere di accettare sacrifici individuali in nome di una salvezza collettiva. È vero e forse, riportato in quella temperie, lo penserei ancora.

Ma oggi, guardando negli occhi la figlia di Roberto Peci o pensando alla famiglia Taliercio, faccio fatica ad accettare che la vita di chi amavano valesse meno della pubblicazione di un delirio del tipo: «La rivoluzione non si processa. Il proletariato processa la borghesia. Costruire il Partito comunista combattente e gli organismi di massa rivoluzionari, individuare e annientare gli agenti della controrivoluzione, infiltrati nel movimento rivoluzionario. Attaccare gli apparati di guerra che sovrintendono alla cattura e alla tortura dei proletari, annientare senza mediazioni le forze controrivoluzionarie che le gestiscono».

È finita la Guerra fredda e sono tramontate le ideologie, mentre la vita umana e i diritti dei singoli sono tornati ad avere un ruolo centrale, non comprimibile in una dipendenza da nessun fine che non sia davvero la salvezza collettiva. E penso anche che tutto il dolore che abbiamo vissuto ci possa rendere più protetti dal rischio che nuovi virus di follia agitino la vita che viviamo. Quelle parole che allora facevano paura ora sembrano ridicole e grottesche. Per questo oggi potremmo essere più forti e non avere più bisogno né di vittime né di eroi. A una sola condizione. Non spegnere mai nessuna memoria. Non cancellare il passato. Non renderlo un terreno di indistinti. Non rinunciare al dubbio; il miglior antidoto alla barbarie. Non piegarsi alla esasperazione del «senza se e senza ma», perché proprio i se e i ma tengono lontano le certezze assolute e alimentano il senso critico, l'etica, la coscienza. Nel grande caos bisogna poter muovere il timone, cercare, tentare, correggere. Se è inchiodato, si finisce contro gli scogli.

Chi ha sequestrato Roberto Peci mi ha detto: «Provavo per quel ragazzo grande pena. Mi venne voglia un giorno di farlo fuggire. Ma era impensabile». Come il Moro di *Buongiorno, notte*, il film di Marco Bellocchio.

Quanto ci sia di sincero in queste parole, nessuno lo sa. O piuttosto quanto siano dettate dal desiderio di non trovarsi, per la legge del contrappasso, nella medesima condizione inflitta ad altri, la privazione della libertà. Quanto dalla paura di esser uccisi in carcere nelle faide delle schegge impazzite delle Br antagoniste non più dello Stato borghese ma l'una dell'altra. Quanto dal dolore delle percosse subite durante la reclusione dalle forze dell'ordine. Un altro capitolo nascosto, per carità di patria, di quella guerra senza quartiere. Così come nessuno sa quanto i pentimenti siano stati il frutto di uno specchio scheggiato che si vede solo in carcere. La improvvisa coscienza dell'inutilità di finire la vita dietro le sbarre per aver fatto da comparse o da utili idioti per una guerra sconsiderata o, peggio, per una rivoluzione al contrario. Una rivoluzione fatta con i servizi deviati e la mafia, uccidendo proletari e persone oneste, in nome del comunismo.

Nel suo ultimo interrogatorio, quello filmato e diffuso da una tv privata radicale, Roberto aderisce interamente alla versione del doppio arresto. Ne fornisce una versione dettagliata e credibile, frutto del tentare e ritentare dei giorni precedenti. Deve far caldo lì dentro, agosto si avvicina.

Risponde alle domande, si scusa se interrompe il suo aguzzino. È impaurito ma la sua educazione non può essere figlia solo del momento. «Vorrei dire una cosa che mi sono dimenticato, posso?» Oppure: «Non era una caserma, scusa se ti correggo, era un appartamento civile...».

Per tutta risposta il boia fa il suo annuncio. Certo, affida la decisione finale a una consultazione democratica, a una giuria di certa obiettività, così composta: «Uno, i comunisti appena processati o ancora sotto processo dal tribunale speciale di guerra; due, i proletari prigionieri dei comitati di lotta, rinchiusi nel carcere di Regina Coeli, in lotta contro la strategia differenziata, per affermazione del potere proletario armato, comitato di lotta di Nuoro, comitato unitario di campo di Palmi, comitato di lotta di Messina, comitato di lotta di Pianosa, comitato di lotta di Trani, comitato di lotta di Fossombrone, comitato di lotta di Cuneo, comitato di lotta di Rebibbia; tre, i disoccupati organizzati e il proletariato marginale di lotta a Napoli e a Roma, contro la ristrutturazione del mercato del lavoro, per la costruzione degli organismi di massa rivoluzionari e del potere proletario romano, i disoccupati comunisti per il potere proletario di Napoli e gli organismi di lotta del proletariato marginale dell'area metropolitana romana; quattro, la classe operaia, gli operai in lotta contro il licenziamento, la cassa integrazione, lo sfruttamento, la nocività dei poli industriali di Torino, Milano e Porto Marghera, Napoli, gli operai in lotta contro i licenziamenti e la cassa integrazione della Fiat di Torino».

Questa pluralistica corte, composta anche dalla classe operaia, realtà molteplice che immagino fosse tutta riassunta dal pollice verso del professor Senzani, disporrà della vita di quel ragazzo con i jeans tagliati e la camicia a scacchi. Roberto, a sua difesa, invoca la clemenza dei suoi aguzzini: «Mi sembra giusto che queste persone si debbano esprimere, solo che non so se la mia voce gli può arrivare, però spero solo che abbiano un po' di umanità nei miei confronti. Gli chiedo di analizzare bene la mia situazione, di rendersi bene conto di come è andata e di non darmi responsabilità che non sono mie. Questa è la cosa più importante che vorrei dire».

Dopo giorni e giorni, esausto, dimagrito, con occhi che sembrano un pozzo di tristezza, Roberto sente di aver fatto tutto quello che poteva. Era bendato, isolato dal mondo, con la musica che lo assordava. Non poteva certo giocare meglio la sua partita a scacchi. Pensa di essersi avvicinato a quello spiraglio di luce. Oltre, c'è Antonietta, alla quale ha scritto una struggente lettera. Oltre, nel tempo, c'è suo figlio, del quale non può neanche immaginare il sesso.

Il boia mascherato sentenzia: «Il processo proletario a cui le Br hanno sottoposto Roberto Peci si è concluso. La sentenza, l'unica sentenza giusta che si potesse emanare, è la condanna a morte per tradimento di Roberto Peci. Le Brigate rosse condannano a morte Roberto Peci per tradimento e si assumono fino in fondo la responsabilità nei confronti del movimento rivoluzionario di questo atto di giustizia proletaria».

Il ragazzo si passa la mano sugli occhi, sulla fronte, si tortura le mani. Chi era lì quel giorno mi ha detto quello che è successo alla fine, una volta spenta la telecamera. È una rivelazione sconvolgente. Roberto ha alzato la testa e ha detto, rivolto ai suoi aguzzini: «Sono andato bene?».

Le Br lo avevano preavvertito che alla fine avrebbero annunciato la sua condanna a morte. E gli avevano chiesto di mostrare il massimo di commozione e di dolore. «Più sciocchiamo l'opinione pubblica più hai possibilità di salvarti.» Non gli bastava più che raccontasse i fatti inventando una versione che fosse utile alla loro follia. Hanno persino reso finto il suo dolore reale. In quel set orrendo hanno costretto quel ragazzo legato a fare quello che loro volevano. Gli hanno chiesto di mostrare una sofferenza posticcia per nascondere il suo abisso di dolore vero. Gli hanno raccontato che così si sarebbe salvato. Viene usata la finzione televisiva per ingannare il protagonista e si usano le sue stesse paure per condannarlo a morte.

«Sono andato bene?» Chissà se quelle tre parole rimbombano nel cervello, ogni notte e ogni giorno, a quelli che hanno premuto il grilletto.

Tredici

A Vermicino è scoppiato un applauso. È il primo, non sarà l'ultimo. È un applauso di gioia. Dopo la notte di fatica, dopo la rabbia di Franca, alle 9,20 di quel venerdì mattina la tensione, si dice così, si scioglie in un applauso. C'è chi piange e chi si abbraccia. L'elica a fusillo ha smesso di muggire e di fendere colpi a vuoto e finalmente ha frantumato la pietra dura. È tornata in superficie carica di terra e la scarica di lato. Come si fa da bambini con la paletta. Nell'edizione straordinaria del Tg2 delle 10,30, in collegamento da Vermicino, Bartoccioni fatica a contenere la gioia: «Novità positiva. Lo strato di roccia durissima, più dura del granito, è superato. Ora viene su la terra dal foro e nel giro di un'ora è stato compiuto un grande progresso. Siamo arrivati come profondità attorno ai trentaquattro metri. C'è molta cautela però, la sonda sta operando molto molto vicino a dove è posto il bambino. I lavori sono rallentati ma c'è un comprensibile ottimismo dopo le ore di angoscia attorno a questo sasso durissimo che la sonda non riusciva a intaccare». Da studio Maurizio Vallone manda in onda un commovente servizio girato nel momento in cui la trivella è riuscita a sfondare il peperino. Bartoccioni commenta le immagini: «C'è stato un applauso. Viene su la sonda, è piena di terra, la gente applaude. È bellissimo. Questa spirale vuota che torna velocemente su...».

Il servizio comprende un'intervista di Gino Roca a Franca, registrata nel momento in cui l'elica è risalita, vittoriosa. «Alle 9,20 precise un applauso e la mamma di Armando è scoppiata a piangere.» Franca sorride, comprende la stanchezza del cronista e lo corregge con tono gentile: «Alfredo, Alfredo». «Mi scusi signora, certo, Alfredo.» Franca riprende, la voce è spezzata dal pianto, un pianto di gioia: «Sì, perché sono riusciti a rompere quella pietra dura. Adesso fanno presto. Alfredino ancora parla, quindi...». «Ancora un po', ancora un po'» la conforta Roca passando il microfono a un ingegnere che, sicuro, dice: «Una sola cosa, gliela abbiamo fatta. Avevamo detto alla signora alle 10, sono le 9,20. Siamo stati fortunati». Franca riprende il microfono: «Dopo tanta iella, tanta iella, abbiamo avuto tanta iella non un po' di fortuna...». In una breve intervista il padre corregge le cifre e dice: «Siamo a trentadue e cinquanta e non a trentaquattro». Dunque, bisogna scavare ancora per almeno sei o sette metri. E il tempo stringe.

Alfredo è sempre più affaticato, parla con minore vivacità, è meno reattivo. Mentre lassù si applaude, a trentasei metri ogni istante per lui è un calvario. Dai microfoni della Rai viene messa in circolo solo una parola: «Ottimismo». Ma il professor Fava, con la dovuta cautela, ricorda lo stato di Alfredo: «La situazione attuale, seppure presenta caratteri di deterioramento delle condizioni, consente di sperare che la tenuta del bambino sia garantita ancora per qualche ora, perché non possiamo pensare di arrivare prima di due o tre ore da Alfredino. Le condizioni che noi rileviamo dal respiro e dai caratteri del pianto segnalano che c'è ancora uno stato di coscienza, c'è ancora una vivacità del pianto. Purtroppo la respirazione è affannosa, la frequenza è oltre quaranta al minuto. Il bambino segna questa crisi di separazione dal mondo, questo disagio, questo stress psichico e fisico. Con la rianimazione che abbiamo pronta si potranno ristabilire i parametri normali».

Alle 9,20 del mattino di venerdì Alfredo ha una «tenuta» garantita per alcune ore, si pensa che ce ne vorranno altre due o tre per raggiungerlo, si parla al futuro del suo ricovero e della sua piena ripresa. È questo lo stato d'animo, espresso con la prudenza sabauda del professor Fava, in quel primo mattino del terzo giorno di Vermicino.

L'edizione si chiude con una registrazione effettuata nella notte. Roca avvicina il microfono alla cuffia di un operatore che sta ascoltando il dialogo tra Alfredo e Nando. Si fa fatica a riconoscere le parole del vigile ma arriva nitida, cristallina, la voce piccola del bambino che alle domande risponde, compito: «Sì, sì». Sembra sia a scuola, sembra che rassicuri la maestra Brunetti che si comporterà bene, non darà pensieri.

Nando è oggi in pensione. Sono andato a trovarlo a casa sua, al quartiere Tuscolano, a Roma. È un uomo simpatico, sereno, dolce. Per questo, credo, è piaciuto tanto a quel bambino che non lo conosceva e che, da lì sotto, lo ha scelto. Nando ricorda con precisione che il bambino «parlava poco. Soprattutto piangeva e gridava, povera creatura. Chiamava la mamma, diceva di avere freddo, di essere stanco. Era impaziente che lo si liberasse, in qualche momento era anche arrabbiato. Io gli ho parlato sempre, per ore e ore. Lo confortavo, gli dicevo che era un bambino eccezionale. Gli davo "chiacchiera", come si dice a Roma. Ma non riesco a liberarmi da quel pianto, da quelle urla. Gli ho raccontato dei vigili, delle loro macchine potenti, ho cercato di fargli passare la paura del rumore, che lo faceva impazzire, dicendogli che stava arrivando Mazinga, avevo saputo che era il suo eroe preferito».

Provo a immaginare Alfredo quando sente il nome, lì sotto, del suo eroe preferito. Provo a immaginare il desiderio che avrà provato di tornare presto davanti al televisore, le gambe che non toccano per terra, una fetta di pane imburrata, Riccardo che gioca sul triciclo e passa davanti alla tv, la mamma a portata di voce. Provo a immaginare, e spero, che la voce di Nando lo abbia accompagnato verso quei momenti in cui si assopiva. Da sopra lo chiamavano. E lui, speriamo, era invece già in mondi lontani, fatti di eroi e colori, di musiche e di combattimenti vittoriosi.

Mazinga è la storia di un ragazzo, Tetsuya, che è stato adottato da uno scienziato, il dottor Kabuto, quando i suoi genitori sono morti. Tetsuya ha imparato dal padre adottivo a pilotare un grande Robot, Mazinga, e a farne un paladino del bene, contro il male rappresentato dal Regno delle tenebre. Tetsuya salta in groppa a Mazinga e ne scatena l'immensa potenza: *I tuoni dirompenti*, *Il grande boomerang*, *Le spade diaboliche*, *I pugni rotanti*.

Se Alfredo ha dormito, la voce di Nando e il rumore della trivella devono averlo accompagnato in una battaglia onirica e proiettato in quei mondi che amava. Mondi non disneyani, ma più cupi, più inquietanti, come dimostrano i titoli di alcuni episodi della serie di cartoni animati: *Trappola nera*, *Disperata resistenza*, *Non c'è riposo per gli eroi*. Ma se il rumore della trivella era per lui la voce di Mazinga, Alfredo avrà dovuto accettare anche l'idea che il suo eroe non fosse invincibile. E che a lui, proprio a lui, era toccato di essere protagonista dell'ultimo, inaspettato episodio della serie: *Il trionfo dell'Impero delle tenebre*.

Nando ha continuato a parlare, cercando di non stancare Alfredo ma, al tempo stesso, di tenerlo vigile. Di non illuderlo, ma di non togliergli le speranze. Di capire i suoi bisogni reali e di sollecitare la sua fantasia. Di cercare le sue parole ma di rispettare i suoi silenzi e i suoi pianti. Anche un grande psicologo avrebbe fatto fatica a reggere una prova così.

Quando si è allontanato dal pozzo pochi minuti per telefonare a casa, i suoi colleghi lo hanno immediatamente richiamato: «Scusa, devo andare, Alfredino chiede di me» ha detto frettolosamente alla moglie che, come tutti gli italiani, stava seguendo in televisione la vicenda.

Perché la Rai ha preso una decisione clamorosa. Siamo nella mattinata di venerdì. I centralini di viale Mazzini sono roventi per le migliaia di telefonate che si riversano da ogni parte d'Italia. Nelle redazioni non si discute di altro che del destino di quel bambino. I giornalisti che sono andati al mattino a prendere il caffè hanno trovato i televisori accesi nei bar e hanno sentito che tutti parlavano solo di Vermicino. I giornali del pomeriggio stanno uscendo con le prime pagine che «strillano» la notizia.

È allora che i vertici dell'azienda prendono due decisioni che cambieranno, per sempre, la storia della televisione. I direttori dei tg capiscono che non possono fermarsi, che il piccolo fiocco di neve è già diventato una incontenibile valanga. Che ogni altra notizia viene vissuta dagli spettatori come tempo perso. Che il Paese è in trance perché nella drammatica vicenda di Vermicino c'è il concentrato di tutte le narrazioni letterarie e cinematografiche e c'è, soprattutto, la summa delle paure ancestrali e dei sentimenti istintivi di ogni essere umano. Un bambino, con la sua voce di passero, un pozzo, il buio, la solitudine, la lotta contro il tempo, la scienza madre e matrigna, la sfida degli uomini che devono salvare il più piccolo e sfortunato dei viventi, il dolore di una famiglia. Il tutto in diretta, con il succedersi, come nelle prime ore della mattina, di applausi e dolore, di speranza e rabbia. Nessuno sceneggiatore avrebbe potuto elaborare una trama capace di colpire così a fondo l'inconscio del pubblico. E non è finzione, non c'è qualcuno che finge di soffrire e poi mangia la pasta al sugo del cestino della produzione nella pausa delle riprese. Non è fantasia, è realtà. Non è cinema, è televisione.

Ai tempi de *L'arrivo del treno alla stazione di La Ciotat*, dei fratelli Lumière, gli spettatori fuggivano dalla sala per il terrore di essere investiti dalla locomotiva. Ora, un secolo dopo, nonostante siano ammaestrati alle magie della finzione di cui conoscono trucchi e inganni, gli spettatori tv si trovano nella stessa condizione di fragilità, sono totalmente impreparati a un terremoto emotivo di quelle proporzioni. E invece di scappare urlando dalla sala di un cinema, restano incollati alle loro sedie e poltrone con il cuore in mano e gli occhi a bagno. Perché l'onda della realtà, da quel pezzo di terra arso, entra in ogni casa, abita pensieri ed emozioni di ogni essere umano che si sia incontrato con quella storia. Nessuno è uscito incolume da quei giorni. Chi ha spento la tv, è fuggito, non ha retto, non ce l'ha fatta. Gli altri, a milioni, si sono gettati a testa in giù. E chiedono che il flusso di notizie sia costante. Perché quello che parte da Vermicino non è una storia raccontata, uno show, un telegiornale. No, Vermicino è già, il venerdì all'una, parte dell'esperienza emotiva dell'intera nazione.

Lui, Alfredo, sono io bambino, è mio figlio, mio nipote. Lui è tutti. Lui, così piccolo e così solo. Lui, di cui ancora ignoriamo il volto, il colore dei capelli, il sorriso. Lui, che è solo una voce che sale dall'inferno.

L'Italia è ferma, anzi sospesa. Immobilizzata da timori atavici uniti a una razionale fiducia nella scienza. D'altra parte non si stava parlando da anni, addirittura, della possibilità di usare telefoni senza fili, come in *Star Trek*? Figurarsi se un pozzo poteva essere un luogo inesplorabile.

Perché nella realtà di quei giorni, e dunque nella storia percepita, si susseguono tutte le atmosfere e tutti i colpi di scena della grande narrativa. Ma, un po' perché lo spera e un po' per l'abitudine a codici narrativi secolari, lo spettatore-cittadino è certo, o assai fiducioso, che alla fine ci sarà l'happy end. Per questo applaude le buone notizie che vengono da lì. Notizie che, come nei film, spazzano via i contrattempi e la sfortuna. Perché il percorso di ogni storia che si rispetti prevede un incidente, un pericolo, una lotta per uscirne, una sequenza di difficoltà e alla fine il sorriso garantito.

Il lieto fine è un esito narrativo che lo spettatore è portato a pensare sia connaturato all'inizio di una storia. Come a dire che se un viaggio comincia, è naturale che si concluda in un «altrove» rispetto al punto di partenza. Ci sono due testi che spiegano con chiarezza come ciascuno di noi abbia inconsapevolmente introiettato, come in un Dna narrativo, una struttura definita di svolgimento delle storie che incontra. Ogni personaggio che è al centro di un universo immaginario è un «eroe», il cui viaggio noi seguiamo conoscendolo perché, in fondo, è il viaggio della nostra vita. Joseph Campbell, in *L'eroe dai mille volti*, così riassume la mappa di questa traversata: «La parabola convenzionale dell'avventura dell'eroe costituisce la riproduzione ingigantita della formula dei riti di passaggio: separazione-iniziazione-ritorno: che potrebbe definirsi l'unità nucleare del monomito.

«L'eroe abbandona il mondo normale per avventurarsi in un regno meraviglioso e soprannaturale; qui incontra forze favolose e riporta una decisiva vittoria; l'eroe fa ritorno dalla sua misteriosa avventura dotato del potere di diffondere la felicità fra gli uomini.

«Prometeo salì al cielo, rubò il fuoco agli dei e ritornò sulla terra. Giasone fece vela verso la Colchide, addormentò il drago che difendeva il Vello d'Oro e, ritornato in patria con il vello, riuscì a strappare il trono del padre all'usurpatore Pelia. Enea discese nell'Averno, attraversò lo spaventoso fiume dei morti, gettò un'offa al cane guardiano, il tricefalo Cerbero, e poté alfine parlare con l'ombra del proprio padre. Molte cose gli furono rivelate laggiù: il destino delle anime, il destino di Roma, ch'egli stava per fondare, "e in qual modo egli avrebbe potuto evitare o sopportare qualsiasi fardello". Attraverso la porta d'avorio Enea fece ritorno ai compiti che lo attendevano nel mondo».

E Christopher Vogler, uno sceneggiatore americano che ha studiato gli stereotipi narrativi del cinema, ha così riassunto le «stazioni» di quello che, citando Campbell, ha chiamato «il viaggio dell'eroe»:

1. Gli eroi vengono presentati all'interno del loro MONDO ORDINARIO dove

2. ricevono la CHIAMATA ALL'AVVENTURA.

3. Inizialmente sono RILUTTANTI e RIFIUTANO LA CHIAMATA, ma

4. un MENTORE li incoraggia a

5. SUPERARE LA PRIMA SOGLIA e a entrare nel mondo straordinario, dove

6. si imbattono in PROVE, ALLEATI e NEMICI.

7. SI AVVICINANO ALLA CAVERNA PIÙ PROFONDA superando una seconda soglia

8. e sostengono la prova centrale NELLA CAVERNA PIÙ PROFONDA.

9. Si appropriano della loro RICOMPENSA e

10. vengono inseguiti lungo la VIA DEL RITORNO nel mondo ordinario.

11. Superano la terza soglia e vivono l'esperienza della RESURREZIONE, che li trasforma.

12. RITORNANO CON L'ELISIR, una dote o un tesoro di cui beneficerà il mondo ordinario.

Se si prova a rileggere tutto il cinema epico che abbiamo conosciuto, si troveranno tutte o molte di queste dodici tappe narrative. È così *Star Wars* o *Indiana Jones*, *Ritorno al Futuro* o *Il Mago di Oz*, *Indipendence Day* o *Harry Potter*. Lo spettatore sa, con gli occhi della sua inconsapevole e atavica conoscenza, che la storia dell'eroe ha questo lineare svolgimento. Il lieto fine, il RITORNO CON L'ELISIR, è il senso della traiettoria stessa del racconto. Come una freccia scagliata con precisione, l'esito di quelle PROVE, delle cadute e delle RESURREZIONI, deve essere il bersaglio: la vita che continua, migliorata.

A Vermicino c'erano tutti gli archetipi della storia «perfetta». L'eroe, involontario, che tutti amano. Il suo MONDO ORDINARIO, quel prato vicino casa dove gioca prima di tornare a cena. La CHIAMATA ALL'AVVENTURA, attraverso il fato che lo fa precipitare nel pozzo. La PROVA della sopravvivenza in condizioni estreme. La CAVERNA PIÙ PROFONDA, qui neanche leggibile come una allegoria o una metafora. Davvero la più profonda delle caverne, la più vorace. La PROVA CENTRALE della sopravvivenza e la possibilità sfiorata mille volte di una salvezza annunciata, attesa come una RESURREZIONE.

Ma quello che è mancato è il RITORNO CON L'ELISIR. E così quel viaggio è diventato un naufragio. E siccome «l'effetto della vittoriosa avventura dell'eroe è di far fluire nuovamente la vita nel corpo del mondo», se poi il trionfo non si realizza accade il contrario. Senza vittoria finale tutto si fa scuro, per tutti. Inizia il buio. Inspiegabile e inaspettato, perciò più doloroso.

È ancora Campbell, nel suo libro scritto nel 1958, a spiegarlo: «La discesa delle scienze occidentali dal cielo alla terra (dall'astronomia del XVII secolo alla biologia del XIX secolo), e finalmente, la loro concentrazione odierna sull'uomo (l'antropologia e la psicologia del XX secolo), segnano il cammino di un prodigioso spostamento del foco della meraviglia umana. Non il mondo animale, né quello vegetale, e neppure il miracolo delle sfere, ma l'uomo stesso è ora il mistero cruciale. L'uomo è quella presenza estranea con la quale le forze dell'egoismo devono venire a patti, per mezzo della quale l'io deve essere crocifisso e resuscitato, e a immagine della quale la società deve essere riformata. L'uomo, inteso tuttavia non come "Io", ma come "Tu": perché gli ideali e le istituzioni temporali di nessuna tribù, razza, continente, classe sociale, o secolo, possono costituire la misura di quella meravigliosa esistenza divina, inesauribile, che è la vita in tutti noi.

«L'eroe moderno, l'individuo moderno che osa obbedire al richiamo e cerca la dimora di quella presenza con la quale è nostro destino riconciliarci, non può, e invero non deve, aspettare che la sua comunità si liberi dall'orgoglio, dalla paura, dall'avarizia razionalizzata, e dall'incomprensione santificata. Dice Nietzsche: "Vivi, come se il giorno fosse giunto". Non è la società che deve guidare e salvare l'eroe, ma precisamente il contrario. E così ognuno di noi partecipa alla prova suprema – porta la croce del redentore – non nei momenti gloriosi delle grandi vittorie della sua tribù, ma nei silenzi della sua disperazione».

Lo spettatore di quel tempo sa, inconsciamente, che se qualcuno ha deciso di trasmettere quella storia è perché di sicuro ci sarà un lieto fine. Non sono mica pazzi.

Non sono pazzi, ma sono anche loro trascinati dalla bufera. Non possono spegnere, perché hanno acceso. E a Vermicino non c'è una riunione del consiglio nazionale della Dc e neanche una conferenza stampa del segretario del Psdi Pietro Longo. Lì, ormai, c'è la vita di tutti. Alle 13, davanti ai teleschermi, ci sono dodici milioni di persone. Alle 19,45 saranno quasi ventidue. La notte arriveranno a ventotto milioni e seicentomila. La trasmissione di informazione più vista nella storia della televisione.

Non possono spegnere. E allora vanno avanti. È la prima volta che una notizia travolge il palinsesto, lo manda all'aria. Perché l'uragano non conosce barriere. E quelle erano state, per quasi trent'anni, mura alte e invalicabili. Dalle 13 di quel venerdì sono un cumulo di macerie.

Quel saggio equilibrio di informazione, spettacolo, divulgazione, sport che aveva fatto della tv pubblica italiana un modello, rimane anch'esso tra i detriti di questa storia. Come ha osservato Carlo Freccero: «Il palinsesto smette di essere una struttura verticale e diventa orizzontale». Contribuiscono a questa radicale trasformazione di linguaggio altri fattori, fra loro connessi: l'arrivo del telecomando e l'emergere delle televisioni private a carattere nazionale che si alimentano non di canone ma di pubblicità. E il mutamento del rapporto gerarchico tra potere televisivo e pubblico. C'è stata, a partire dal 1968, una grande rivoluzione civile, una secolarizzazione culturale, una rivendicazione di protagonismo diffuso che progressivamente fa saltare ogni verticalità, compresa la funzione pedagogica della tv, quella che portava a selezionare, normalizzare, talvolta censurare in nome di un supremo, e accettato, interesse collettivo. Tutto questo, mentre si concludono gli anni Settanta e iniziano gli Ottanta, sta finendo. La piramide, almeno dal punto di vista dei consumi, si capovolge. Il pubblico sarà sempre più importante. I cittadini, in prospettiva, sempre meno.

E, con Alfredino, la televisione travolge un'altra palizzata. Fa irruzione, armata della sua potenza, nella vita reale di persone reali. Con quel bambino e con i suoi genitori, annulla persino la distanza della dimensione pubblica dal momento della morte. Da quei giorni di giugno nessun diaframma resisterà alla pretesa del mezzo televisivo, sospinto dal crescente voyeurismo del pubblico, di entrare in ogni anfratto della vita individuale. In tv ci si sposerà e si divorzierà, ci si confesserà odi e tradimenti, si indagherà su omicidi trasformando gli studi televisivi in aule processuali, obitori, confessionali. Comincia con lo tsunami del giugno 1981 un'onda nera, una coltre di buio, che porterà a Cogne, ad Avetrana, a Brembate.

Aldo Grasso si è giustamente chiesto, proprio

dopo l'omicidio di Sarah Scazzi, se sia ancora possibile «staccare la spina». Ha scritto sul «Corriere della Sera»: «Nel 1981 è successa la terribile tragedia di Vermicino, un'atroce, lunga diretta sull'agonia di un bambino sprofondato in un pozzo. Vermicino è stato un punto di non ritorno, una di quelle strade dannate e assurde che l'umanità ogni tanto imbocca e dalla quale non sa più tornare indietro. Con Vermicino qualcosa si è spezzato per sempre. Da allora, tutti i canali hanno alimentato il filone orrorifico, a stento mascherandolo: il dolore come show, la sofferenza come osceno lievito dell'ascolto. Ogni volta, il luogo della tragedia si trasforma in un enorme set televisivo, con il fondato rischio che il dolore declini in spettacolo».

In quella mattinata di giugno, come generali che scoprono la sedizione del proprio esercito, i vertici della Rai capiscono che lo scettro sta passando in altre mani, che non esiste più la possibilità, se non al prezzo di un grande coraggio civile, di resistere al nuovo dogma: «Se il pubblico la vuole, quella cosa è giusta».

Ma ai piani alti di viale Mazzini si prende un'altra decisione. La decisione di trasmettere la diretta su tutte e due le reti, chiudendo oppressivamente il tempo televisivo attorno al pozzo. Erano i primi anni della concorrenza tra le reti e i relativi telegiornali, e un evento di quella natura, per la sua capacità di traino, avrebbe squilibrato gli ascolti a favore del canale che ne avesse mandato in onda la cronaca. Il Tg2 era partito per primo grazie a Pini e all'intuito di Santalmassi e la rete «principessa» della Rai, la Uno, scalpitava. Ma non basta tutto questo per giustificare la decisione presa. Va ricordato che allora non esistevano ancora televisioni commerciali che trasmettessero in contemporanea su tutto il territorio nazionale. Dunque ogni televisore acceso era, salvo le piccole reti locali, inevitabilmente occupato dalle immagini e dai suoni di Vermicino.

Giancarlo Santalmassi è oggi convinto, senza indulgere a dietrologie, che una decisione così straordinaria dovesse essere sostenuta anche politicamente. E che settori dei governi del tempo potessero avere interesse a portare il discorso pubblico ben lontano da quel mare di guano che era la P2, il tentativo di golpe bianco che era stato da poco scoperto. Per il Paese sono giorni difficili, lo abbiamo visto dalla scaletta del primo tg che parla di Vermicino. E da poco è stato superato lo choc della veste bianca del papa macchiata di sangue, di piazza San Pietro oltraggiata dalla violenza. E, pensa Santalmassi, può essere che qualcuno abbia deciso: sia «depistata» l'attenzione dell'opinione pubblica con una storia sconvolgente. E lo si faccia nella ragionevole aspettativa che lo Stato riesca a dimostrare efficienza e a salvare il bambino. E lo si faccia per recuperare autorevolezza e consenso dopo il tragico fallimento dell'Irpinia.

Ma le cose non vanno così. Quando si apre l'edizione delle 13, quella che praticamente finirà solo diciotto ore dopo, l'eco di quegli applausi di speranza si è spenta ed è tornata l'angoscia. Secondo l'alternarsi di docce scozzesi. Ancora Bartoccioni, da quel terrapieno sempre più gremito di giornalisti e fotoreporter: «Dalle 11,40 l'opera di salvataggio ha subito una svolta. Il programma era scendere fino a trentotto metri. Purtroppo a trentadue un'altra zona di terreno analoga a quella che ha fatto impazzire i tecnici durante questa notte. Un terreno durissimo. È stata presa una decisione: fare il collegamento a trentadue metri, non sotto il bambino ma sopra. Un tenente dei vigili del fuoco è sceso alle 11,40. Alla quota di trentadue metri il tenente ha trovato un materiale molto friabile di tipo tufaceo. Ha richiesto un tipo di pistola ad aria compressa per lavorare meglio. Poi c'è stato un piccolo contrattempo con i cavi e poi è sceso di nuovo a mezzogiorno. Ci hanno chiesto di non fare il nome per ragioni...».

Suona alla porta di casa mia Maurizio Bonardo. Gli ho chiesto di parlare di Vermicino. Avevo appena finito di vederlo nella registrazione del telegiornale. Apro, è molto diverso dal ragazzo con la barba nera che provava il respiratore, nello schermo del computer del mio studio. Gli occhi azzurri si inumidiscono quando parla di quei momenti. «Ho fatto il possibile. Sono andato laggiù senza quel diavolo di respiratore che mi dava più impiccio che altro. Sentivo una grande responsabilità. Al padre avevo promesso che avrei portato Alfredo fuori, mi sembrava impossibile non farlo. Sono sceso, c'era un groviglio di cavi. Dovevo scavare nel minor tempo possibile, cercando di non far cadere terra verso l'interno. Ho usato prima un piccolo martello pneumatico, che si è inceppato. Poi me ne hanno dato uno elettrico, che però si arroventava. Infine ho lavorato con una mazzetta.»

Dopo di lui scenderanno i vigili Buffardi, Gonini, De Santis. Tutti moltiplicheranno gli sforzi per arrivare il più presto possibile a contatto con Alfredo, che è a soli quattro metri da lì.

Ma come sta ora il bambino? È ancora il professor Fava a dirlo: «Le condizioni purtroppo sono peggiorate in queste ore del primo e del secondo mattino. Il bambino è stato cosciente e ha collaborato con noi, ha avuto un colloquio per tutta la notte e nel primo mattino. Purtroppo dalle otto del mattino il bambino ha perso questo contatto e non riusciamo più a udire espressioni che siano indicative di una chiara lucidità di mente. Noi speriamo che questo sia attribuibile a una stanchezza del bambino e non a disturbi di ossigenazione del sistema nervoso. Noi contavamo molto dal punto di vista psicologico sul rapporto che questo bravissimo vigile aveva stabilito col bambino, un rapporto che aveva messo il bambino in condizione di sentirsi aiutato e appoggiato. Da quando il bambino ha perso questo rapporto noi non possiamo più contare sulla sua collaborazione e l'unico parametro che abbiamo a disposizione sono i caratteri del respiro. Purtroppo, data l'angustia del cunicolo, il respiro si è alterato progressivamente acquisendo un carattere di respiro molto frequente, molto difficile, molto affaticante per il bambino. Comunque noi non perdiamo le speranze. Perché il bambino respira, mi pare abbia articolato qualche parola e questa è una espressione di integrità cerebrale».

La telecamera a Vermicino, come nella prigione di Roberto, è una sola. Non ci sono stacchi, né regia. È un piano sequenza che durerà diciotto ore. E siccome l'inquadratura del cameraman deve valere per due telegiornali concorrenti, è assai raro che indugi sui giornalisti dell'una o dell'altra testata. Prosegue così quella dissociazione tra video e audio che era stata fin dal primo momento la caratteristica estetica del racconto di Vermicino. Tanto che ciascuno oggi ricorda più le voci che le immagini. Oltre alla sensazione psicologica del caos.

Ormai sono arrivate migliaia di persone. Tutte le strade che portano in quel luogo sono sempre più intasate. Si procede a passo d'uomo. Chi porta il cestino con le vivande per il picnic. Chi la borsa termica con le bevande, «che può fare caldo per il pupo». Nando ricorda questo clima irreale. Il contrasto tra la lotta per la vita in fondo al pozzo e un clima da concerto rock in superficie. «C'era gente che mi premeva sulle spalle, mentre parlavo col bambino, un vero casino.» Il dottor Fatale rammenta come fosse difficile anche per loro, col camice bianco, farsi largo in quella gigantesca confusione, che aumentava di ora in ora. Gian Antonio Stella ricorda anche un camionista che era uscito dall'autostrada con un enorme autotreno e pretendeva di parcheggiarlo. E poi l'arrivo dei venditori di porchetta e di panini col prosciutto, il cui prezzo raddoppiava costantemente, in base alla dinamica domanda-offerta. Un grande circo Barnum, mosso forse da un innato spirito di solidarietà degli italiani che però qui diventa rapidamente, sotto la sollecitazione mediatica, una fiera della curiosità, l'inizio di quella cinica morbosità che oggi ci invade.

A centinaia di chilometri di distanza, alla periferia di Siracusa, il prefetto Cassisi invia al ministero a Roma il seguente telex: «At ore 10,30 odierne veniva segnalato che due bambini erano precipitati in un pozzo profondo circa 25 metri et con diametro di metri 1,70. Tempestivo intervento Forze di Polizia habet consentito estrarre predetti minori purtroppo già deceduti per annegamento stante esistenza metri cinque di acqua nel fondo del pozzo medesimo punto Minori sunt stati identificati per Liotta Antonino nato Siracusa 17/11/1972 et fratello Liotta Salvatore nato Siracusa 19/8/1974 facenti parte famiglia numerosa in misere condizioni economiche punto Predetti sarebbero precipitati at seguito cedimento coperchio posto su cui giocavano. Nella circostanza i due vigili sommozzatori discesi nel pozzo habent avvertito improvviso malore per cui sunt stati visitati presso questo ospedale Civile et successivamente dimessi punto.

«Notizia habet destato viva impressione tra popolazione questo centro anche per concomitanza noto episodio in zona Frascati punto».

Notizia però non habet destato stessa impressione nel Paese. Ancora una volta, la coincidenza è incredibile. Una delle tante di questo castello dei destini incrociati che è Vermicino. Bambini che precipitano in un pozzo, la copertura che cede, tutto nelle stesse ore. Di questi due fratellini, morti insieme, a parte il dispaccio in latinorum del prefetto, nessuno si occupa. Persino su «La Sicilia» si dà conto della notizia della loro morte in un piccolo box a piè di pagina. Il padre, un bracciante di Avola, cercherà di uccidersi per la disperazione. I Liotta vivono in condizioni estreme, in una casa fatiscente. Oggi, di tutta la famiglia, sono rimaste solo la madre e le due figlie. I quattro maschi, il padre e tre fratelli, sono morti. Non solo i due fratellini ma anche un terzo, Corrado, nato nel 1966. Ma la loro storia non esiste, perché non è stata raccontata. Per questo ho voluto ricordarli qui, poveri bambini di una povera famiglia.

Il cambio di strategia deciso da Pastorelli sembra dare buoni frutti. Il trascorrere delle ore, con l'inevitabile aggravarsi delle condizioni del bambino, e la presenza di altra pietra dura sotto i trentadue metri, hanno spinto ad accelerare la costruzione del varco orizzontale. I vigili non prenderanno il bambino da sotto, come avevano previsto, ma da sopra. Il professor Fava conforta gli spettatori: «Dopo qualche ora di silenzio il bambino ha lamentato dolore a una gamba. Questo è un fatto positivo». I giornalisti, in particolare Beretta del Tg1, insistono per sapere quanto ci vorrà ancora. «Sarà in superficie tra un'ora?» chiedono. Fava è prudente. «È quello che noi speriamo. Ma questa ora l'abbiamo vista programmata e ritardata tante volte.» Beretta insiste. «Ma una previsione ragionevole al momento in cui siamo?» «Io debbo dire che questo recupero seppure momentaneo di coscienza del bambino ci fa dire che non c'è stato un deterioramento e che quello stato di mancato rapporto può essere descritto come uno stato di esaurimento fisico, di abbattimento notevole.» E poi usa una espressione che fotografa con nitidezza lo stato di Alfredo, quarantadue ore dopo la caduta, parla di «una stanchezza infinita».

Il cucciolo è stanco. Stanco di tutto. Del freddo, della fame, della solitudine, dei dolori al braccio e alla gamba, dell'attesa di soccorsi che non arrivano. Anche per questo, appena potranno, i vigili che scavando con la mazzetta e le mani arriveranno vicino al diaframma che li separa dal pozzo artesiano dovranno chiamarlo e rassicurarlo. È importante che lui percepisca concretamente un mutamento delle sue condizioni, non l'annuncio dell'arrivo di qualcuno, ma una voce vicina, tanto vicina da poterla toccare.

I cronisti si avvicinano a Franca e le chiedono come ha accolto la notizia che il bambino è tornato a parlare: «Con tutta la speranza. Spero di vederlo da un minuto all'altro. Non c'avrei mai creduto. O meglio, ci ho creduto mille volte. Mille volte sembrava che si raggiungesse e non si raggiungeva mai. Adesso sembra proprio che siamo agli sgoccioli. Stavolta dovrebbe essere vero».

Giuseppe Bortone, un giornalista di una radio libera, le chiede se le pesi non parlare col bambino. La signora Rampi spiega: «Sento che ci stanno parlando e mi riferiscono quello che dice. Per me era peggio parlarci direttamente». Il cronista insiste: «Gli italiani che l'hanno vista in tv hanno trovato che lei fosse molto calma quando parlava». «Sì, lo so. Io sono stata calma molto tempo. Ma tutte queste delusioni. Speranze e delusioni, speranze e delusioni, speranze e delusioni. Dopo due giorni ero sfinita. Non ce la facevo più a sentire lui che urlava, non ce la facevo più. Avevo paura di trasmettere questa ansia al bambino. Ho preferito che parlasse una persona estranea, che lui ci si trovasse bene, che lo calmasse. Nando è stato un eroe. Sono ore, ore, ore che parla con mio figlio. Lo tranquillizza, gli ha persino fatto cantare le canzoncine. Una cosa meravigliosa. E tuttora sta parlando con lui. Io non so di che gli parla. Addirittura gli hanno detto che Mazinga sta arrivando giù con i pugni di ferro che buca tutto e adesso da un momento all'altro vedrai Mazinga che esce fuori. Mi riferiscono solo. Lui urla, è disperato. L'importante è che mi dicono che è tranquillo e che sta bene.»

Questa donna non risponde allo stereotipo delle madri addolorate. Non si butta per terra, non si straccia le vesti, non piange in continuazione, non si inginocchia a pregare. È una donna forte, determinata a tirare fuori suo figlio da lì. Controlla ogni azione dei soccorritori, è sospinta anche lei sulle onde dell'alternarsi di «speranze e delusioni, speranze e delusioni, speranze e delusioni». Non sta nel ruolo che l'invisibile copione della storia le assegna. È forza, non prostrazione. È rabbia razionale, proiettata al risultato, non l'isteria che sarebbe piaciuta al «pubblico pagante» ma che avrebbe reso più difficile il lavoro dei soccorritori. La giovane psicologa che l'aiutò in quelle ore, la dottoressa Caterina Sorrentino, conserva con gelosia un segreto professionale che le bagna gli occhi, ma mi fa capire che non è affatto vero che Franca non avesse i legittimi momenti di crollo. Solo che, a parte quel pianto di gioia nel momento in cui si era riusciti a bucare la terra dura, il resto, disperazione e frustrazione, lo sfogava nei rari momenti in cui andava a casa a riposare. Lì, da sola, aveva diritto di fare quello che in pubblico sarebbe stato dannoso per Alfredino. Suo marito, il mite Ferdinando, disse quel venerdì a Ulderico Munzi del «Corriere della Sera»: «I vigili dicono di non essere attrezzati. L'escavatrice non ce la fa. A chi posso dare la colpa? Posso mettermi a gridare che è della politica, che è del governo. È un circolo vizioso. Alfredo deve uscire di lì perché deve operarsi, perché deve essere un ragazzino come gli altri. Nessuno può toglierci questa gioia».

Quelle due persone sono state un monumento alla dignità. Durante e dopo la tragedia. Mai in televisione, mai sotto i riflettori. Si sono stretti nel loro dolore, hanno cresciuto un figlio, hanno coltivato con amore la memoria del bambino scomparso.

Li guardo, nella loro piccola casa, mentre mi dicono che non sono mai tornati a Vermicino, perché non ce la fanno. Mentre Franca, con la stessa ferma dolcezza che avevo visto in tv, mi ribadisce: «Che senso avrebbe avuto mettermi a piangere? Avrei reso più difficile a tutti il lavoro. E non avrei aiutato Alfredo. Il mio dovere era essere più lucida e razionale che potessi. Avevo un terremoto dentro, ero nel pallone. Ma mi sono sforzata di aiutare, non di dare problemi».

A Vermicino sono quasi le due. Roca riferisce che Pastorelli gli ha fatto segno che mancano solo trentacinque centimetri. «L'ingegner Pastorelli sta sorridendo. Prego la telecamera di inquadrarlo, ha urlato qualcosa. Ha detto mezz'ora ma i numeri al lotto no. Siamo vicinissimi. Speriamo veramente che sia la fine del lungo incubo.»

Il comandante dei vigili chiede silenzio. E allora prende la linea Vallone. Che dice: «Mancano trentacinque centimetri, siamo vicinissimi. Speriamo di essere proprio lì, dopo quarantadue ore, a raggiungere il bambino. Abbiamo perciò deciso di seguire in diretta queste fasi che speriamo decisive fino al momento in cui i vigili del fuoco potranno riportare in superficie il piccolo Alfredo. Abbiamo deciso in regia di continuare a seguire queste fasi».

Maurizio Vallone ricorda oggi: «C'era la netta sensazione che lo stessero tirando fuori, che mancasse poco. E che la televisione, che aveva aperto questo dramma collettivo, non potesse non chiuderlo con il suo finale lieto. Per questo dalle 13,52 è cominciata la diretta. Eravamo sicuri sarebbe stata una festa, la liberazione del bambino. E avevamo il dovere di raccontarla».

Doveva durare poco. Forse l'ora preventivata da Beretta e da altri. Per questo circola, da lì, un improvviso ottimismo. Tanto che, parlando dei liquidi da somministrare ad Alfredo, Roca si infila in una curiosa perifrasi: «Alfredo aveva chiesto una bevanda di cui non posso fare il nome perché sarebbe pubblicità. Ma i medici l'hanno vietata. Alle 4 del mattino, dietro le insistenze di Alfredo, il cardiologo ha deciso di dargli una sorta di amabile cocktail di acqua minerale e di questa famosa bibita».

Vallone da studio: «Una di quelle bibite che piacciono soprattutto ai bambini?». Roca: «Ma penso che piacciano anche ai grandi queste bibite». L'idea che in quelle condizioni un cronista tenesse conto del codice Sipra o Sacis, che impediva di citare il nome di prodotti che non avessero pagato lo spazio pubblicitario, la dice lunga sul rigore aziendale di allora.

Con il passare dei minuti cresce una comprensibile eccitazione. Ora ogni notizia sembra confortante, la ruota è davvero girata dalla parte giusta. Persino il tono dei giornalisti è sollevato: «Ecco, l'ingegner Pastorelli mi ha comunicato che Alfredo sente le voci dei vigili. Evidentemente siamo vicinissimi. Vorrei dire che sta per cadere l'ultimo diaframma. Evitiamo facili ottimismi, ma Pastorelli sembra sereno».

Viene avvicinato il microfono alle cuffie con le quali si ascolta il dialogo tra Nando e il bimbo. Alfredo ha chiesto acqua e con la cannula gli è stata mandata giù. Si sente quella vocina rispondere alle domande del suo «vigile custode». Poi il rumore del martello pneumatico che ogni tanto, nei punti più duri, i pompieri tornano a usare. Bonardo, intervistato, dice da buon sindacalista: «Primo, sono andato giù io ma se fosse andato chiunque altro sarebbe stato lo stesso. Secondo, spero che in un'ora completiamo il lavoro. Io ne ho fatto la metà». Roca: «I vigili del fuoco sono vicinissimi al bambino. Ritengo che psicologicamente Alfredo stia vivendo alcuni momenti di una certa, definiamola euforia, non so se è giusto dire così, in quanto sono finiti quei tremendi rumori, erano davvero assordanti per noi stessi che eravamo in superficie, pensa chi doveva essere lì sotto. Dovremmo essere agli sgoccioli di questa odissea».

La cronaca descrive questa situazione, attorno alle 14,30: il bambino si lamenta, si è sentita ancora una volta la sua flebile voce, i vigili, in due, stanno per far saltare l'ultimo diaframma, le voci dei soccorritori arrivano ad Alfredo, che è a pochi metri da loro. Dunque lui è cosciente e i pompieri ora scavano con le mani.

Perché sono vicini e perché non vogliono far arrivare terra addosso al bimbo. C'è un grande silenzio nell'area. Le migliaia di persone presenti obbediscono all'invito di Pastorelli, che è in collegamento, per mezzo di un walkie-talkie, con Mario Gonini che, nel tunnel orizzontale, sta scavando con le unghie.

Il tono del giornalista, che vive l'emozione di quei momenti, è rasserenato: «Dovremmo essere vicinissimi. Adesso l'ingegner Pastorelli sta sorridendo. I colleghi hanno risposto ok, da giù».

Pastorelli ordina il massimo silenzio. Roca chiede a Vallone, che è in studio, di tacere anche lui perché il «momento è decisivo» e anche la sua voce può arrivare, attraverso l'audio del loro monitor. Si percepisce, guardando le immagini, la sensazione che tutti siano protesi verso il pozzo dal quale sono scesi i vigili. È da lì che si attende la buona novella della perforazione definitiva del diaframma.

Alle 14,39 Roca annuncia: «Sono a quindici centimetri. Ci siamo, stanno grattando la terra. Sono gli ultimi istanti». E dopo poco: «Ora siamo a quattro centimetri. Forse lo prenderanno in braccio e lo porteranno su. Volteggia l'elicottero, servirà a segnalare il percorso utile per l'ambulanza».

E prosegue: «C'è Nando che sorride, è contento. Gli chiediamo: "Come va?". Risponde: "Bene". È la maschera della stanchezza e della gioia. Non lo vedevamo sorridere da qualche ora. C'è un vigile del fuoco che sta piangendo, ha le lacrime agli occhi. Non è retorica, questi uomini stanno facendo un lavoro straordinario. Se la telecamera potesse inquadrarlo, si stropiccia gli occhi gonfi. La madre sta urlando ad Alfredo: "Arrivo subito, subito, subito". Si vede la gioia nei loro occhi. Pastorelli sorride, è sereno. È passata la grande paura.

Dovrebbe avvicinarsi questo momento che stiamo attendendo con trepidazione, ansia, gioia da tante ore».

La telecamera, dopo aver inutilmente cercato il vigile che piangeva, si sofferma sul bel volto di Franca. Ancora una volta voce e audio sembrano essere due fratelli separati. All'ottimismo che le parole della cronaca trasferiscono nelle case degli italiani fa da contrappunto l'espressione angosciata, inquieta, stravolta, della madre del bimbo. Respira veloce, ora sembra che sia lei ad avere l'affanno del figlio. Poi Franca si muove, supera diversi sbarramenti di persone e si mette, silenziosa, in terza fila, davanti a gente che non si sposta, all'imbocco del pozzo scavato dalla trivella.

Tutti alzano lo sguardo verso il terrapieno perché dei giornalisti, per sporgersi in avanti, hanno fatto cadere della terra nel pozzo di Alfredo. La calca, dice Roca, «è enorme».

Bartoccioni tesse il giusto elogio dei vigili del fuoco, del loro sacrificio, del loro coinvolgimento emotivo, e conclude: «Sono loro i più contenti in questa festa, starei per dire, ma non vorrei dire...».

Non sono questi due bravi cronisti a sbagliare. È il clima che si respira in quei momenti a Vermicino. Il *wishful thinking* è comprensibile e gli fa dire: «Il bambino si rende conto che questa avventura sta per finire». Vallone da studio riesce a essere più prudente: «Non sbilanciamoci in troppo ottimismo... Va ricordato che il bambino è intrappolato a trentasei metri sotto terra in una strettoia e sotto c'è uno sprofondo di ottanta metri. Quindi lui è a metà».

Ma i giornalisti sul luogo, rispondendogli, si lasciano andare a valutazioni arbitrarie: «Sì, ma si trova in una zona sicurissima. Ecco, Vallone, questo è uno dei rischi che non si sono mai corsi. I tecnici sapevano perfettamente che avrebbe retto. Non c'è stato mai, in nessun momento, il timore, la paura, che il bambino potesse scivolare ulteriormente, agli ottanta metri. Sarebbe stata disperata la cosa. Quindi questa è una certezza. Sta con le gambette a penzoloni nel vuoto».

«L'ambulanza si è fatta largo e si sta avvicinando. Sarà il professor Fava ad accompagnare direttamente Alfredo Rampi qui sulla Tuscolana a sirene spiegate sino alla sua unità dove immediatamente il bambino, dopo aver ricevuto le prime cure di terapia intensiva a bordo della stessa ambulanza, verrà poi sottoposto agli accertamenti diagnostici del caso e quindi a tutte le cure mediche necessarie.» Ancora silenzio chiesto da Pastorelli. Si sente la sua voce dire ai vigili nel tunnel: «Cercate di scavare come fanno i carcerati e chiedete al bambino di dirci dove sente i vostri rumori, se all'altezza della testa o delle gambe».

Alle 15,03 Roca dichiara: «Diciamo che dovrebbe essere fatta. Ormai sono vicinissimi davvero. È la fine di una brutta e lunga avventura». Intanto però sono passate due ore dal momento in cui è risalito Bonardo, che aveva fatto «metà del lavoro». Ma i giornalisti insistono: «C'è la gioia di aver portato, così ci auguriamo, felicemente a compimento questa impresa che a un certo punto sembrava davvero disperata».

Sono passate da poco le 15,30 quando Pastorelli invoca ancora silenzio. Attraverso la ricetrasmittente chiede a Gonini di farsi chiamare da Alfredo. Urlano più volte e infine arriva, flebile flebile, la voce del bimbo. Scatta un applauso in superficie. Ma la sensazione, descritta dai cronisti e dal disappunto di Pastorelli, è che i vigili nel tunnel riescano a percepire bene la voce di Nando piegato sul pozzo artesiano ma facciano fatica a comunicare con Alfredino. Ciò che è necessario, per localizzarlo bene. Per capire se è sopra o sotto il tunnel.

Alfredino. Lo abbiamo immaginato, per più di quaranta ore. Abbiamo saputo della sua malattia, abbiamo sentito la sua voce, siamo entrati nel suo affanno e abbiamo condiviso le sue urla. Abbiamo pianto e sperato per lui. Per lui che non ha volto, per lui che è solo un'idea e, fino a quel momento, ha le sembianze di tutti i bambini del mondo. All'improvviso appare davanti a tutti gli occhi d'Italia. È una foto, pubblicata dall'edizione serale di «Paese Sera». E che qualche cronista con la faccia tosta è andato a chiedere alla famiglia. Tutti la conosciamo. Ma se ci fermiamo qualche istante a osservarla ci farà ancora più dolore. È in bianco e nero. Alfredo è al mare, è inquadrato dallo sterno in su, sullo sfondo l'infinito d'acqua. Ha capelli castano chiaro a caschetto, la bocca socchiusa in un sorriso sincero. Ma più guardo quell'immagine e più mi sembra che non stia sorridendo. Mi sembra stia parlando, abbia quell'emozione carica di energia dei bambini quando raccontano qualcosa che hanno visto, qualcosa che gli è successo, qualcosa che hanno inventato. E allora è più dell'allegria, più della gioia. È la sorpresa di essere ascoltati, di farsi conoscere, di essere. Eccolo, Alfredino. E non si riesce a pensare ciò che è vero. Che quella creatura è passata dallo sconfinato mare al buio di un pozzo grande come un sottopiatto. Che quel sorriso, quella voglia di raccontare sono diventati delle urla strazianti, dei pianti di solitudine. Ora tutti possono dare quel volto alla sofferenza, tutti possono sperare per quel sorriso e quel caschetto di capelli.

Roca dice: «Non ho visto la foto. Ma mi auguro di vederlo in faccia tra non molto. È un bambino al quale andrebbe stretta la mano. Pastorelli e il professor Fava saranno i primi a complimentarsi per il coraggio di questo bambino».

I cronisti, va detto, fanno il lavoro più difficile che la loro professione contempli. Sono da ore sotto il sole, non possono mai staccare, cercano le notizie nel tempo stesso in cui le raccontano, devono percepire gli slittamenti dell'umore dei soccorritori. E, caso unico nell'informazione, non hanno a disposizione, come ricorda oggi Vallone, «alcuna altra fonte», perché tutto si svolge lì, tutto in diretta.

Nando è assediato dai giornalisti, che trovano il modo di litigare tra loro. «È un bambino eccezionale, ha una fibra di ferro. Gli ho chiesto un po' di tutto: gli anni che ha. Ma non è riuscito a dirmelo. Abbiamo parlato tutta la notte. Fino a stamane era abbastanza lucido. Poi ha dei momenti di assenza. Dice cose strane tipo che vuole "uno yogurt col cucchiaino di ferro"... Stamane non capiva più le domande. Ha dei momenti di fermo e però poi riparla. Ha paura della macchina che gli è vicina. Gli ho raccontato di Mazinga, perché i genitori mi hanno detto che gli piaceva, abbiamo persino cantato la canzoncina. Se va bene tra un quarto d'ora dovremmo esserci. Una volta che riusciamo ad arrivare e lo prendiamo per un braccio è fatta. Anche meno di mezz'ora.» Nando spera che il suo nuovo amico, quello che oggi chiama il suo quinto figlio, esca presto. Tutto lascia immaginare che sia così. Ricorda che Alfredo non voleva che a tirarlo fuori fosse Mario, il vigile che era nel tunnel. Voleva che fosse lui, che in quelle ore è, per lui, mamma, papà, maestro, Mazinga. Lui, a fargli rivedere quel sole che rischia di accecarlo.

Sono le 16. I vigili dal tunnel comunicano con la

radio a Pastorelli che loro hanno sentito la voce del bambino e che pensano di essere a venti centimetri da lui. Un vigile col megafono urla alla folla: «Siccome siamo in un momento delicato si prega di non fare caciara».

Ora il tempo televisivo non è più occupato dalla mediazione giornalistica dei cronisti, che smettono di raccontare, di «parlare sopra». Ora il microfono è solo un orecchio collettivo applicato alla radiotrasmittente di Pastorelli. Ora le voci che entrano nelle case degli italiani non sono più quelle di Roca o di Bartoccioni ma quelle che salgono nitide dal tunnel dove i vigili stanno scavando con le mani. Ora è la diretta assoluta. Forse la prima e l'unica nella storia della tv. Lo spettatore vive la sensazione di essere lì. Nessuno gli può occultare o ritardare nulla. È il tempo reale televisivo. È la tv che, annullandosi, esplode. Una sola telecamera puntata su un luogo sempre uguale, perché in superficie non accade molto. E un microfono che sembra essere rimasto acceso per caso e trasferisce la sensazione di penetrare nel giardino segreto della realtà, in diretta, senza omissioni o censure. Come una intercettazione ascoltata da milioni di persone, il dialogo tra i soccorritori occupa le case degli italiani. Fino alla sublimazione di questo inedito canone estetico rappresentata da lunghi minuti di silenzio. Ciò che i codici televisivi escludono, a Vermicino è successo. Per quattro o cinque minuti, una eternità per la tv, arrivano solo rumori di fondo, dialoghi operativi sminuzzati e rumori diffusi della folla che cresce. Ma proprio per questo la tensione è al diapason. Nelle case si alza il volume del televisore, quando si pensa che dal fondo possa arrivare la voce di Alfredo. Da studio, intelligentemente, Vallone chiede al tecnico del suono di aumentare il livello dell'audio. È così che nelle case si sobbalza quando si sente la voce concitata di un vigile chiedere, da dentro la terra, «Aria, Aria» e Pastorelli ordina che si incrementi il volume di ossigeno che viene pompato e trasmesso, attraverso un lunghissimo «serpente». È così che tutti vengono inghiottiti in quel dialogo, in quella impaziente attesa che il diaframma salti. Il tempo passa e le ottimistiche previsioni dell'ora di pranzo, «un quarto d'ora, mezz'ora, un'ora», sono tutte, ancora una volta, saltate. Ma la nozione del tempo è un'altra a Vermicino. Si tende a fare, non a contare i minuti che passano. Rimane forte, e vibrante, la sensazione che si sia a un passo.

Tanto che alle 16,26 la telecamera fissa percepisce che, improvvisamente, tutte le facce dei presenti si voltano verso destra. È un movimento simultaneo al quale corrisponde quello dell'obiettivo che stringe verso l'ambulanza, piazzata su un viottolo e pronta a partire. Si avverte un movimento, una concitazione. Parte un applauso. Roca fa in tempo a dire: «Mi sembra stiano approntando una barella». Si sentono i fotografi urlare: «Sta giù, abbàssate» e l'applauso cresce. Vallone da studio sembra sorpreso: «È Pertini, è Pertini». Roca, che non lo ha sentito, dice: «Sinceramente non riesco a capire cosa stia succedendo", poi con la voce emozionata: «È arrivato il presidente Pertini. È accolto da un applauso generoso. È uno dei gesti ai quali Pertini ci ha abituato». I fotoreporter sono impazziti e urlano: «Presidente, presidente» perché il capo dello Stato si volti a favore di camera.

Pertini si muove sicuro verso il pozzo artesiano. Nando oggi racconta: «Quando è arrivato, il presidente mi ha dato la mano e mi ha chiesto di sentire la voce di Alfredo. Io gli ho passato la cuffia. Non è vero che abbia detto ad Alfredo: "È arrivato il presidente della Repubblica". È una delle tante leggende su quelle ore. Il bambino aveva l'affanno, respirava sempre più veloce. È questo che Pertini ha ascoltato nelle cuffie. Per questo alla fine era così provato. Mi ha dato una pacca sulla spalla e mi ha detto: "L'aspetto al Quirinale". Io gli ho risposto: "Grazie presidente, ma ci vengo solo se Alfredo viene con me"».

Quando si toglie la cuffia Pertini è commosso, si passa le dita sugli occhi e si avvia con passo deciso lontano dalla zona delle operazioni. Non vuole intralciare, si rende conto della anomalia di quella scelta che oggi Antonio Ghirelli, che lo ha amato come pochi, definisce ispirata da una certa inclinazione al protagonismo. È un gesto inusuale, uno dei tanti compiuti da un capo dello Stato amato dall'intero Paese. Un Paese prostrato dal terrorismo, dagli scandali, dal terremoto che ha sconvolto il Sud. Un Paese che guarda sconcertato l'orrore della P2. Pertini unisce l'Italia e le restituisce orgoglio e fiducia. È un uomo bizzoso e autorevole, buono e scorbutico. Un dirigente politico che trae la sua legittimità dalla Resistenza, dal tempo trascorso in carcere e al confino. In una Italia sfiancata è un riferimento certo. Forse anche per questo sente di dovere andare fisicamente, come aveva fatto in Irpinia, dove c'è il cuore degli italiani, le loro emozioni. Forse, confortato dal clima di imminente conclusione della vicenda, spera di essere lui ad accogliere lì il bambino liberato. Non lo fa per la vanità del politico populista, ma perché spera così di confortare la sua comunità scossa e di dimostrare che lo Stato, nonostante tutto, funziona.

Vallone invita il cameraman a lasciare Pertini e a tornare verso il pozzo. Intanto si sentono le urla e le proteste dei fotografi. Sono arrivate anche le televisioni straniere. Intorno, ormai, è il delirio. Ci sono persone appollaiate dappertutto. Intorno ai pozzi, sul terrapieno, i bambini sui rami degli alberi circostanti, gente in costume da bagno. Ci sono tante motivazioni nella frenesia che ha preso il Paese e che spinge migliaia di persone ad andare lì.

Un editoriale de «la Repubblica», dal titolo «Perché tanta emozione», fornisce questa spiegazione: «Ma al di là dell'emozione per la sorte del piccolo Alfredo, ben oltre gli elementi oggettivi di suspense che la vicenda conteneva, una così massiccia mobilitazione di interesse non induce a riflettere? Non fa nascere il dubbio che i cittadini di questo Paese i quali, nonostante tutto, riaffermano a ogni occasione (anche per i recenti referendum) la loro volontà di partecipazione – e invece si sentono esclusi, tenuti all'oscuro, giocati – non riversino questo desiderio di partecipazione, di vivere i problemi di ciascuno, e, quindi, di tutti, sull'unica occasione che venga loro offerta: il drammatico incidente, appunto, del piccolo Alfredo?».

L'Italia è in effetti in uno dei tanti momenti di convulsione e di smarrimento della sua storia recente. Un tempo di ieri che sembra il tempo di oggi, nell'eterno ritorno di un Paese immobile.

Sono le 16,40, Roca ha appena finito di dire che nonostante tutto: «L'ottimismo rimane intatto», le telecamere riprendono Pertini che si è mosso dal luogo defilato in cui ha parlato col prefetto Porpora e con il papà di Alfredo. Sta ora tornando verso il pozzo con la scorta che fa largo. Qualcuno, inavvertitamente, dà un calcio a una bombola di ossigeno dei sommozzatori, una di quelle che servono a dare aria al bambino in fondo al pozzo. In un secondo è il panico, il presidente viene portato via, si alza una nuvola bianca, la gente fugge. È un altro fotogramma del circo equestre che è in scena sopra la testa di Alfredo, solo, con il suo affanno, solo, con i suoi cinquanta respiri al minuto.

Pastorelli chiede ancora silenzio. I cronisti tacciono con la folla, ora muta. Si sente la voce di Nando che chiama a ripetizione Alfredo. Si vede il padre che deve alzare le braccia verso le «gradinate» per invocare che cessino i brusii che cominciano a diffondersi, per commentare il silenzio del bimbo. Alfredo non risponde, è stanco.

Pastorelli scambia indicazioni tecniche con i vigili nel tunnel. Roca confonde il senso di queste comunicazioni e si lancia in un annuncio che sarà, all'esito, un altro choc per gli italiani davanti alla tv: «Tra due minuti dovrebbe risalire per l'ultima volta la corda d'acciaio della sonda ma questa volta con un bambino in braccio a due vigili». La solennità dell'annuncio lo rende credibile. Prudentemente Vallone corregge: «Forse tu hai sentito meglio. A me è sembrato addirittura che i vigili chiedessero il cambio». Dopo un minuto l'onesto Roca dice: «Confermo, ho chiesto ai pompieri, c'è un cambio».

Ma intanto, tra bombole che esplodono, silenzi del bambino, annunci rivelatisi fallaci, scorre inesorabile il tempo. Quando tornano su i vigili, col cestello, c'è, nel clima da Teatro Delle Vittorie, un grande applauso. Scende immediatamente un'altra coppia, per continuare lo scavo. Roca dice: «Dovrebbe essere la pattuglia della salvezza, dovrebbe essere l'ultimo viaggio». È la certezza che informa, contro ogni ragionevole dubbio, ogni gesto di quelle ore. Sono a un passo e di Alfredino si percepisce quel respiro affannoso che dice che è in vita. Non si può non riuscire. Proprio no.

La signora Rampi è stravolta, un fazzoletto blu sulla testa per ripararsi dal sole sotto il quale è da due giorni interi. Viene inquadrata mentre parla col marito e con altre persone. Ha uno sguardo allarmato e sta contestando qualcosa, dal labiale si capisce che dice: «No, no» e scuote la testa. Poi, come altri attorno a lei, porta alla bocca un ghiacciolo al limone. Su questo istante televisivo, forse quattro secondi, si concentreranno molte cattiverie nei giorni successivi. «Ma come, mangia il gelato?» La dottoressa Sorrentino mi racconta che è stata lei, che vedeva Franca distrutta dall'attesa e dal caldo, a portarle quel gelato e a chiederle di mangiarlo. Ma, al di là di questo, se si è tanto discusso di quel ghiacciolo è solo perché anche quel gesto sfuggiva al canone del pianto e delle urla straziate. Paolo Guzzanti, che allora era inviato de «la Repubblica», lo ha scritto molto bene: «Questa donna non concede spazio alle fantasie: Franca Bizzarri potrebbe urlare e tutti la compatirebbero, potrebbe (secondo alcuni dovrebbe) svenire, avere dei collassi, e il pubblico sarebbe partecipe e contento. Invece no: l'espressione nobile e gli occhi intelligenti, Franca non sviene, non urla, non copre la terra di lacrime, non prega, non impreca, non chiede vendetta».

E poi Franca è una giovane donna molto bella e questo, nello stereotipo, non è previsto. Ora che la guardo, dall'altra parte del tavolo del suo salotto, confermo la grande solidarietà che provai per lei allora. Durante quelle ore. E nei giorni seguenti. Ferdinando, premuroso, la ferma quando vede che si emoziona troppo, nel tornare con la memoria in quei luoghi, a quei giorni. Ha sofferto terribilmente. E, dopo, ha pagato un prezzo alto. Ma aveva un altro figlio. Da far crescere in una normalità che lo stesso cognome rendeva difficile. Ha coltivato la memoria del figlio facendo nascere un centro per la Protezione civile che si propone di far crescere la cultura della prevenzione. Mi piacerebbe fosse proprio questo lo stereotipo moderno della donna italiana.

Sono passate le 17. Roca dice: «Da questa sera Alfredo dovrebbe essere già in un lettino del centro di rianimazione». A casa, mi raccontano, è stato estratto dal suo armadietto un pigiamino, pronto per essere portato in ospedale. Come dice, ancora una volta, il cronista: «Dovrebbe essere questione di non molti minuti». Un tempo si diceva, come prova dell'autenticità di una notizia: «L'ha detto la televisione». Un tempo. Da ore la televisione dice che ci siamo, è persino arrivato Pertini, hanno aperto i portelloni dell'autoambulanza. Nel pomeriggio le famiglie che si ritrovano a casa dopo il lavoro si aggiornano sulla situazione. E il bollettino che solo ventiquattro ore prima era infausto, ora volge al rosa. Chi sta davanti al televisore è pronto per un sorriso e per una lacrima di gioia.

Da Vermicino annunciano anche l'ora in cui Alfredo sarà libero, le 17,40. Vallone invita a non fare previsioni anche se lui pure dice: «Manca davvero poco, ormai». A microfono aperto si sentono i dialoghi grotteschi dei giornalisti assiepati sul terrapieno: «È tua, 'sta giacca? Ce stanno a fa' er tiro ar bersaglio», «No no, nun s'è sporcata». Un altro dice a squarciagola: «A me che cazzo me ne frega di quello che dice Silvio. Chi è Silvio?».

Roca, come tutti gli altri cronisti, non ha più dubbi. «Sono gli ultimi minuti, vissuti con encomiabile fiducia. Cioè c'è, diffusa, questa sensazione che ormai è fatta. È solo questione di tempo, ma è fatta». Oppure: «Noi abbiamo un metraggio del filo del microfono che non ci consente di arrivare dalla parte opposta.

Ma sarebbe inutile perché la mamma correrà immediatamente ad abbracciare il bambino per cui sarà impossibile seguirla con un microfono a filo. Faremo l'impossibile. Siamo qui vivendo questi ultimi minuti di attesa». Poi: «Mancano otto minuti», «Mancano sei minuti soltanto».

Sono le 17,45. Il bambino non è uscito. Bartoccioni intervista l'architetto Faggioli: «Forse è arrivato il momento che tutti attendevamo con tanta ansia. Stiamo togliendo la terra con attenzione per evitare che investa Alfredo».

Ora siamo davvero in uno dei momenti più toccanti di questa incredibile storia. Improvvisamente il microfono rilascia nell'etere, senza alcun disturbo, il colloquio che sta avvenendo nel pozzo artesiano. È Nando che parla, si rivolge ad Alfredo e ai suoi colleghi che nel tunnel orizzontale sono finalmente arrivati a fare un buco dal quale possono ascoltare e far passare una luce. «Alfredo chiudi gli occhi, non aver paura. Calmo, stai calmo.» E poi rivolto ai suoi: «L'avete preso?».

Ora si sente il bambino. È un urlo straziante, con la voce roca, informe. È un pianto, il più terribile pianto che si possa ascoltare.

Sono le 17,51, Nando parla ancora con i vigili nel tunnel: «Dovete levare la terra con le mani. Lascialo piangere, è un segno buono. Però devi fare in modo di mandare meno roba possibile». Il suo collega gli grida: «Voglio sapere se sta sotto perché la sua voce rimbomba». Nando: «Ti sta sotto, ti sta sotto. Fai piano». «Alfredo, Alfredo non piangere, stai calmo.» «Sentite, io penso sia il caso di andare avanti con le mani.»

Faccio fatica a continuare a scrivere, mentre ascolto questo dialogo. Che passa e ripassa e mi sfonda il cuore.

I vigili agitano un faro nel tunnel e chiamano direttamente il bimbo. «Alfredo, Alfredo, la vedi la luce? Alfredo? Alfredo?» Il bambino trova la forza di rispondere: «Eh?». «Alfredo, la vedi la luce, Alfredo, la vedi la luce?» «Sì» dice, come un lamento che si fa parola. «Dove sta, sopra o sotto, Alfredo, Alfredo? Ti faccio un segnale con la lampada, ora l'accendo e la spengo.» Nando: «Alfredo, digli dove sta la luce, sopra o sotto? Dove ce l'hai la luce? Sopra? O sotto? Alfredo, stai calmo».

Il bambino piange disperato e grida. Il vigile dal tunnel insiste: «Alfredo, la vedi la luce, la vedi la luce, Alfredo?». Alfredo smette le urla, c'è un istante di silenzio. Il bimbo dà la sua risposta. Come fosse la sentenza su se stesso. «No» dice. Il vigile sembra non crederci e gli ripete: «Eh? la vedi?». Alfredino trova ancora la forza di rispondere: «No». «Non la vedi? Ti faccio i segnali, guarda in alto. Alfredo?» È Nando a parlare: «Attento, che se c'ha gli occhi aperti lo cechiamo, facciamogli chiudere gli occhi».

Interviene Pastorelli rivolto a Nando: «Gli dica di chiudere gli occhi. Tanto sta sicuramente sotto». Faggioli dice a Bartoccioni che il bambino è certamente sotto i soccorritori, forse a due metri o meno e che il modo di tirarlo su lo potranno stabilire solo vedendolo o toccandolo.

Nessuno sembra chiedersi come mai il bambino, se è così vicino, non veda la luce e i segnali che i vigili hanno fatto. Tutto va avanti, come se nulla fosse.

Roca: «L'ingegner Pastorelli sorride vistosamente. È un buon segno. I medici sono tutti pronti a prestare il massimo aiuto. Ora tocca ai medici il cui contributo è stato determinante per il felice esito. È veramente fatta. Pastorelli sta sorridendo apertamente, vistosamente. Nando sta gridando gli ultimi incoraggiamenti. Vedo dei volti sereni anche tra i medici. Sportelli aperti per l'ambulanza, sbarramento di polizia e carabinieri. Immagino che una volta in superficie, Alfredo sarà avvolto nelle coperte e portato immediatamente all'ambulanza che non dista più di cinque o sei metri da questo cunicolo dove, dopo quarantasette ore e dieci minuti si sta concludendo questa odissea».

Vengono richiamati in servizio gli speleologi. Le telecamere inquadrano Tullio Bernabei e gli altri che si preparano. Come è scritto nel loro rapporto: «Ci comunicano che se il bimbo si troverà (una volta aperto il collegamento) a una distanza superiore a metri 1,50 (in basso), il recupero sarà affidato a noi». In sostanza non si sa a quanti metri dal tunnel sia Alfredino. I vigili pensano che se è molto vicino potranno tirarlo su loro. Se è a più di un metro qualcuno si dovrà calare. E allora i ragazzi capelloni tornano utili.

Il microfono torna ad amplificare la voce di Alfredo. Sono passati quasi due giorni e quel bambino, con la sua «malformazione dei grossi vasi», combatte ancora. È veramente incredibile. La costante dissociazione di immagini e sonoro rende questo passaggio irreale. In superficie c'è chi lavora, chi si protegge dal caldo, chi parla con il vicino, persino chi sorride. Questo è quello che la tv mostra. In contemporanea arriva, come una stilettata, questa voce di passero, che sembra, ed è, l'apice di una tragedia. Alfredo urla ancora, cos'altro potrebbe fare? Dice che gli fa male la pancia, chiama tante volte la sua mamma: «Non faceva altro» ricorda Nando. E quando il suo amico dall'alto del pozzo, dopo avergli raccomandato con dolcezza di non piangere e di non gridare, gli dice di chiudere gli occhi, Alfredo tace. Poi Nando gli chiede: «Lo hai fatto?». E si sente una vocina rispondere: «Sì».

L'idea che quella creatura, nella condizione che viveva, avesse ancora la fiducia e la forza di ascoltare consigli è una delle cose più struggenti che si possano immaginare. Come il racconto che mi ha fatto Nando: «Una cosa che dava ansia ad Alfredo era la pipì. Non la voleva fare, lì sotto. Perché la mamma gli aveva insegnato che si doveva fare solo in bagno. E la signora Franca mi ha confermato che quando era più piccolo era stata una battaglia convincerlo di questo. E lui non voleva dare un dispiacere alla mamma. Io gli dicevo di farla, di non preoccuparsi. Lui mi rispondeva, un po' arrabbiato, di no. Poi a un certo punto non ha retto più. Mi ricordo il sospiro che ha fatto, come una liberazione. Era un tesoro. E io me lo sono sognato tanto, stavamo sempre a ridere e scherzare».

Si sente, in profondità, il rumore del martello che cerca di allargare il buco del tunnel. È un rumore forte. A ogni colpo il bambino reagisce con un grido. Laggiù il rumore deve essere assordante e tutto deve rimbombare in maniera allucinante. Alle 18,40 il microfono rimanda ancora una volta il suo grido, il suo respiro affannato, la sua richiesta di «Mamma». Sentendolo mille volte, come ho fatto, ho la sensazione che qualcosa gli impedisca di articolare le parole e temo, non riesco neanche a pensarlo, sia il fango. Quel fango devono averlo prodotto i liquidi che gli sono stati somministrati per cannula e la terra che inevitabilmente è caduta. E, ricordiamolo sempre, Alfredo non può usare le braccia, che sono incastrate.

Alle 18,45 Bartoccioni dice: «C'è molta fiducia, c'è molta speranza».

Due minuti dopo è il momento della svolta. Quattro ore prima sembrava fatta. Ora il vigile De Santis, rotto definitivamente il diaframma che separa i due tunnel, comunica dall'interno con Nando e con Alfredo e in superficie con Pastorelli. Dice: «Io mando giù la lampada con tutto lo spago per misurare la distanza». Alfredo piange e chiama la mamma. Nando si raccomanda con De Santis: «Parla piano, se no gli rompi i timpani perché lì sotto rimbomba tutto».

Nando chiede angosciato: «Quanti sono, quanti metri sono?». De Santis non vorrebbe rispondere ma deve dire la verità: «Eh, sto misurando, ma sono molti, ma molti». «Quanti?» «Tanti.» Poi si sente una voce che dice, come tra sé e sé: «È finita, la corda».

Sono le 18,49,04 di venerdì 12 giugno. Alfredo non è dove tutti pensavano fosse, non potranno tirarlo su dalle braccia, come un bimbo sull'altalena, non potrà essere avvolto nelle coperte calde già preparate. La mamma non potrà abbracciarlo, Nando non potrà conoscerlo. Si possono chiudere le porte dell'ambulanza, si può dire all'elicottero di tornare a casa. «È finita, la corda.»

Siccome il circo continua imperterrito la sua recita, accade persino che mentre Pastorelli cerca di capire a che distanza è il bambino, scoppi un applauso. È il momento più difficile, si è appena saputo che quel maledetto pozzo ha non solo inghiottito un bambino ma, come la balena di Pinocchio, lo sta digerendo ed ecco che all'improvviso parte un boato. Perché Pertini, ignaro del tutto, si sta riavvicinando al luogo delle operazioni. Si era fermato in una delle case della zona e ora torna, forse avvertito per radio che i vigili avevano sfondato il diaframma. Qualcuno urla: «Viva il presidente». Lui si ferma davanti alla porta dell'ambulanza, forse nella speranza di accogliere lì il bambino.

Roca, che evidentemente non ha seguito la parte precedente della cronaca, dice: «L'arrivo di Pertini dovrebbe significare che siamo ormai agli sgoccioli di questa vicenda». Vallone da studio cerca di chiarire agli spettatori che nelle case si guardano smarriti e interdetti: «Anche se mi è sembrato di capire che i vigili che hanno aperto questo foro nel pozzo artesiano sono a una distanza superiore a quella prevista. Si pensava a un metro o due, invece il vigile che parlava ai colleghi di superficie diceva che era una distanza superiore alle previsioni».

Roca non riesce ad accettare la realtà: «Chi lo sa. Prima abbiamo parlato di cinque centimetri ed erano cinquanta. Ora parliamo di cinquanta e forse sono cinque. La sensazione ben definita, ben certa, è che non dovrebbe mancare molto». Il cronista, non per colpa sua, ha saltato un passaggio della storia e ora è rimasto allo scenario precedente. La confusione, lo ricordo, entrò in tutte le case.

Per molti minuti le immagini scorrono avendo come sottofondo parole disordinate, dette in superficie, e il pianto di Alfredo. Sembra l'involontaria colonna sonora dell'inquadratura di Pertini che abbraccia Franca e la tiene stretta a sé. Ma è Nando a chiarire cosa sta accadendo. La tristezza nella sua voce fa male più delle parole che pronuncia: «Più di me possono dire soltanto i colleghi di sotto. Io ho sentito soltanto che siamo distanti purtroppo dalla nostra uscita a lui. Quanto? Svariati metri. Non siamo vicini. Di più non sappiamo. Non sta a portata di metri».

Pastorelli parla con i suoi uomini. La preoccupazione diventa fastidio, l'ansia rimozione della realtà. Sono parole illuminanti, quelle che pronuncia tenendo stretta la radio in mano. Parla ai suoi uomini nel pozzo: «Io voglio che quando la lampadina è arrivata all'altezza di Alfredo quella è la distanza, vi dovete fermare. Non la potete continuare a far calare solo perché il pozzo arriva a ottanta metri! È già capitato che una lampadina sia passata tra le gambe. Riuscite a mettere la testa nel pozzo? E in alto? Dalla distanza della voce con cui lei lo sente a che distanza sta?».

La risposta dei vigili dal tunnel non si ascolta ma si intuisce dalla sua replica stizzita, inquadrata in un drammatico primo piano dalla telecamera: «No, sentimi, c'è un errore. Intanto non si dice dieci, quindici metri come fossero, così, numeri al lotto. Non sono d'accordo con queste opinioni. Se voi siete leggermente stanchi, ecco, venite su, venite un momento su, che vediamo di scendere noi».

Pastorelli pensa che i suoi uomini sbaglino, che siano stanchi. È, evidentemente, la sua speranza. La sua ultima speranza. Perché se non fosse così, se il bambino fosse più lontano del previsto, se non bastassero, a un metro, le braccia dei vigili o, a tre, la discesa degli speleologi, allora la situazione sarebbe davvero drammatica. Bisognerebbe ricominciare tutto daccapo, senza avere più il tempo per farlo. Perché quanto si può ancora chiedere ad Alfredo di aspettare, di continuare a farcela, di convivere con il freddo, il fango che gli cresce attorno, il respiro che gli scappa dal petto?

A quest'ora, le sette di sera, la convinzione è che il bambino sia sotto di «qualche metro», forse quattro, forse cinque. Pertini parla col professor Fava, gli stringe un braccio. Perché in fondo, a questo punto, conta solo una cosa: la condizione di Alfredo e l'aspettativa di sopravvivenza che può avere, nella nuova situazione.

Pastorelli richiama i suoi uomini. Quando sale il cestello, quello che due ore prima avrebbe dovuto portare su i vigili con in braccio il bambino, uno dei pompieri scuote la testa. Ma forse è stanco, forse si sbaglia.

Scendono Bonardo e Tullio Bernabei. Così lo ricordano, quel momento da spezzare il cuore. Tullio: «Ho calato dolcemente una lampadina legata a una sagola. Non si fermava mai. Sapevo che avrebbe rimbalzato una volta arrivata su Alfredo. Ma non succedeva mai. Ogni metro era una fiocinata al cuore. Intanto, sporgendomi nel piccolo varco, sono riuscito a vedere una mano e la piccola testa. E lo sentivo respirare, un suono che mi porto dentro da allora. Ritirai su la sagola e la misurai. Non ci credevo. Non volevo crederci. Alfredino era a ventinove metri e alcuni centimetri. Che, sommati alla profondità del nostro tunnel, facevano più di sessanta metri. Era precipitato, lentamente. Era caduto un'altra volta, lentamente, inesorabilmente».

Bonardo: «Quando abbiamo allargato il buco, e con la lanterna abbiamo illuminato in alto e poi in basso, Alfredo era un punto lontano. Poi abbiamo cominciato a far scendere la lampada. Io ho detto a Pastorelli che era scivolato molto più in giù. Ma lui non ci voleva credere».

Ora è davvero il caos. Il comandante dei vigili, che si trova a gestire questa operazione sotto gli occhi della tv, davanti a milioni di italiani e con la presenza in loco del presidente della Repubblica, capisce che nulla è come era stato previsto. E che tutte le strategie si sono consumate nell'infinito volteggiare di quella lampada nel buio del pozzo e nella inusitata lunghezza della sagola che Tullio ha misurato con le lacrime agli occhi. Come è lo stesso speleologo a ricordare, fu a quel punto che Pastorelli lo chiamò e gli disse: «Siamo nella merda, pensateci voi. Inventatevi quel che volete, ma tiratelo fuori».

In quel momento Pastorelli, che da due giorni e due notti non dorme, che non ha mollato mai la presa sull'obiettivo, si arrende. «Il conflitto di culture e di generazioni» di cui mi ha parlato Maurizio Monteleone, si conclude con la resa, possiamo definirla così, dello Stato e la richiesta di aiuto alla società civile. Ma, come è successo molte volte nella storia italiana, è troppo tardi. Il cumulo di errori compiuti, un misto di arroganza e di improvvisazione, rende tardivo persino il ricorso alla esperienza e alla professionalità dei giovani speleologi. È opinione di tutti loro che, ad esempio, se si fosse consentito a Mirabella di asportare, segandola, la tavoletta, lo stesso Tullio, o altri, sarebbero riusciti, nelle prime ore, ad arrivare ad Alfredo. Ma non sapremo mai se sarebbe stato davvero così.

In tv qualcuno insiste, imperterrito. Viene intervistata una persona di cui non si fa il nome, «un tecnico di quelli che lavorano all'imboccatura del pozzo» che dice, sicuro: «Il bambino è a nove metri. Stanno lavorando per allargare il foro di comunicazione tra i due pozzi. Poi qualcuno si infilerà e farà passare un ancorotto che prenderà il bambino da sotto e lo tirerà su. È una operazione che riteniamo possibile». Ancora una volta gli italiani tornano a sperare. Sono alla settima ora di diretta e costantemente in loro è stata accesa una speranza. Per leggerezza, ma, soprattutto, perché non si vuole, non si può, dare l'impressione che il finale possa essere diverso da quello previsto, di colore rosa. Tanto che Piera Rolandi del Tg2, quando prende la parola dallo studio interrompendo momentaneamente la diretta, dichiara: «Non appena sapremo che il momento della liberazione del piccolo Alfredo Rampi è prossimo, ci ricollegheremo con Vermicino».

Gli italiani, che da ore non parlano d'altro, sono costantemente trascinati su montagne russe di emozioni. A ogni discesa segue una risalita. E sempre, all'orizzonte, è fissata, come certa, la liberazione del bambino. Ma l'orizzonte, si sa, serve solo per avere la voglia di viaggiare, non è un luogo raggiungibile.

Infatti, dopo aver parlato di Spadolini e di Gelli, di un maxi prestito internazionale all'Iri e degli incontri italo-giapponesi, del congresso della Uil e dello sciopero dei treni, di un bombardamento israeliano contro una centrale nucleare irachena e di colloqui di Reagan con gli ambasciatori iracheni, delle prossime elezioni francesi e di un severo discorso del generale Jaruzelski al Parlamento polacco, la Rolandi sospende con decisione i servizi ordinari e torna a Vermicino.

Va notato che tra le prime dieci notizie del telegiornale non c'è il rapimento, effettuato due giorni prima, di Roberto Peci. Così era l'Italia, allora.

Il collegamento inizia con una inquadratura di Franca, nella luce blu di un tramonto avanzato. Sembra sola, ha lo sguardo sperduto, stravolto. Poi la si vede mentre agita le mani e parla con qualcuno, l'espressione dura. Viene ora ripresa mentre ha un serrato scambio di idee con Pastorelli, al quale sembra indicare qualche soluzione, qualche idea. Qui le immagini e il suono si riconciliano, si rincontrano. Perché entra nelle case degli italiani la voce di Roca che, mesta, annuncia: «Sono successi alcuni fatti nuovi. Innanzitutto una notizia non confortante. Sembra che dal punto di perforazione del foro parallelo raggiunto dai vigili del fuoco a quello in cui attualmente si trova il bambino ci siano ventinove metri e alcuni centimetri». Si sente, dallo studio, il raggelante sospiro che la Rolandi non riesce a trattenere, un misto di angoscia e orrore. Roca prosegue: «Deve essere successo questo: il bambino deve essere scivolato lentamente durante queste ore di prigionia, per cui i conti sono saltati, proprio quando doveva avvenire l'incontro... È un risvolto preoccupante ma qui la speranza c'è ancora, nonostante siano passate tante ore. È tornato il presidente Pertini. C'è stato un appello accorato della madre che ha proposto una sua soluzione comprensibilissima, non si sa quanto realizzabile...».

Mentre Roca pronuncia quelle parole, «ventinove metri e alcuni centimetri», per la prima volta appare un personaggio nuovo, nella folle scena di Vermicino. È inquadrato al fianco della signora Rampi, con uno sguardo interrogativo e smarrito. È un uomo piccolo, con il volto scavato. Roca dirà, di lì a poco: «C'è un nano, una persona piccolissima». Non è un nano, Angelo Licheri. È un sardo filiforme, piccolo di statura, magro come un chiodo. È arrivato lì come sospinto da un pensiero che non poteva sopportare, come preso all'amo da qualcosa, da una voce che, come quella de *L'uomo dei sogni*, gli imponeva di lasciare tutto e andare in quel luogo di cui non aveva mai sentito parlare, Vermicino.

L'ho incontrato a casa sua, a Nettuno. Un piccolo appartamento fatiscente, con delle gigantesche macchie di umidità sul muro e un freddo che ti entra nelle ossa. Si trascina a fatica, quest'uomo minuto che mi apre la porta. La faccia è sempre quella e il carattere anche. Ma il corpo, da quella notte di giugno di trent'anni fa, non risponde più. Il diabete lo ha assalito voracemente e i medici gli hanno dovuto amputare una gamba. È dura vedere così il guizzante ragazzo sardo, quello di cui Faggioli mi dice: «È stato un vero eroe». La sua solitudine è contrastata da un carattere combattivo, da una tenacia che nella vita gli ha fatto attraversare mille avventure.

«Avevo deciso di andare, non so perché, già il giorno prima. Stavo sulla Casilina a fare una consegna e mi sono detto: "Quasi quasi giro e vado". Facevo l'autista all'epoca, autista facchino in tipografia, e con il furgone ho girato. Volevo, dalla Casilina, andare sulla Nomentana. Volevo cercare di fare qualcosa per salvarlo. E poi ho pensato, noi italiani siamo fatti più male che bene. Se poi provo a fare questa cosa, vado lì e magari non riesco, mi licenziano dal lavoro e già subito le voci: "Ah, volevi fa' l'eroe, volevi fa'..." e a me queste sono cose che non piacciono. E non sono andato, sono tornato in tipografia. Ma la sera dopo, lo ricordo perfettamente, stavo attraversando la strada a via Donna Olimpia quando mi sono detto che dovevo farlo. Sono salito a casa. Mia moglie guardava la tv, come tutti.

«A casa sono andato allo specchio. Ero davanti all'armadio con lo specchio grande e facevo le prove per vedere se magari... Mia moglie entra e dice: "Cosa fai? Io forse ho capito, ma guarda che sei matto". Per abbigliarmi, in quei giorni, avevo comprato una maglietta nera, una maglietta Speedy Fire e le ho detto: "No, no, voglio provare questa maglietta" e infatti me la sono infilata. Mi guardavo nello specchio e pensavo: "La corporatura non è forse quella giusta perché il buco è proprio piccolo, ma con un po' di sforzo...". E sono andato proprio con quella maglietta, la Speedy Fire. Ho usato con mia moglie la formula classica: "Senti, io vado a prendere le sigarette". Lei mi ha risposto: "Visto che stai fuori, io preparo la cena, fatti pure un giretto", perché sapeva che a me piace guardare le vetrine, non compro ma mi piace guardare. A un certo punto vede che non torno e comincia a preoccuparsi.

«Io intanto sono partito, all'epoca avevo una Ford e andavo anche sui marciapiedi, spaccavo sempre tutto, marmitta e tubo di scappamento. Portavo cose, era il mio lavoro, mi pagavano a numero di servizi, dovevo fare presto. Insomma, dove c'era un piccolo buco mi infilavo con la mia Ford. Quando ho acceso la macchina non sapevo dove andare, quel posto non avevo la minima idea di dove fosse. Mi sono avviato verso il raccordo anulare. Non sapevo dov'era Vermicino, ma seguivo la scia delle macchine, tanto andavano tutti lì, c'era poco da fare. Nei pressi mi hanno fermato, una pattuglia dei carabinieri, a due, tre chilometri, forse, e non lasciavano più passare nessuno. Mi hanno detto: "Vada a parcheggiare su, la macchina", ma ho visto da lontano che una macchina usciva e allora ho dato un colpo di acceleratore e sono arrivato in tempo per parcheggiarla in quel posto. E da lì a piedi, piano, piano, di corsa, sono arrivato all'area del pozzo. Mentre mi affrettavo, la gente mi incontrava e diceva: "Oh, ma 'ndo vai, ci hanno provato tanti prima de te", io neanche li ascoltavo perché non era il caso, io dovevo andare da Alfredo. C'era un casino totale. Era sera, nonostante questo si affollavano bambini sulle spalle dei papà, altri bambini per la mano, famiglie allegre che sembravano gitanti al mare. Ma il vero spettacolo era più avanti, era proprio lì, davanti al pozzo. Mancava solo la musica e i cotillons, poi eravamo davvero al Martedì Grasso.»

Intanto Alfredo, ormai tutti lo hanno capito, è scivolato quasi in fondo al pozzo. Ricordiamo quello che le cronache televisive dicevano, attorno alle 15, della remota possibilità di una caduta verso il basso: «È uno dei rischi che non si sono mai corsi. Non c'è stato mai, in nessun momento, il timore che il bambino potesse scivolare ulteriormente. Questa è una certezza».

Il bimbo, invece, è ora a sessanta metri dalla superficie e a soli venti dall'acqua. È caduto piano piano, come una foglia al primo autunno. La terra lo ha lentamente attirato verso il suo cuore nero. Nando mi dice che non aveva percepito l'allontanarsi della voce, che arrivava amplificata da un microfono. Perché è scivolato? C'è una spiegazione, francamente impensabile, che Pastorelli fornisce nella sua deposizione del 16 giugno: «Ritengo quindi che il bambino sia precipitato in questo ultimo lasso di tempo forse – ma è soltanto una mia ipotesi – a causa della agitazione motoria posta in essere dal bambino nel sentire avvicinare i soccorritori». Alfredo era incastrato, non riusciva a muovere neanche una mano, è assai difficile che potesse mettere in atto anche la minima «agitazione motoria».

Ancora meno accettabile è la ricerca di motivazioni contenuta nella relazione di intervento consegnata al ministero il 23 giugno: «Le cause che hanno determinato l'ulteriore scivolamento possono essere state determinate dalla correlazione di più fattori: 1) disidratazione e assenza di alimentazione. 2) Eccessiva umidificazione dell'ambiente circostante, determinata dalla necessità di far bere il bambino, che ha ridotto l'aderenza delle pareti. 3) Movimenti del bambino dovuti forse anche a una rinnovata energia connessa alla percezione dell'avvicinarsi dei soccorsi».

L'ipotesi più probabile, per non dire certa, è l'unica di cui il rapporto non parla: che siano state le trivellazioni, il terremoto di quei colpi nella terra con il cilindro fatto precipitare dall'alto e la perforazione attraverso l'elica, ad aver provocato la discesa agli inferi di quella povera creatura.

La terra, muovendosi, ha accompagnato lo smottamento del bambino verso il basso. L'unica concausa può essere il dimagrimento del bambino dovuto alla ipoalimentazione. Nell'immaginare la sofferenza eroica di Alfredo, il professor Fava oggi dice: «Deve essere stato terribile, non è immaginabile quanto deve aver sofferto. Ho ancora nelle orecchie quei lamenti, quello strazio. E non riesco a dimenticarli. Era fermo, al freddo, senza mangiare. Può essere dimagrito anche due chili in quelle sessanta ore».

La terra si muoveva sotto i colpi micidiali della trivella e il corpo assottigliato di Alfredino scendeva, incontrando fango e terra che cadeva, inevitabilmente, dall'alto.

È laggiù ora, più solo che mai. Stanco, arrabbiato perché non riescono a prenderlo, alle prese con il suo cuore ribelle che tiene a bada con quei respiri che ora sembrano un galoppo.

Sopra, intanto, succede di tutto. Succede che il presidente della Repubblica debba urlare alle migliaia di persone, forse quindicimila ormai, che si affollano ovunque: «Fate silenzio, lì». Succede che si faccia scendere per primo un uomo, Claudio Aprile, la cui circonferenza di spalle è evidentemente superiore ai trenta centimetri del pozzo. Così quel tentativo viene descritto dagli speleologi del Cai: «All'esterno troviamo grosse difficoltà nella manovra della corda, semisepolti da curiosi e giornalisti; in più non possiamo fruire completamente della radio e della cuffia che ci viene continuamente levata e poi riconsegnata dal comandante dei VV.FF. Bernabei smussa ulteriormente l'angolo tra il pozzo e il cunicolo di collegamento ma Claudio Aprile non riesce ugualmente a effettuare la curva per immettersi nel pozzo».

Intanto i centralini della caserma dei vigili in via Genova sono sommersi di telefonate di gente che offre, generosamente e sfrontatamente, idee le più varie. Faggioli ricorda che qualcuno propose di mandare giù una marea di biglie in modo che poi il loro accatastarsi facesse salire il bimbo. Salvo il particolare che sotto c'era l'acqua, che le avrebbe portate al mare. C'è chi rivolse, in diretta tv, un appello perché si «trovi un tipo di colla che hanno presentato a Portobello e che è riuscita a incollare un elefante a una parete. Il costruttore di questa colla si faccia vivo e ci dica se a Roma ha venduto qualche campione perché noi qui possiamo rintracciarlo e fare qualche altro esperimento». E capita anche che, come è scritto in un appunto del ministero dell'Interno conservato all'archivio di Stato, si sia «provveduto a richiedere allo Stato maggiore della Difesa il trasporto a mezzo aereo di un nano del Circo Orfei da Milano a Roma. A tal scopo lo Stato maggiore ha dirottato da Villafranca a Milano un DC9 dell'Aeronautica Militare».

Soffermiamoci un attimo sulla definizione di «nano». Non dubito che quello del Circo Orfei lo fosse davvero. Ma nelle cronache televisive, di qui in avanti, ogni persona di bassa statura verrà definita nano. Così è stato per Claudio Aprile e per Angelo Licheri. E per Isidoro Mirabella. Presentando uno di loro, dagli schermi della tv, non si resisterà alla tentazione dello stereotipo sgradevole: «Ora scende la persona che ha il coraggio ben superiore alla sua statura».

I nani, da sempre derisi e offesi, sono come la panacea per questa tragedia e vengono ricercati affannosamente. Tutti hanno bisogno di loro, anzi, fosse possibile, del più piccolo di loro. Loro che, come scrisse Fabrizio De André:

Passano gli anni, i mesi,
e se li conti anche i minuti,
è triste trovarsi adulti

senza essere cresciuti;
la maldicenza insiste,
batte la lingua sul tamburo
fino a dire che un nano
è una carogna di sicuro
perché ha il cuore troppo
troppo vicino al buco del culo.

Nando continua a parlare con Alfredo. Per un istante Roca, che intanto è stato raggiunto da Vallone e Roberto Amen, avvicina il microfono al pozzo. E registra, contemporaneamente, una buona e una cattiva notizia. Il bambino è vivo, è presente, fa sentire la sua voce, dopo più di cinquanta ore. Ma grida disperato e risponde alle parole piene di affetto di Nando con urla disumane. Tanto che Roca, buon cronista e buona persona, si ritrae, come per proteggere se stesso e, soprattutto, gli italiani da qualcosa di emotivamente insopportabile.

Fava, intervistato, dice ammirato: «Questo bambino che doveva cedere più di tutti ha resistito più di tutti. Nonostante le disavventure accadute in queste ore e nonostante la sua cardiopatia. Ha subito collassi e momenti di ripresa, ma è stato in grado di reagire. Ha una vitalità incredibile».

Alle 22,35 Nando dice ad Alfredo: «Stai calmo, non aver paura, buono, buono, stai tranquillo. Adesso ti mando giù un po' di latte. Respira con la bocca aperta. Chiudi gli occhi, non aver paura». Alfredo ormai sembra proprio non farcela più, urla senza sosta, chiama la mamma. Mentre il microfono diffonde commenti sparsi: «Buonasera, consigliere» o «Speriamo che ci passa», si sentono in sottofondo, in un contrappunto drammatico, le grida di Alfredino.

Claudio Aprile sembra non farcela. Dopo un'ora di

sforzi, in un clima che Santalmassi definisce di «forte emozione, tensione, attesa», dopo che si sono sentiti i tentativi di Tullio di allargare ulteriormente il buco, e la difficoltà di Claudio di superare l'angolo retto che collega i due pozzi, Alfredo non risponde agli appelli di Nando. Pastorelli sente che il tempo non consente tentativi a vuoto e, rivolgendosi a Tullio, dice alla radio, stizzito: «Diciamoglielo a questo, se vuole andare, cerchi di andare, senza stare a fare tante cose. Certo si soffre un po', non è mica un godimento...».

Si sente un dialogo tra lui e la signora Rampi, sempre lucida e sempre protesa al suo unico obiettivo, salvare il figlio. Dice il comandante dei vigili: «O si va avanti così, oppure? La soluzione a portata di mano è solo quella di provare a scendere. Altrimenti che si fa?». Franca risponde: «No, bisogna scendere ma con persone che sappiano... Non perdiamo tempo, non facciamo tentativi a vuoto».

Pastorelli torna a parlare con Tullio. «Senta, ci sono delle difficoltà. Noi siamo sicuri? Questo Claudio ha il sistema nervoso a posto? Si è già impressionato?». Il giovane speleologo risponde, con voce sicura: «No, in effetti era impossibile, almeno per lui, uscire in quelle condizioni». Pastorelli: «Quindi, ecco, aveva delle ragioni precise, non è che si era già impressionato?». Tullio: «No, assolutamente, è abbastanza freddo». Mettiamoci ancora per un istante nei panni di quell'uomo che conduce le operazioni. È stravolto, soverchiato da una situazione che lo mette alla prova, in diretta, e lo fa giudicare da tutto il Paese. È la prima volta, e credo l'unica, che operazioni di soccorso vengono svolte con un controllo collettivo, alla presenza dei genitori e del capo dello Stato, in una situazione inedita e complicata da innumerevoli ostacoli. Come Franca dirà poi, si sono fatti molti errori, ma tutti ce l'hanno messa tutta, davvero.

Al microfono di Vallone, con la voce rotta, Pastorelli dice, di fronte alle evidenti difficoltà di Aprile: «Stiamo preparando uno che deve scendere. Dobbiamo tentare tutto quello che si può tentare. E stasera. Assolutamente stasera».

Aprile risale. Così racconta quei momenti Licheri: «Appena è uscito lui, sono saltato da questa trivella, sono zompato giù, ora nessuno mi doveva fermare, non è possibile. E uscito lui, era due volte me, tant'è vero che le mie spalle erano trenta e le sue quarantasei, una cosa così. Nonostante questo hanno scelto lui, guarda l'intelligenza, adesso, di queste persone istruite. Quando ho visto così, gli ho detto: "Claudio, fammi capire, lì sotto com'è, tu pensi che se provo...". E lui, tutto impaurito, spaesato, non sapeva neanche dov'era: "Mai nessuno riuscirà ad arrivare lì dentro, è tutto buio, è stretto", e quando ho sentito così ho sentito il sangue che mi ribolliva dentro, ma come "Mai nessuno". Io vengo da Roma per che cosa, e allora mi sono spogliato e cercavo di andare giù subito. C'era Pastorelli che mi chiedeva: "Ma lei soffre", non soffro di niente, "Ma lei ha", non ho avuto niente, cioè lo bloccavo appena intuivo la sua domanda. Praticamente ho fatto il prepotente e sono sceso lì di prepotenza. E così hanno deciso: "Vabbè, imbracatelo"».

È l'ultima pagina di questa storia. Alfredo, lo dice il professor Fava mentre Angelo sta scendendo, ha «appena emesso un pianto e un gemito». E alle 23,49 la tv trasmette i suoi lamenti. Gli italiani sono tutti davanti ai televisori. Santalmassi riferisce con una punta d'orgoglio: «È arrivata anche la tv americana».

Da questo momento, con una intelligente scelta

giornalistica, l'audio che entra nelle case è solo quello del dialogo tra Tullio e il vigile Gonini, che sono nel tunnel, e Angelo che si immerge nel pozzo. Ancora più in giù i lamenti strazianti di Alfredino. È un passaggio importante e di intensa drammaticità. Prima avevamo potuto partecipare agli scambi di battute tra la superficie e le persone nel tunnel. Ora tutti gli italiani scendono per trentadue metri e sprofondano, lentamente, verso Alfredo che urla. È una esperienza emotiva unica, psicologicamente sconvolgente. Quasi trenta milioni di persone si calano insieme ad Angelo, ne condividono il respiro faticoso, la difficoltà a farsi largo in quel buco largo come le sue spalle. Riporto il dialogo tra Angelo e Tullio, come fosse in diretta.

Comincia nel tunnel, dove Tullio lo istruisce.

Angelo: «Io per telefonarti, come faccio?».

Tullio: «Non ti preoccupare, calo giù un microfono, ti sento. Comunque una cosa è certa. Appena l'hai preso, ti tiriamo su in pochi secondi».

«Ah certo, e chi lo molla? Avete dell'acqua, qui?»

«No, hai sete?»

«Un po'.»

Tullio gli spiega a cosa servono i vari tubi e le corde che troverà e che lo muoveranno.

Angelo è emozionato. Vallone lo presenta come un contorsionista. Ma non è che un tipografo, un uomo che consegna pacchi.

«Come si chiama il bambino?» chiede a Tullio.

«Alfredo, gli devi dire che sei lo zio Ivo» risponde tranquillo il volontario.

Il bambino si lamenta. Mai gli ascoltatori lo hanno sentito così vicino. Sono loro che stanno infilandosi nel pozzo. Ascoltano i suoi gemiti e la voce di Angelo che lo rassicura: «Alfredo, sono lo zio Ivo, sto arrivando».

È arrivato il momento. Angelo deve superare l'angolo retto, quello che ha bloccato Claudio, e che sembra la prima, infernale strettoia, da superare.

Penso che Tullio, quel ragazzo ventiduenne, avesse un terremoto nel cuore. Eppure mostra, nella voce e nella capacità di decidere, una sicurezza strabiliante. È lui a dirgli: «Vai, puoi andare». Gli ha legato strette le gambe e ora lo guida, con il movimento delle corde che dirige dando ordini in superficie, verso il suo tuffo nel nero. Le immagini che vengono trasmesse non esistono, non contano. Conta solo l'audio, quelle voci alterate dalla profondità e per questo diverse l'una dall'altra.

Angelo è entrato, ce l'ha fatta. Non è mai stato in un pozzo in vita sua, non sa quello che gli potrà succedere. Si fida di quel giovane con i capelli lunghi e del suo fegato. Ma intanto ce l'ha fatta. Ha girato la curva stretta e ora è puntato verso il bambino. E dice, cinque volte: «Giù, giù, giù, giù, giù».

Tullio ordina in alto di mollare la corda: «Fabrizio cala, vai che passa». Santalmassi: «Forse sta scendendo!».

Si sente il respiro affannato di Angelo e Tullio che gli dice: «Scansa i tubi, passagli a fianco. Vai tranquillo che il cavo regge bene».

Tullio dice tra sé e sé: «È la dimostrazione che qualcuno ci passa». E Gonini riferisce al comandante: «Allora è passato, è sceso di circa due metri. Sta calando piano piano».

Angelo: «Giù, giù, giù, giù».

Tullio: «Vai tranquillo. Corda, corda, corda».

«Alfredo arrivo, sono lo zio Ivo.»

«Mollate la corda, velocemente.»

«Giù, giù, giù, piano.»

«Arrivo, Alfredo. Alfredo sto arrivando, sono lo zio Ivo.»

«Angelo, stai calmo con la voce. Corda, corda.»

Sta succedendo in pochi minuti quello che si attende da tre giorni. Qualcuno sta viaggiando verso il bambino. C'è una indicibile concitazione in quei dialoghi. Le parole sono gridate, mentre in superficie si è fatto finalmente silenzio.

Tullio: «Lo vedi?».

«Lo vedo, giù, giù.»

«Lo hai preso? Angelo, mi senti?»

«Giù, giù, giù, piano, giù.» Ormai la voce del tipografo sardo si sente lontana. È un buon segno, vuol dire che si sta avvicinando al bambino.

Tullio si rivolge a Maurizio Monteleone in superficie: «Maurizio, conta i metri, ti prego».

E Maurizio gli risponde: «Saremo a una ventina».

Tullio sussurra: «Dài, dài, dài, speriamo non si restringa».

Angelo è sceso tanto e velocemente e continua a urlare: «Giù, giù, giù».

Gonini gli urla: «Angelo, non ti spremere con la voce, Angelo».

Deve essere arrivato, alle 0,08 di sabato 13 giugno. Chiede di tirare.

Tullio: «L'hai preso? Tira la bianca, anche la rossa. Tirate, ancora un po'». Gli ordini in superficie si confondono con la voce di Gonini che domanda, tre volte: «L'ha preso?». La concitazione è al diapason. Quando da giù si accorgono che non c'è rispondenza immediata ai loro comandi sbottano: «Possibile che non riusciate a fare quello che diciamo? Comandante, mi sente? Lei deve mettere la radio all'orecchio e ascoltare quello che diciamo».

«Tira, tira, tira. Stop, molla, molla. Ma porca miseria, perché non mollate, che ci vuole. Perché non mollate, mollate la corda!»

Angelo: «Basta».

Tullio: «Angelo, l'hai preso, l'hai preso?».

Maurizio dall'alto gli chiede: «Ma l'ha preso?».

«Sta lavorando, lo starà imbracando.»

In superficie c'è un improvviso black-out, si spengono i fari e tutto piomba nel buio, ci sono solo la luce della luna e quelle rotanti dell'ambulanza. Tullio continua a muovere Angelo, come fosse un coraggioso burattino a testa in giù: «Mollo la rossa? Quale? Così? Va bene? Tiro? Ancora? La nera?».

È mezzanotte e un quarto. Una debole luce si riaccende. Tullio chiede ad Angelo, che è in quell'inferno già da un quarto d'ora: «Angelo, l'hai preso? Dimmi solo se hai preso il bambino».

C'è una pausa. Poi da laggiù si sente: «L'ho preso, ma scivola. Scivola tanto».

«Non l'hai preso?»

«L'ho preso, ma mi scivola.»

«Non riesci a mettergli la fettuccia? Legalo.»

«Molla.»

«Molla la nera, sì, stiamo mollando.»

Nelle case degli italiani ci sono trenta milioni di respiri sospesi e sessanta milioni di orecchie tese a carpire quel messaggio che tutti vogliono sentire. Prima di esultare, di abbracciarsi, di poter finalmente piangere a dirotto. Tullio sussurra a Gonini (ma nulla di questa storia rimarrà nell'oblio delle parole che volano, tutto è impresso e perciò documentato): «Non riesce a imbracarlo, è possibile? Dice che è pieno di fango».

Poi si rivolge ad Angelo: «Fai con calma, stai facendo bene. Come va, Angelo?».

«La nera.»

«Vai insieme, uno, due, tre, via» dice a Gonini e si sente che insieme faticano a tirare la corda dal tunnel.

«Vai con la nera, tira, tira. Su, insieme. Uno, due, tre, vai. Vai, vai, vai.»

«Angelo, lo hai preso?»

«Su la nera.»

«Non si vede ancora. Giù la bianca, giù. Basta. Stop.»

Interviene Pastorelli: «Tullio, io non ho capito perché la nera fino a un certo punto va e poi... Che ce l'ha ai piedi, la nera?».

«Comandante, sono Gonini, pensiamo che ci abbia legato il bambino. Cerca di portarlo alla sua altezza. Ma gli scivola. Tirate su la nera. Ora la bianca giù. Giù.»

Si sente Pastorelli mormorare: «'Cazzo fa questo, prima su e poi giù».

E poi, irritato: «Tullio, vuole parlarci da là per capire cosa fa? Prima tira e poi molla...».

Da giù ignorano la domanda e allora il comandante insiste: «Tullio, gli chieda perché alterna alle risalite le discese. L'ha preso il bambino o no?».

Tullio gira la domanda: «L'hai preso il bambino?».

Angelo: «Tira la bianca».

«Tirate la bianca, l'hai preso il bambino?»

«Tira.»

«Tira. Eh, non mi risponde.»

Pastorelli: «Tullio, perché non gli chiede quali sono le difficoltà prima di muovere la corda?».

«Gliel'ho chiesto, ma continua a non rispondermi. Ora ci riprovo. Angelo, che problemi ci sono?»

L'uomo, a sessanta metri a testa in giù, i problemi preferisce risolverli che descriverli e dice: «Tira».

Tullio è spinto, per dovere, a provare ancora. «Angelo, che problemi ci sono?» e intanto asseconda le richieste che gli arrivano da laggiù e dice: «Tira».

«Angelo, che succede?»

«L'ho preso, ma mi scivola.»

«Non riesci a legarlo? Prova a legarlo. Legalo sotto la gamba. Poi, a Gonini: «Spiega al comandante che non riesce perché gli sfugge».

Pastorelli: «Si levi lui una imbracatura e la metta al ragazzo».

Gonini risponde: «Ha le braccia allungate, non è possibile. Gli abbiamo detto di provare con la corda rossa».

Ancora Pastorelli: «Mario, dica a Tullio di dirgli di togliersi una imbracatura lui e metterla al ragazzo».

Gonini: «Comandante, non può levarsela perché è a testa in giù».

Tullio: «Angelo, legagli la corda a cappio attorno alle mani».

«Non ci sono le mani, è tutto coperto. È tutto fango» risponde Angelo.

Tullio: «Io li sento, i respiri di Alfredo».

Pastorelli: «Tullio, gli faccia imbracare le spalle, eventualmente basta questo, che gli imbrachi le spalle con la corda bianca, nera, rossa...».

Tullio: «Le ha imbracate, ma sono scivolate via».

Pastorelli: «Un piede, un piede o un altro, eventualmente».

Tullio: «Ma non ci può arrivare ai piedi!».

Gonini: «Che sta dicendo al bambino?».

Tullio: «Non lo capisco. Gli sta parlando molto dolcemente».

Gonini: «Ora è affaticato anche lui».

Tullio: «Infatti è quello che mi preoccupa. Bisogna

vedere se tocca fargli la respirazione mentre risale, dipende dalle condizioni in cui sta».

Pastorelli: «Non c'entra, Tullio, l'importante è che arrivi fino a lì».

Tullio: «Tirate, tirate. Vai, tira. Ce l'hai il bambino? Tira piano. Mi sa che ha perso il bambino, tirate, vai, tira, ce l'hai il bambino?».

Angelo: «No, non riesco a prenderlo».

Tullio a Gonini, con la voce rotta: «Non l'ha preso, non l'ha preso».

Tullio: «Tirate. Ci sei. Piano, calma. Tira, tira, dài che ci sei, calma, calma».

Angelo ripete sempre più concitato: «Tira, tira, tira». Si capisce che è allo stremo delle forze. Chiede, impaurito: «Quanto manca?».

Tullio: «Mancano due metri, vai che sei qua, resisti».

Angelo è arrivato. Si sente il suo respiro spasmodico. Lo adagiano nel tunnel: «Attaccati a me» gli dice Tullio.

Gli esce solo un filo di voce, come se piangesse: «Non ce l'ho fatta».

«Intanto riposati un attimo, riesci a stendere le gambe?» gli dice Tullio, come un fratello maggiore. «Stai calmo, respira.»

Si sentono solo respiri e, in mezzo, Angelo che sussurra: «Altro che cinquanta metri». Gli deve essere sembrata una eternità, specie il viaggio di ritorno, con la delusione nel cuore e nei polmoni.

Tullio gli ripete la stessa domanda: «Ma l'hai preso il bambino?».

Angelo è affannato e piange: «L'ho legato, rilegato, ma mi scivolava. Gli ho pulito gli occhietti dal fango».

«È ricaduto giù?» gli domanda lo speleologo.

«Sì, sì, è dove era prima. Da lì non cade perché è stretto. L'ho legato, l'ho rilegato. Ho provato con la corda giù attorno alle braccia, non si riesce.»

Tullio: «Ma lui parla ancora?».

«Si lamenta solo. Gli ho detto che se riuscivo a tirarlo fuori lo portavo in Sardegna con me.»

Tullio: «Senti, ma con una ancoretta ci si riesce?».

«Niente, è tutto fango, scivola.»

Tullio: «Ma con l'ancoretta larga, messa sotto?».

«Non si può andar sotto. Eventualmente le braccia, ma sono troppo scivolose.»

Tullio è preoccupato e gli dice: «Abbassa le gambe, allunga, allunga. Aspetta, adesso ti leviamo tutto».

Angelo mormora solo: «Ho freddo, ho freddo».

Tullio lo rassicura: «Dài, su, è finita, dài».

Maurizio dice a Pastorelli: «Angelo è qui, molto stanco. Adesso viene su. Ha detto che l'unico modo di prenderlo è per le mani. Ma sono infangate e scivolano in continuazione».

Si sente, in primo piano, una voce. Come un respiro esalato a fatica. «Tiratemi su» dice Angelo.

Quando risale, la folla di Vermicino esplode in un grande applauso. Lui scende dal cestello, sorretto da Gonini, e cade a terra.

È stato lì sotto quarantacinque minuti, Angelo Licheri da Gavoi, Sardegna. Commenta Maurizio ancora oggi: «Impensabile quello che ha fatto. Per chiunque si trovi a testa in giù, in uno spazio così ridotto, il tempo massimo di permanenza è di venti minuti. Poi ti scoppiano i capillari, perdi lucidità e puoi svenire. Lui è stato più del doppio. Ed è sceso per trentanove metri in un pozzo largo trenta centimetri. Quando è risalito era mezzo morto, aveva le anche di fuori. Quando ho sentito quell'applauso mi sono chiesto: "Che diavolo applaudite?". Quest'uomo ha rischiato la vita per un bambino che neanche conosceva. Ha fatto qualcosa di eroico, davvero».

Ora lo guardo, piccolo e malato, con addosso una vestaglia e una vita che non lo ha ripagato. Ricorda perfettamente quei sessanta minuti. I più importanti della sua esistenza.

«Tutti pensavano che l'importante era riuscire ad arrivare lì sotto, cosa che nessuno è riuscito a fare. Si pensava che una volta riusciti a scendere fino ad Alfredo la cosa fosse fatta. Ad esempio: se io ho le gambe paralizzate o la schiena che non posso abbassarmi, mi cadono le chiavi, non riesco a prenderle. Però, se guarisco e riesco a piegarmi, prendo le chiavi ed è fatta. E invece no. La complicazione maggiore era tirarlo su, non andare giù. Andare giù, sì, va bene, mi sono scorticato perché ho trovato dopo tot metri la roccia e lì non potevo levigarla come ho levigato il pozzo e la terra normale. Lì purtroppo è la roccia che ha levigato me. Ne porto ancora i segni. Ecco, la vera sconfitta è di essere arrivato giù senza riuscire a portarlo su, che doveva essere la cosa più facile. Non sapevo che era incastrato al punto di essere impossibile tirarlo su. O forse era possibile ma facendo molto male a quelle piccole ossa. Sinceramente non me la sentivo.

«Io parlavo continuamente con lui. Lui non rispondeva ma captava tutto, rantolava. Mentre parlavo rantolava in un modo un po' leggero, soffocato. Ho cercato di raccontargli con dolcezza cose bellissime, che lo facessero un po' sognare. Quando smettevo, rantolava con più affanno, "ah ah ah", come per dire: "Continua". Io almeno l'ho intuito in questo modo. Come per dire: "Continua, che ti sto ascoltando".

«Dal viso gli ho levato, con questo indice destro, il

malloppo di fango che sicuramente lui stesso cercava, anche respirando, di levarsi dal viso. La cosa più importante è stata liberare le braccia. Perché lui è caduto seduto, però con le due ginocchia all'altezza del petto, appiccicate, ed è rimasto così. Per questo aveva la mano destra dietro al sederino, dietro la schiena, l'altra era dietro il ginocchio. Liberare quest'ultima non è stato difficile, liberare invece quest'altra, la destra che era incastrata tra la schiena, il sederino diciamo, e il muro, quello è stato molto complicato. Ci avrò messo dieci, quindici minuti. Non so quanto, perché non avevo la cognizione del tempo lì sotto. Nonostante questo non stavo male, perché c'era l'ossigeno.

«Quando sono arrivato giù, ero tutto tagliato: le anche, le spalle, sotto al gomito. Ero tutto tagliato, ma non avvertivo nessun dolore. Dopo, quando ho preso la batosta della sconfitta di non essere riuscito, allora tutti i dolori sono venuti fuori. E facevano un male cane.»

Angelo ha provato, ed è riuscito, a mettere attorno ad Alfredino una imbracatura. Prima dell'ultimo tentativo, prendere Alfredo per i suoi fragili polsi, aveva provato ad aggrapparsi ai suoi vestiti: «Ho preso la maglietta, la canottiera, l'indumento, perché lì era tutto fango, non si vedeva, si vedeva la sagoma. Ma mi è scivolato ancora, non sapevo più cosa inventare».

Ha lavorato in verticale, una cosa difficilissima. Il giudice Misiani, in una sentenza di ordinanza pubblicata dal bollettino del Centro Rampi, scrive: «Il Licheri ha operato molto bene negli interminabili minuti passati a testa in giù nel pozzo. Egli infatti, dopo aver fatto levare il tubo dell'aria, ha ripulito ciò che poteva del corpo del bimbo, ha provato a sollevarlo per le ascelle e, visto che gli sfuggiva, lo ha imbragato passandogli attorno alle spalle e sotto le ascelle un anello di fettuccia incrociandola a otto dietro la schiena, ove ha messo un moschettone. Anche in questo modo, tirando per il moschettone, il bimbo sfuggiva; evidentemente l'anello di fettuccia era troppo largo. Accortosi di ciò, Angelo ha afferrato le fettucce sul petto del bimbo e le ha ritorte con la mano serrando l'imbrago intorno al piccolo; purtroppo anche in questo modo non è riuscito a spostarlo». Il perché lo spiega il referto dei medici legali: «Il fallimento dei tentativi di trazione fu dovuto all'incastramento del corpo nello stretto pozzo soprattutto a causa della posizione viziata assunta dall'arto inferiore destro del bimbo e dalla pressione esercitata dagli arti superiori sotto trazione tenuto conto della scarsa differenza tra il diametro del pozzo, largo trenta centimetri, il diametro bisacromiale, venticinque centimetri, e le sporgenze ovviamente presenti sulle pareti del cunicolo stesso».

Torniamo a Vermicino. Ora è notte fonda. La madre non si arrende, contro ogni evidenza. I microfoni rimandano la sua voce: «Ditemi soltanto se parla, se ce la fa. Prima o poi qualcuno con il fisico giusto lo troviamo, e va giù. Lo leghiamo e poi lo portiamo su. Sa, mio figlio è leggerissimo, è piccolissimo.»

Alfredo non dà segni di vita. Forse anche per lui il fallimento del tentativo di Angelo ha significato la difficoltà di continuare a combattere la più strenua delle battaglie. Forse ora è troppo stanco. Forse ha la febbre, perché troveranno su di lui persino i segni di una broncopolmonite. Forse ha troppo fango, fuori e dentro. Facciano pure rumore, lassù. Ora basta, pensa. E si addormenta.

La sua crocifissione in quel pozzo finisce qui.

Lassù il circo ha preso il sopravvento. Ora che Alfredo dorme, ne possiamo parlare a voce bassa, senza dargli troppa importanza. Perché succedono cose da pazzi. Si imbragano persone palesemente troppo grandi. Nani, davvero nani, piccoli e grassi, si abbracciano prima di essere rifiutati, arrivano bambini soli o accompagnati e vengono imbragati per scendere, finché un magistrato responsabile non li ferma. E mentre si preparano due che hanno attorno ai quindici anni, il «Microbo del Tufello» e uno scugnizzo che «trasfonderà in questo tentativo tutto il senso della sopravvivenza che la terra di Napoli ha sempre espresso», dallo schermo si sente dire: «L'idea che possa essere un bambino a scendere forse non è cattiva nel senso che si è meno condizionati, c'è maggior senso di valorizzazione del gesto, meno paura, meno timori psicologici». Esattamente le ragioni che in certi Paesi spingono a usare i bambini come soldati.

Si aggirano nella notte playboy decaduti e deputati sfaccendati, compaiono contorsionisti francesi dal nome in cartellone, Denis Rock, e persino il subacqueo Jacques Mayol. La televisione ha già trasformato questo evento nel suo stesso futuro. A Vermicino è cominciato il reality. Con una differenza. Che tutti, fin qui, si sono dati da fare per salvare un bimbo. Rischiando e soffrendo. Nei reality si troverà invece il modo di insegnare il contrario agli spettatori: che il tuo vicino è un nemico, che l'obiettivo è eliminare gli altri, che bisogna essere tanto furbi da fingere tutto.

Verso le cinque del mattino arriva un ragazzo di Avezzano. Si chiama Donato Caruso. Fa il proiezionista, come il Totò di *Nuovo Cinema Paradiso*. Ha la passione per la speleologia. Va nel tunnel con Maurizio Monteleone e arriverà, scendendo coraggiosamente due volte, da Alfredo. «È incastrato, è infangato. Non si vede più niente. Non si conosce niente.» Tullio gli chiede: «Le braccia erano rigide?». Donato risponde: «Sì, erano rigide».

Ora è l'alba a Vermicino. Il lieto fine non c'è stato. A qualcuno spetta il compito di dire la verità. «Nessuno voleva farlo» ricorda oggi il professor Fava. È lui a far scendere il sipario nero. Le televisioni spengono, con le antenne basse, la loro macchina infernale. Gli italiani si svegliano più tristi, quel sabato di giugno. Non lo sanno, ma dentro di loro qualcosa è cambiato, per sempre. Sarà dura, per tutti, uscire da quel pozzo. E ritrovar la luce.

La macchina emotiva costruita con l'obiettivo del lieto fine si conclude al contrario. Invece della coperta attorno ad Alfredo che risale in braccio ai vigili e all'ambulanza che si fa largo vegliata dall'alto da un elicottero; al posto del capo dello Stato che accarezza il bambino portato in salvo, c'è dell'azoto liquido che viene immesso nel pozzo per conservare il corpo del bambino. La folla accorsa a Vermicino reagisce male. Il finale di questa storia non è quello pattuito. Montano le accuse contro i vigili del fuoco, le polemiche in Parlamento. E, soprattutto, un fiume di veleni. Alimentato da pettegolezzi inventati, da dicerie figlie di risentimenti, da operazioni editoriali spregiudicate, si propaga attraverso vari rivoli. Non li riporto perché è inutile e perché è solo un segno di barbarie. Posso però dire che ci fu chi fece circolare la tesi che il bambino fosse stato calato nel pozzo o per vendetta o perché uno stregone aveva detto che poteva guarire dalla sua malattia solo in fondo alla terra. Follie velenose. Un genere molto diffuso. Tanto che, mi racconta oggi Ferdinando Rampi, dovettero dormire per giorni con la scorta della polizia perché erano stati minacciati. Loro, vittime infinite. Franca si sfogò con «Il Messaggero»: «Hanno detto che ce l'abbiamo buttato noi nel pozzo, hanno detto che non è nostro figlio, perché, perché?».

Veleni e «depistaggi» che credo furono anche alimentati per nascondere limiti e difetti dell'organizzazione della Protezione civile. Franca ci tiene a dire che, qualche giorno dopo la tragedia, Pertini, che lei ricorda con immensa ammirazione, la chiamò al telefono per dirle che aveva fatto costituire il ministero della Protezione civile per lei, dopo quello che aveva visto e vissuto a Vermicino. E per quello che questa donna rigorosa e forte gli aveva detto, senza fare polemiche, sulla confusione e l'impreparazione che avevano conosciuto in quelle ore terribili. È da allora che ci si è decisi a potenziare il corpo dei vigili del fuoco, che oggi è un gioiello del nostro Paese. Chi li ha conosciuti da vicino sa che sono gente speciale, che per capacità, esperienza e coraggio rappresentano un presidio di sicurezza, anche psicologica, per tutti gli italiani.

Alfredo non è potuto salire sulla macchina grande, come gli aveva promesso Nando. Ma se ci si è resi conto che bisognava potenziare il corpo dei vigili e lasciargli autonomia, è anche grazie al sacrificio di quel bambino. È una mascotte invisibile di ogni pompiere italiano. Anche di chi era suo coetaneo, trent'anni fa.

Quando, l'11 luglio, il corpo del bimbo, congelato in un blocco di ghiaccio formato dall'azoto liquido, viene estratto dal tunnel e portato all'obitorio, si scatena l'inferno. Tre giorni dopo, la falsa notizia dell'allestimento di una camera ardente all'obitorio fa convergere lì centinaia di persone. Riporto la cronaca di quel delirio. «La sommossa ha avuto inizio quando sono arrivate altre decine di persone. Verso le 16 i cancelli si sono aperti per lasciar entrare un camioncino che portava delle bare. Non molto tempo dopo lo stesso camioncino si è presentato all'uscita. Molte persone ne hanno approfittato per varcare la soglia, altre erano ben decise a bloccare l'automezzo perché convinte che dentro ci fosse la bara con il bambino che veniva sottratta ai lori sguardi. Con l'intervento di alcuni agenti del commissariato San Lorenzo la folla è stata respinta. Ma decine e decine di persone sono rimaste a vociare lì e hanno promesso di passare la notte davanti all'obitorio. Diceva Adele, una signora con i capelli lunghi e neri, la più agitata: "Appena finito il lavoro ho speso seimila lire di taxi e sono corsa qui. Ho quattro figli, è mio diritto vedere Alfredino. Se non ce lo fanno vedere neanche domani succederà un casino" ... Delle anziane trasteverine aggiungevano: "Allora si vede che il bambino non c'è, non è vero che l'hanno tirato su dal pozzo" ... Nunzio, uno studente di ragioneria di venti anni: "Se l'hanno fatto vedere a Pertini, perché a noi no? Ci basta vedere la cassa, soltanto la cassa".»

«Io l'ho visto, gli ho dato un bacino sulla fronte» si commuove Nando. Tullio invece scoppia a piangere: «È l'essere umano con cui sono arrivato a più stretto contatto senza poterlo toccare. Me lo sono sognato tante volte, vivo». Il dottor Fatale mi dice che non ha mai parlato di quelle giornate con le sue figlie. Quando nacque il suo terzo figlio, il vigile Bonardo stava tornando a casa a piedi. A un certo punto alzò la testa, davanti a un portone. Vide una targa, Centro Alfredo Rampi, e salì. Franca era lì. Laura Bortolani in quelle ore a Vermicino ebbe un crollo. La mamma di Alfredo la fece andare a casa sua e la fece riposare nell'unica stanza disponibile, quella del bimbo. Lei si sdraiò sul suo lettino, trattenendo una sensazione che ancora oggi l'accompagna. Roberto Caporale per anni si è svegliato di notte, piangendo. Angelo Licheri sognava la morte, «Sai, quella del *Settimo sigillo*», che voleva prendersi Alfredo e lui le diceva: «Sappi che c'è un ostacolo, ci sono io». Il professor Fava convive da allora con quella voce. Maurizio Monteleone per anni ha sognato di riuscirci, di prendere Alfredo e portarlo su: «Lo dovevo alla madre, che mi aveva fatto vedere la foto di suo figlio». Per tre giorni tutti gli italiani hanno avuto un figlio in più. Anche i ragazzi di quindici o sedici anni che, tornati dal mare, dopo aver chiesto: «Che c'è per cena, mamma?», si erano fermati davanti al televisore. È stato il figlio di tutti noi, trenta milioni di persone chiamate a raccolta dalla sua voce dal fondo della terra. C'era luce, quando è caduto. Era buio, quando ha smesso di respirare con affanno. E noi, siamo stati con lui.

Come ha fatto Alfredo a resistere per tante ore in quella condizione? Dove ha trovato le risorse fisiche e psicologiche per sopravvivere? Era al buio, al freddo, ferito, immobile, costretto in una posizione innaturale, senza nessuno vicino. Ho provato a pensare me stesso in quella condizione. Non riesco a farlo. Penso che impazzirei, penso che neanche l'istinto di sopravvivenza riuscirebbe a salvarmi. Penso anche, però, che sono un adulto, perciò imperfetto. Pieno di paure, cosciente che esiste un luogo della vita che si chiama morte. Cosciente che esiste una fine e che la sfida di un tempo della vita è convivere con l'idea che essa sia soltanto la pagina conclusiva di un romanzo. Non è facile avere serena consapevolezza che arriveranno i titoli di coda e la luce, invece di accendersi, si spegnerà.

Come è morto Gesù? Che rapporto ha avuto con la fine della sua vita terrena? Lo scrive Vito Mancuso: «Secondo due Vangeli è morto gridando, in preda al panico. Matteo e Marco scrivono che le sue ultime parole siano state: "Mio Dio, mio Dio, perché mi hai abbandonato?". Secondo Luca e Giovanni, invece, Gesù è morto sereno, dicendo: "Padre, nelle tue mani affido il mio spirito", secondo quanto scrive Luca, oppure: "Tutto è compiuto", secondo quanto racconta Giovanni».

Non so come un bambino possa vivere tutto questo. Come possa sentire l'avvicinarsi della morte, ospite sconosciuto, forse per lui inesistente. L'immaginario infantile prescinde infatti dalla linea d'ombra della fine, dall'idea che non si sia immortali. Nei cartoni animati nessuno muore mai e se qualcuno muore risorge, e se cade da un burrone è subito guarito. Si risparmia ai più piccoli ciò che i grandi incontreranno in modo sempre crescente nella vita: il dolore, l'assenza, il vuoto. Un bambino ha un solo vuoto, il futuro squadernato come una eternità, come una cornucopia di possibilità, come un immenso giardino verde dove scegliere che corsa e che gioco fare. Ma ha anche un pieno: la relazione con gli altri, la protezione, il calore, la compagnia, l'accudimento.

È quello che uno psichiatra infantile inglese, John Bowlby, ha chiamato la «teoria dell'attaccamento». Per dimostrare che la relazione del bambino con la madre non è legata solo all'aspetto nutrizionale ma a qualcosa di più complesso, di insostituibile: il bisogno di essere amati, accettati, di vedere riconosciuti i propri meriti.

Bowlby arrivò a sistemare teoricamente le sue esperienze di analisi seguendo l'etologia e, in particolare, gli esperimenti di Konrad Lorenz.

È meraviglioso il racconto contenuto ne *L'anello di re Salomone* in cui lo studioso racconta la sua esperienza con una ochetta appena nata che vide lui come prima figura esterna «all'uovo»: «A lungo, molto a lungo mi fissò l'ochetta, e quando io feci un movimento e pronunciai una parolina, quel minuscolo essere improvvisamente allentò la tensione e mi salutò: col collo ben teso e la nuca appiattita, pronunciò rapidamente il verso con cui le oche selvatiche esprimono i loro stati d'animo, e che nei piccoli suona come un tenero, fervido pigolio ... Era come se anche lei mi avesse già salutato migliaia di volte nello stesso identico modo».

Lorenz racconta come cercò di collocarla subito sotto la pancia di un'oca domestica perché il suo calore potesse confortare la neonata. Ma la piccola uscì da là sotto «singhiozzando». Finché lui non fece un passo verso di lei che, appena lo percepì, fece quel saluto, tranquillizzata. «Avrebbe commosso un sasso la povera piccina, con quel modo di corrermi dietro piangendo con la sua vocina rotta dai singhiozzi, incespicando e rotolando, eppure con velocità sorprendente e con una decisione dal significato inequivocabile: ero io sua madre, non la bianca oca domestica!»

Per Bowlby, il comportamento di attaccamento è quella forma di comportamento che si manifesta in una persona che consegue o mantiene una prossimità nei confronti di un'altra persona, chiaramente identificata, ritenuta in grado di affrontare il mondo in modo adeguato. Questo comportamento diventa molto evidente ogni volta che la persona è spaventata, affaticata o malata e si attenua quando si ricevono conforto e cure.

Eccola, la devastante solitudine di Alfredo. Improvvisamente è solo, in un luogo sconosciuto, impervio. E non ha la possibilità, come persino un bimbo malato ha, di ricevere un gesto, una carezza, un conforto. Di avere qualcuno che ti tiene la mano e ti guarda negli occhi. Non ha nulla di caldo, nulla di rassicurante. È improvvisamente grande, senza esserlo.

Quando si è bambini si ha il terrore di essere abbandonati. I grandi spesso usano questa paura, che sanno essere paralizzante, come un'arma per ottenere obbedienza. Non è una perfidia da Uriah Heep, ma una minaccia angosciosa, quella che è risuonata per molti anni nelle stanze dei bambini indisciplinati: «Se non la smetti, finisci in collegio». Il collegio era, nell'immaginario, come un carcere dei bambini, un luogo dove si veniva deportati per colpa grave, dove si esisteva senza nessuno che ti volesse bene.

E Alfredino, cadendo in quel maledetto pozzo, si è messo in collegio da solo.

Ho chiesto al professor Massimo Ammaniti, ordinario di psicologia dell'età evolutiva, di aiutarmi a capire come quel bambino coraggioso abbia potuto resistere a tutto questo, come abbia occupato il tempo infinito che ha trascorso da solo, senza sapere se era giorno o notte, se sarebbe sopravvissuto oppure no.

Cosa avrà pensato dopo la caduta, nei primi momenti di quella condizione inedita e spaventosa? «Il precipitare è un sogno ricorrente, anche nei bambini, e Freud lo associa a un ricordo primordiale, l'essere messo giù nella culla. Il passare da una condizione di conforto, il latte, il seno materno, al primo distacco. Quel movimento dall'alto verso il basso è il passare dal contenimento e dal calore delle braccia materne a una inevitabile, più fredda, solitudine.

«Alfredo avrà sentito come irraggiungibile, per la prima volta, il mondo dei genitori. Avrà percepito la violenza di un distacco lacerante e si sarà trovato in uno stato di allarme non solo psicologico ma fisico. Al livello somatico aumentano cortisolo e tachicardia, il respiro si fa affannoso. Il bambino avrà introiettato una separazione dal suo mondo, dal certo e dal conosciuto, una sensazione algida di isolamento, l'assenza di ogni rassicurazione, persino di ogni attesa minimizzazione. E, soprattutto, in quei primi momenti, non avrà capito cosa stesse succedendo, proprio a lui.

«Si sarà sentito impotente. E forse avrà persino provato vergogna per la sua imperizia, per aver combinato quel guaio. Quasi un senso di colpa. Potrà aver conosciuto, insieme, la speranza che tutto finisse presto e la paura di un rimprovero. Ma sempre con l'attesa che qualcuno lo ritrovasse e gli portasse conforto e salvezza.

«Si sarà sentito in una condizione *helpless* e *hopeless*, senza aiuto e senza speranza. E quando gli è arrivata la voce dei genitori avrà pensato che tutto stava per risolversi. I bambini hanno una visione onnipotente dei genitori. E dunque avrà pensato che la loro voce fosse, automaticamente, l'annuncio della fine della paura e del buio.»

Ammaniti dice che nella sua esperienza ha incontrato bambini che, di fronte a una esperienza traumatica, reagiscono in modo differente. C'è chi, anche contro ogni ragionevole certezza, continua ad avere fiducia e comunica e lotta, e chi invece si chiude come in un guscio, popolandolo magari di personaggi immaginari.

Il caso vuole che io parli con il professor Ammaniti di un universo di dolore ed emozioni che suo figlio Niccolò, uno degli scrittori italiani che preferisco, ha raccontato nel suo libro per me più bello, *Io non ho paura*.

È la storia di Michele, un bambino di nove anni che scopre che un suo coetaneo, Filippo, è stato sequestrato dai suoi genitori. Il bimbo sequestrato è nascosto e in una pagina è scritto: «In fondo a quel buco c'è un bambino». Filippo si è costruito un mondo suo fatto di «orsetti lavatori» e pensa che Michele sia l'angelo custode, il suo angelo custode. Ma la sua mente ha anche elaborato una drastica teoria del distacco, in cui tutti sono morti: la madre, il padre, la nonna Arianna e il fratello. «Sono tutti morti e vivono in buchi come questo. E in uno ci sono io. Tutti quanti. Il mondo è un posto pieno di buchi dove ci sono i morti. E anche la luna è una palla piena di buchi e dentro ci sono altri morti.»

Mondi immaginari che il trauma costruisce nella mente di bambini sconvolti dall'irruzione di una violenza estrema, come è la sottrazione al proprio contesto di chi è più debole, più indifeso.

Il filosofo Paolo Rossi, nel suo *Bambini, sogni, furori*, cita la scrittrice americana P. D. James che in un suo libro ha immaginato, nel 2021, un mondo in cui non esistono più i bambini. «Nel lutto che tutti ci accomuna, come genitori affranti dal dolore, abbiamo eliminato ogni cosa che ci ricordi la nostra perdita. Abbiamo smontato i giochi nei giardini pubblici. Per i primi dodici anni dopo Omega le altalene rimasero legate e chiuse, gli scivoli e i castelli per arrampicare senza più vernice ... Abbiamo bruciato i giocattoli, a eccezione delle bambole, che per alcune donne erano diventate un sostituto dei figli. Le scuole, da tempo inutilizzate, sono state chiuse per sempre e trasformate in centri d'istruzione per adulti. Abbiamo, sistematicamente, eliminato i libri per i bambini dalle nostre biblioteche. È solo nei dischi e nelle cassette che udiamo le voci dei bambini, solo nei film e alla televisione che vediamo le immagini luminose e vivaci dei piccoli. Alcuni non riescono a tollerare quella vista, ma la maggior parte ne rimane ipnotizzata.»

Alfredo ha parlato, ha urlato, ha chiesto da bere, ha domandato se poteva fare la pipì, ha condiviso il sogno che arrivasse Mazinga a liberarlo. Perché non si può sperimentare il dolore troppo a lungo, si ha bisogno di angoli della mente dove esista un altro mondo, immaginario e rassicurante. Lui ha combattuto come un eroe, un eroe cucciolo. Per fortuna il suo corpo deve aver tenuto a bada la sua mente. Perché, dice Massimo Ammaniti, «ci sono momenti nei quali la mente non riesce a contenere il dolore, a darsi una ragione di ciò che accade». E allora il torpore, il sonno, l'incoscienza servono da coperta, da viaggio, da annullamento. *Mindless*, per non vivere ciò che si sta vivendo.

Alfredino era costretto in una posizione quasi fetale e allora Ammaniti spera che abbia avuto il modo di mettersi un dito in bocca e trovare conforto in questo gesto solitario, quello che forse faceva quando, più piccolo, doveva lasciare gli altri per dormire o era stanco o aveva subito un rimprovero. Che almeno questo ti sia stato concesso, Alfredo.

Quattordici

Antonietta Peci si sveglia alle tre di notte, di soprassalto. È nella sua casa di San Benedetto del Tronto. Ha fatto un sogno che l'ha sconvolta. È il 3 agosto. Sono passati cinquantatré giorni dal rapimento di suo marito Roberto. La famiglia tutta, le sorelle e lei in testa, hanno fatto il possibile: conferenze stampa, lettere ai giornali, incontri politici. Le hanno aiutate amici come Marco Boato e molti dirigenti radicali. Hanno cercato di scuotere una opinione pubblica ormai assuefatta alla barbarie dei sequestri e degli assassinii. E anche una politica che, in quei giorni, formalmente teneva alto il principio della fermezza e, in contemporanea, aveva aperto mille canali di trattativa con Br, servizi, camorra. La vita dell'assessore Cirillo valeva più di quella dell'antennista Roberto Peci, nella singolare scala di valori dell'Italia, tanto rimpianta, della prima Repubblica.

Così ricorda quei giorni Marco Boato, allora deputato radicale, che fu con Mimmo Pinto e Adriano Sofri tra i pochi a partecipare, con un'auto messa a disposizione da Nilde Iotti allora presidente della Camera, ai funerali di Roberto:

«Cercammo in tutti i modi di creare, forse un po'

alla cieca, un canale, istituzionalmente dovuto, tra il governo e la famiglia. Io poi ho fatto un'altra cosa, che mi ha fatto stare male e il cui ricordo non riesco a cancellare. Le Br fecero recapitare alla sede del Partito radicale di via di Torre Argentina una lettera manoscritta di Roberto, a me indirizzata. Fu chiaro, allora come oggi, che quel testo era stato dettato da Senzani, una delle figure più ambigue ed efferate della storia finale delle Br. In quel testo, firmato da Roberto, mi chiedeva di andare nelle carceri per domandare al "proletariato prigioniero" di pronunciarsi sulla sua vita o sulla sua morte. Lo avevano costretto persino a questo. Io con la morte nel cuore cercai di rendermi utile. Andai al G7 di Rebibbia, l'ala in cui si trovavano i dissociati. Il direttore di allora, una persona aperta, dopo che gli mostrai la lettera mi consentì di organizzare una assemblea nella sala del ping pong. Dissi al direttore: "Io provo a fare di tutto per evitare un ennesimo assassinio e per questo porterò fuori da qui un pronunciamento a favore della salvezza di Peci. Non farò mai uscire una dichiarazione per la condanna a morte". C'erano molte persone in quella sala. Ricordo Toni Negri, Ferrari Bravo, Magnaghi, Jaro Novak, Vesce e altri. Loro mi dissero: "Tu vieni qui, ma alle Br non interessiamo noi. Loro ci disprezzano. Devi andare a parlare con gli irriducibili". Furono molto decisi e potei capire che tutti loro speravano che Peci fosse salvato. Ma si gelò il sangue a me e a molti dei presenti quando uno di loro, uno tra i più autorevoli, disse, lo ricordo testualmente: "Comunque, per quanto mi riguarda, il fratello di un pentito non ha diritto alla vita". Rimanemmo agghiacciati. Lo racconto oggi, per la prima volta, per dire cosa erano quegli anni barbari.

«Andai a Fossombrone, nel carcere di massima sicurezza. Lì c'erano i militanti delle Br che venivano definiti irriducibili. Non era aria di assemblee. Se a Rebibbia mi accompagnava solo il direttore, qui avevo con me quindici guardie. Chiesi di entrare in una cella dove erano rinchiusi cinque o sei terroristi. Il direttore mi disse: "Guardi che c'è il serio rischio che la sequestrino, lì dentro". Gli risposi: "Io devo mostrare la lettera, è il mio dovere morale". Mi aprirono quelle porte e discussi con loro. Furono molto duri, ma non aggressivi. Dissi anche a loro che non avrei portato fuori un messaggio di morte. Ci fu una lunga e difficile discussione ideologica sulla lotta armata ma non si pronunciarono sul destino di Roberto. Alla fine andai a visitare un terrorista che stava facendo lo sciopero della fame. Le condizioni di reclusione erano davvero durissime. Con Gad Lerner cercammo di sostenere Ida e Antonietta, sorella e moglie di Roberto, aiutandole per una conferenza stampa che tenemmo alla sede di "Mondo Operaio", con scarsa partecipazione dei media. Fu davvero difficile cercare di stabilire rapporti tra loro e il modo politico e istituzionale. E quello che era, ed è insopportabile, è che mentre tutta la Dc trattava con le Br e la camorra per Cirillo, le donne della famiglia Peci venivano considerate non come familiari e dunque vittime, ma come se fossero una costola del terrorismo. C'era un cordone sanitario assurdo e durissimo, lo stesso che scattò per il sequestro di Giuseppe Taliercio: la Montedison lo sostituì nel suo ruolo mentre era ancora sequestrato e non si riusciva neanche a far passare un trafiletto sui giornali locali».

Anche Lerner ricorda oggi questa sensazione di fastidio, di isolamento: «Era una storia che imbarazzava. Loro erano segnate dalla vicenda che vivevano e dal cognome che portavano. Riuscimmo a farle incontrare qualche istante con Craxi. E basta. I giornali sordi e muti. E io stesso, come mi era capitato con il caso Moro, ebbi la sensazione che le cose che scrivevo non piacessero, specie tra le persone che dovevano essere più vicine».

Quel sequestro fu una delle pagine più orrende di quel tempo bastardo.

È proprio un tempo bastardo. In cui le tragedie si producono per induzione, come un domino di sangue. Un telex della prefettura di Ascoli Piceno informa il ministero dell'Interno che, nei pressi della abitazione dei Peci, era stata notata nei primi giorni di luglio «aggirarsi autovettura Mini Minor color chiaro targata AP 12 ... con a bordo individuo sconosciuto giovane età».

Passano venti giorni e il questore Di Mambro deve scrivere un altro telex al Viminale. «Verso ore 0,45 mattinata odierna il vice brigadiere P. A. con altre guardie sicurezza in forza stabilimento polizia Senigallia, qui in missione, mentre effettuavano servizio vigilanza in abito civile zona abitazione famiglia Roberto Peci in San Benedetto del Tronto, intimavano "Alt" mediante paletta regolamentare at autovettura Mini Minor targata Roma 78 ... con at bordo due giovani. Auto in parola non ottemperava intimazione et allontanavasi verso centro città. Suddetto sottufficiale sicurezza at bordo auto Fiat 128 dotazione commissariato pubblica sicurezza San Benedetto del Tronto con targa copertura BO 61 ... condotta da guardia D. L. D. ponevasi inseguimento et dopo averla persa momentaneamente di vista rintracciavala su strada cittadina ove affiancavala et intimava nuovamente "Alt" con paletta regolamentare. Citata Mini Minor tentava ancora allontanarsi operando rapida retromarcia. Occupanti autovettura, arrestatasi poi 50-100 metri dopo, perché sempre inseguita da auto polizia Fiat 128, scendevano improvvisamente et in tale frangente, secondo primi sommari accertamenti, vice brigadiere P. A., per motivi in corso di accertamento, faceva partire raffica di due colpi da mitra M-12 in dotazione colpendo mortalmente autista Mini Minor identificato per Illuminati Vincenzo, nato Ripatransone 19/8/46, ivi residente. Altra persona viaggiante su auto in questione identificata per C. P. di anni 26 da Ascoli Piceno rimaneva illesa. In loco interveniva sostituto procuratore Repubblica Ascoli Piceno che assumeva direzione accertamenti emettendo at seguito prime risultanze comunicazione giudiziaria confronti vice brigadiere P. A. per omicidio colposo.»

È da ripassare al rallentatore, questa sequenza. Due ragazzi su una Mini Minor incrociano, nella notte, delle persone in borghese che gli chiedono di fermarsi. Pensano siano rapinatori, o terroristi, e scappano. Due agenti, ai quali è stata segnalata una Mini Minor che da giorni si aggira in modo misterioso, si insospettiscono e cercano di bloccare l'auto. I due giovani terrorizzati tentano di far perdere le loro tracce e, quando sono raggiunti da quelli che pensano siano delinquenti, si danno alla fuga a piedi. I poliziotti, spaventati anche loro, fanno quello che non avrebbero mai dovuto fare. Uno di loro spara con il mitra, colpendo a morte un innocente che, per un'ennesima coincidenza di questa storia, era nato proprio a Ripatransone, il comune di origine della famiglia Peci. Un episodio orrendo, figlio di quei tempi in cui tutti avevano paura. E in cui avere le armi in mano poteva anche voler dire usarle scriteriatamente, per il terrore che altri le usassero. Quel ragazzo è morto innocente. Un'altra vittima della scia di terrore e di sangue, della bava rossa di quegli anni bastardi. E solo quel tempo senza cuore poteva generare l'orrore di quel sequestro.

Anche per le menzogne, i contorcimenti retorici, la costruzione di un processo farsa, tutto finalizzato a coprire la vera natura del rapimento di Peci, la vendetta di stampo mafioso. Gad Lerner, in un coraggioso articolo scritto in quei giorni per «Lotta Continua», denunciò la messinscena delle Br, che «serve solo a tentare di nascondere l'infamia di un assassinio che è di rappresaglia, di pura e semplice, ma feroce, intimidazione. Così si sono sentiti in diritto di passare sopra ai suoi 25 anni, alla sua condizione proletaria, al fatto che la sua unica colpa è in sostanza quella di essere un fratello deciso ad aiutare comunque il proprio fratello, in tutti i momenti del suo itinerario esistenziale». Ma le Br hanno deciso fin dal primo momento che quel ragazzo sarebbe stato ucciso. Quella notte Antonietta si sveglia terrorizzata. Mi racconta questo particolare inedito vincendo la sua timidezza: «L'ho sognato. Aveva gli occhi sbarrati. Mi ha detto: "È finita"».

Alla stessa ora, proprio la stessa, i brigatisti incappucciati entrano nella tenda di Roberto e gli comunicano che lo devono trasferire. Gli mettono i tappi nelle orecchie, gli bendano gli occhi con due tamponi che poi fissano con il nastro adesivo. Intorno al collo, e a coprire il viso, una sciarpa nera. Gli fissano le catene ai polsi con un grosso lucchetto. Lui chiede di portare con sé una foto della moglie e della sorella. Pensa di essere trasferito. Ma, certamente, in quel buio di immagini e voci, avendo a disposizione solo il suo cervello, si sarà chiesto un milione di volte se fosse vero quello che gli avevano detto.

Lo portano sull'Appia, in mezzo alle sterpaglie, in un casale diroccato, pieno di siringhe e di bottiglie rotte. Un luogo di desolazione totale. Lì allestiscono un'altra scenografia. Un cartello «Morte ai traditori» e il solito drappo pieno di slogan barbari. Lì «eseguono» la sentenza del tribunale del Popolo, rappresentato da Giovanni Senzani, brigatista in buoni rapporti con servizi e camorra e 'ndrangheta. Lo appoggiano a un muro e gli scaricano addosso undici colpi di pistola. Quando cade a terra, gli mettono addosso, per sfregio, il drappo con le parole d'ordine del Partito comunista combattente. La Salò delle Br uccide un ragazzo di venticinque anni contro un muro. Il massimo della vigliaccheria. Ma non basta. Senzani ha la repellente idea di fare una fotografia dell'esecuzione. Siccome altri si rifiutano, la scatta lui stesso. Dal memoriale di un carceriere: «La foto dell'esecuzione fu un'altra di quelle idee folli di Senzani. Non ero d'accordo nemmeno un po'. Su questa idea che mi sembrava macabra e senza nessun significato politico. Discutemmo e litigammo per due ore quella notte, anche perché lui insisteva perché andassi sul posto anch'io proprio per scattare la foto». Senzani pensa che quella foto serva a dimostrare la forza delle «sue» Br. Quell'oltraggio estremo a un ragazzo indifeso è frutto di una spietata lotta di potere tra assassini.

Il «traditore» è stato ucciso. A sparare sono stati due dei brigatisti che lo hanno tenuto prigioniero. Un altro di loro dichiarò in seguito: «In questa logica assurda e schizofrenica può accadere allora di uccidere piangendo, come a Ennio Di Rocco con Roberto Peci». Proprio Di Rocco, per una nemesi storica, subirà lo stesso destino di Peci. Arrestato con Petrella collaborò alla giustizia dopo aver subito un trattamento carcerario molto ruvido. Va detto che in quella fase i brigatisti arrestati, me lo ha raccontato uno di loro ed esistono molte altre testimonianze, una volta in carcere entravano in un girone di violenza estrema. Di Rocco fu accusato dai suoi compagni di aver consentito l'arresto di Senzani. E per questo fu assassinato, nel carcere di massima sicurezza di Trani, da sedicenti «Proletari prigionieri per la costruzione dell'organismo di massa del campo di Trani». Una sigla tanto improbabile da sembrare finta. Fu ucciso in nome di quella «Morte ai traditori» che campeggiava sul muro sporco al quale egli stesso aveva appoggiato, per crivellarlo, il corpo di un ragazzo innocente.

Antonietta ancora non si perdona di non averlo salutato per l'ultima volta, di non aver avuto il coraggio di farlo, all'obitorio. Da allora lei e sua figlia vivono con la costante paura dell'assenza dell'altra. Se una delle due ritarda per un contrattempo, l'altra viene travolta da un'ansia indicibile. Roberta ricorda che una volta, quando lei era piccola, la madre doveva tornare da una visita dal dentista e tardava. «L'aspettavo sul balcone e piangevo a dirotto. Non mi mossi da lì finché non la vidi arrivare. Pensavo che me l'avessero portata via, anche lei.»

Antonietta mi racconta una cosa che nessuno scrittore potrebbe immaginare. Una cosa che fa male al cuore, pensando al dolore di questa giovane donna rimasta sola, scaraventata in una dimensione di violenza assoluta. Sono passati cinque mesi da quella notte d'agosto. Antonietta è in clinica, sta per mettere al mondo sua figlia. Ma improvvisamente, in sala parto, si rende conto che non vuole far nascere questa creatura e si rifiuta di «spingere». L'ostetrica si mette in ginocchio perché lei lo faccia, le grida di avere fiducia. «Avevo troppo paura un giorno di perderla, non avrei sopportato un altro dolore come quello che avevo vissuto. E non volevo che lei potesse mai viverne uno così grande.»

Aveva ragione l'ostetrica. Roberta è una ragazza fantastica. Ha la stessa espressione del padre, gli stessi occhi. Ha voglia di raccontare che cosa è stata la sua vita. «Quando ero piccola sentivo che c'era qualcosa di strano nei nostri affetti. Capivo che con la morte di mio padre ci doveva entrare la sua famiglia. Quando ero alle elementari venne a scuola un giornalista per farci una lezione su come si costruisce una notizia. Iniziò dicendo che la sua prima esperienza professionale era stata seguire il rapimento e l'uccisione di Roberto Peci. Tutti i miei compagni si voltarono verso di me. Io tornai a casa e chiesi a mamma che, con tutte le delicatezze del caso, mi raccontò. Non mi disse di mio zio, subito. E io, non so perché, non mi fidavo di lui, non lo chiamavo zio. Una volta che era a San Benedetto del Tronto, portò tutti i nipoti alle giostre. Mentre mangiavo il popcorn mi cadde un dente da latte. Lui mi guardò con freddezza e mi disse solo: "Hai la bocca piena di sangue". Mi è mancato, in questi anni. Penso che avrebbe avuto il dovere di esserci vicino. Alle mie zie voglio un bene dell'anima, come ai miei nonni. So quanto hanno sofferto e quanto la vita può averci, tutti, induriti.»

Chiedo ad Antonietta cosa pensò quando lesse la lettera che Roberto le aveva mandato dal «carcere». Lei mi guarda, con un sorriso triste, e mi dice: «Non l'ho mai letta. Non potrei sopportarlo. Ho deciso che lo farò l'ultimo giorno della mia vita. Stavamo così bene insieme, avevamo tanti sogni: il primo dei quali era Roberta, e poi cambiare casa, vivere tranquilli. Tutto spezzato. Tutti soli».

Roberta l'ha letta e le è venuta voglia di scriverne una all'assassino di suo padre:

Oggi Giovanni Senzani, l'assassino di mio padre, esce di galera. Sono passati tanti anni da quando questo signore si arrogò il diritto di processare un povero operaio davanti a una telecamera, per poi condannarlo a morte in nome della giustizia proletaria. Quell'operaio aveva una moglie incinta che lo aspettava a casa e l'unica colpa di essere il fratello di Patrizio Peci, il grande pentito delle Br.

Mi chiamo Roberta Peci e sono nata soltanto qualche mese dopo, nel dicembre del 1981.

Per uno strano gioco del destino l'unica possibilità che ho avuto di sentire la voce del padre che non ho mai conosciuto è stata proprio grazie ai video del signor Senzani, quello in cui lo accusa di essere stato un brigatista e di aver tradito un movimento in cui, come tanti allora, forse aveva sperato, senza aver il tempo di rimanerne deluso.

Roberto Peci fu tenuto segregato cinquantatré giorni in una tenda, non gli permisero mai né di cambiarsi né di radersi (se non nel giorno dell'esecuzione, per alimentare chissà quali speranze) al fine di costringerlo a dire davanti alla telecamera la verità che avevano scritto per lui.

Vale la pena ricordare quei fatti. Patrizio Peci, il fratello di mio padre, si pentì nel febbraio del 1980. Grazie alle sue rivelazioni finirono in carcere tantissime persone. Fu la fine delle Br, sia politicamente che militarmente. Uno dei capi aveva ammesso che stavano sbagliando e si aprì una voragine. In molti seguirono il suo esempio.

Quando Senzani diventa il capo delle Br Fronte delle carceri, le Brigate rosse sono allo sbando e reagiscono come un lupo all'angolo colpendo senza criterio, seguendo più la logica della ritorsione che del movimento rivoluzionario.

Sono divise e confuse. Quelle di Senzani decidono di colpire Peci, ma ormai son quattro gatti e non riuscirebbero mai a entrare nel carcere dove si trova Patrizio, quello che da quel momento per tutti è diventato l'Infame. Allora si ricordano di Roberto, mio padre. Un ragazzo finito in carcere per aver aiutato il fratello in qualche azione e che in quel momento stava pensando a sua moglie incinta.

Un commando di cinque persone arriva a San Benedetto del Tronto, munito di mitra e pistole (Roberto non ha scorta né ha mai maneggiato un'arma) e lo sequestrano.

Poi forse si accorgono che non è come il fratello, ma ormai è troppo tardi e gli cuciono addosso la verità di cui hanno bisogno.

Roberto è il grande traditore, la causa della loro sconfitta. Nessuno ci crederebbe, quindi al Senzani venne in mente di filmare una confessione.

Col miraggio di poter tornare a casa, mio padre che mai avrebbe pensato che le Br avrebbero potuto comportarsi come la mafia, accetta convinto che presto avrebbe riabbracciato sua moglie.

Senzani usa le sue parole per condannarlo a morte. Forse però anche lui ha dei dubbi e chiede pubblicamente l'appoggio dei comitati di fabbrica e degli altri compagni in carcere.

Nonostante nessuno appoggi la sua decisione, lui andò avanti lo stesso.

Nello stesso periodo Senzani teneva prigioniero anche Ciro Cirillo, un esponente della Democrazia cristiana. I servizi segreti entrarono in contatto con lui e si accordarono per un riscatto, che l'irriducibile professore accettò di buon grado.

Per arrivare a questo, i nostri 007 si servirono dei contatti che aveva il camorrista Raffaele Cutolo, il quale si offrì pure per la liberazione di mio padre. Gli venne risposto che Roberto Peci non interessava. Un mistero dopo l'altro. Perché?

Il professor Bazooka, come lo chiamavano i suoi compagni durante la militanza, non si è mai pentito o dissociato, ma nonostante la condanna all'ergastolo ha saldato il suo conto con la giustizia dopo ventitré anni.

«Qualche anno fa disse di essere dispiaciuto per le sofferenze che aveva inflitto alle sue vittime e che se avesse avuto i soldi per pagare li avrebbe dispensati volentieri.

Un discorso abbastanza borghese per uno che aveva ucciso in nome della giustizia del popolo.

Io mi chiedo, esiste un prezzo per un padre?

Ma la coerenza di certi atti forse sta soltanto nella follia che li ha ispirati.

Se veramente il Senzani fosse animato dalla voglia di espiare, qualcosa potrebbe fare. Potrebbe incontrarmi, in privato, lontano dalle telecamere o dai giornalisti.

Sono cresciuta sentendo addosso il peso dell'essere la figlia del terrorista. Ho visto il cadavere di mio padre con sopra il cartello «Morte ai traditori».

A lui che si proclama uomo cambiato, rinato, faccio un invito, quello di incontrarmi e parlare, non per conoscere dettagli inediti della vicenda di Roberto, ma per avere risposta a un enorme quesito.

Qualche anno fa il sindaco della città dove vivo, dopo l'uscita de *L'Infame e suo fratello*, un film documentario su questa storia, disse alla stampa che avrebbe voluto dedicare una via a mio padre. La piccola via a pochi passi dal mare dove Senzani e altri lo sequestrano, attirandolo in una trappola.

Tutto si è fermato tra la perplessità della gente che ancora mi chiama la figlia del terrorista.

Senzani non ha mai risposto. Ma la strada è stata intitolata a quel ragazzo innocente. Perché anche i fiori nascono, tra le pietre.

Quindici

In un tiepido giorno invernale sono andato a Vermicino. Una recinzione rotta delimita quel luogo. È, naturalmente, un'area più piccola di quanto la televisione e la memoria abbiano raccontato con le loro immagini. Ho camminato lì da solo, ci sono sterpi, carte ed erbacce. Un insieme di rami copre lo spazio dove tutto è successo, ai piedi del terrapieno. Non c'è nulla che ricordi quel bambino, quei giorni. Ma forse è giusto così. Nulla di glorioso da riportare alla memoria. Solo la grandezza di un bambino di diciotto chili e centoventidue centimetri che ha combattuto per vivere, oltre ogni umana possibilità. Ma per ricordare questo non c'è bisogno di un monumento lugubre. Quel luogo desolato è il teatro di una sconfitta. E la sua desolazione non potrebbe raccontarla meglio.

Sono salito sul terrapieno e mi è sembrato di vederlo arrivare: con la sua canottiera a righe bianche e blu, i suoi pantaloncini corti a scacchi bianchi e blu, i suoi calzini blu, le sue scarpe da tennis. L'ho riconosciuto subito perché ci conosciamo da trent'anni, quel bambino e io. Ha arrestato la sua corsetta allegra fermandosi proprio sul ciglio del terrapieno. Si è girato verso di me e mi è sembrato mi sorridesse. Poi mi ha voltato di nuovo le spalle e si è seduto lentamente su quel prato incolto e scosceso, per guardare lo spazio infinito di quella campagna romana, in un bel tramonto pieno di rosso. È allora, proprio allora, che mi è venuta voglia di passargli una mano sui capelli castano chiari, prima di andare via.

Qualche riflessione

di Eugenio Borgna

Eugenio Borgna è professore emerito di Psichiatria all'Ospedale Maggiore di Novara. È autore, per Feltrinelli, di *L'arcipelago delle emozioni*, *L'attesa e la speranza*, *Le emozioni ferite*, *La solitudine dell'anima*.

Cosa si può cercare di dire delle condizioni di radicale solitudine in cui sono vissuti per alcune ore, fino alla morte, Alfredo, un bambino di sei anni, e per alcuni giorni, fino alla morte, Roberto, un giovane di venticinque anni, in condizioni psicologiche e umane così diverse, e così uguali? Solo immedesimandosi in quello che Alfredo e Roberto hanno provato nelle ore e nei giorni della loro agonia, è possibile delineare qualche riflessione in forma di domanda.

L'esperienza della solitudine, la più atroce che si possa immaginare, e l'idea della morte, sono diverse quando si è bambini immersi, e immobilizzati, in un luogo di terrificante isolamento, o quando invece, non più bambini, si è torturati nella coscienza lancinante e lucidissima della salvezza impossibile, e della cancellazione di ogni speranza?

Alfredo: la straziante sofferenza di essere immerso nel buio, nel freddo, nella lontananza della madre e del padre, nella cascata continua e inesauribile degli assordanti rumori, nella impossibilità di muoversi e nelle crescenti sensazioni di debolezza, e di sfinimento. Le parole di rassicurazione che giungevano ad Alfredo dall'alto, e che testimoniavano in ogni caso della presenza, e della vicinanza, dei genitori, riuscivano a essergli di aiuto: almeno fino a quando sia persistita in lui la possibilità di ascoltarle e di farle proprie? Non può non essere stata lancinante la sua sofferenza fisica; ma quella psichica, la solitudine, che non è nemmeno possibile immaginare nella sua indicibile devastazione, non avrà immerso la vita di Alfredo, le ore di vita che lo separavano dalla morte, in una disperazione ancora più straziante? Essere soli, non avere nessuno accanto a stringerlo a sé, a dargli un bacio, una carezza, a guardarlo negli occhi, e non vedere nulla intorno a sé se non buio, sentirsi morire, anche un bambino si sente morire, realizzano una forma di ultima solitudine che si accompagna a una angoscia disperata; ma come sapere se in Alfredo non sia mai venuta meno l'attesa della salvezza: la fiammella della speranza? Se è stato così, se le parole che ascoltava, hanno aiutato Alfredo a immaginare possibile, e vicina, la sua liberazione, allora l'angoscia della morte può non avergli spezzato il cuore. Ogni bambino ha una sua propria idea della morte, e ogni bambino, quando la morte si avvicina, ha una sua propria modalità interiore di riviverne la presenza, o la imminenza; e allora le domande su quello che egli abbia provato non sono che risposte dolorosamente indiziarie.

Roberto: una solitudine diversa, la sua, da quella di Alfredo; benché non possano non delinearsi dolorose analogie. Condizioni ambientali diverse sono state quelle nelle quali si è attuata la loro morte: non nelle profondità oscure della terra, ma in una stanza, nella quale poteva non mancare qualche striscia di luce, l'agonia di Roberto: una agonia, una preparazione alla morte, che si è estesa negli interminabili cinquantatré giorni, e che si è potuta svolgere con alternanze di illusioni e di disperazioni. Un'altra agonia insomma, ma anche un'altra solitudine, quella di Roberto: immobilizzato in un isolamento radicale e assoluto: anche se c'erano persone intorno a lui, e non invece il deserto della solitudine di Alfredo. (Solitudine, e isolamento, si intrecciano e si separano, tornano a intrecciarsi e poi si distinguono, in una circolarità senza fine; e al di là del fatto di essere soli, o di non esserlo.) Quali pensieri, e quali emozioni, è possibile che si siano venuti alternando in una giovane vita, come quella di Roberto, aperta al futuro, al suo futuro e al futuro della sua famiglia: del figlio che stava per nascere? Ancora prima, forse, che si possa pensare alla morte, quando si sia sequestrati, a scendere straziante in noi, mi sembra di immaginare, è la immediata e improvvisa, e solo dopo definitiva, trasformazione nella esperienza del tempo: non c'è più la dimensione del futuro dinanzi a noi ma solo quella del presente, di un presente angosciante e lacerante, che cancella, e annulla, la speranza: ogni speranza che vive solo se c'è futuro dinanzi a noi. Sopravvivono, per un attimo, i ricordi che vengono poi divorati dalla immanenza crudele del presente: dalla violenza esasperata e inaudita che si è istantaneamente scatenata sulla persona sequestrata. Non si può non pensare a questo quando ci si vuole confrontare con il terribile destino di Roberto. Ma le cose sono appena incominciate; nel senso che, subito dopo questo traumatico cambiamento nell'esperienza del tempo, egli si è confrontato con la crudele situazione di una prigionia che aveva a che fare con una radicale solitudine. Si è soli nella propria soggettività lacerata da presenze del tutto estranee e distruttive, si è soli nel rispondere a «interrogatori» dei quali non si conosce la finalità, ma nei quali si riconoscono la malafede e la falsificazione dei fatti: la loro strumentalizzazione feroce. Si è soli, direi, quando si pensa a quali parole dire dinanzi alle domande crudeli che hanno risposte già preordinate. Si è soli, e sempre più soli nel trascorrere lento e implacabile dei giorni, dinanzi alla possibile violenza fisica e a quella psicologica: ancora più spietata e sofisticata. Si è soli nella cancellazione del futuro e della speranza: fatta balenare, immagino, e poi crudelmente negata, e calpestata. Si è soli con i propri ricordi spezzati, con i propri pensieri annientati dalla disperazione, con la propria lacerata tristezza, con i propri progetti distrutti dalla insensata violenza. Ma si è soli, soprattutto, nel timore, nell'angoscia, e poi nell'attesa della morte: Roberto ha iniziato a morire nel momento in cui veniva sequestrato, e questo fino al momento della morte. In Alfredo l'esperienza della morte non può se non essere stata oscura e vaga; mentre in Roberto, la percezione, e infine l'attesa, della morte saranno state radicate nella sua coscienza. Un martirio, certo, che anche a ricordarlo oggi, ridesta in ciascuno di noi sgomento, e smarrimento, non solo ovviamente dinanzi alla inaudita agghiacciante violenza ma anche dinanzi alle inaudite sofferenze interiori che Roberto non può non avere vissuto nel corso della sua prigionia.

Cosa è avvenuto nel cuore della moltitudine di persone che hanno seguito in televisione la morte e il morire di Alfredo? Non è possibile non pensare che si sia realizzata una immedesimazione e, anzi, una drammatica identificazione nel destino del bambino; e questo al di là delle età, delle sensibilità, delle capacità di rivivere il dolore degli altri come se fosse il dolore di ciascuno, e anche del fatto di avere, o di non avere bambini; ma anche al di là di ogni propria esperienza di vita. Confrontata con l'angoscia e la disperazione di

Alfredo ciascuno di noi non potrà non avere sentito la propria sofferenza come insignificante, e come tollerabile. Nulla c'è nella vita di così doloroso, e di così intollerabile, del pianto e del morire di un bambino; e ogni spettatore non potrà non avere ascoltato la voce della propria infanzia indifesa. Solo dinanzi alla morte e al morire di un bambino si crea una unanime partecipazione; non incrinata dalla devastazione ideologica che poteva tollerare, se non diabolicamente giustificare, la morte, la uccisione di Aldo Moro e di Roberto Peci.

Solo con immensa discrezione, e con la coscienza del mistero in cui è immersa ogni esistenza quando si soffre, e quando si muore, ci si avvicina al destino di dolore e di morte di Alfredo e di Roberto.

Ringraziamenti

È stato bellissimo e tremendo lavorare a questo libro. Ho conosciuto persone eccezionali e provato, con loro, la terribile intensità di un ricordo lontano trent'anni che, solo per la forza dell'evocazione, diviene improvvisamente quella forma particolare di manifestazione del dolore che è racchiusa nel pianto. Dolore per un bambino mai conosciuto, solo ascoltato o solo sfiorato. Dolore per un padre sparito nel nulla o per un figlio inghiottito nel buio. Dolore per una notizia data e per una non data. Dolore per non essere stati capaci, dolore per non aver capito. Molte delle persone che ho conosciuto sono state abbagliate dal più violento dei riflettori e poi, forse per questo, hanno scelto il silenzio e l'ombra.

Per questo sono immensamente grato a Franca e Ferdinando Rampi per avermi aperto la porta della loro casa e per aver accettato di parlare della tragedia che ha sconvolto la loro vita. Per avermi mostrato le fotografie di Alfredino e i disegni e le poesie che i bambini di tutta Italia hanno mandato loro in tutti questi anni.

Grazie ad Antonietta e Roberta Peci. Le ho incontrate un giorno a casa del fidanzato di Roberta. Abbiamo parlato per ore. Persone speciali che hanno evitato che il dolore facesse il più differito dei suoi effetti: incattivire chi lo ha subito coltivando rancore o spirito di vendetta. Invece in queste due donne è ancora fortissimo il desiderio di capire la ragione di tanta violenza, della efferata follia che ha cambiato per sempre la loro esistenza.

Grazie agli speleologi Tullio Bernabei, Laura Bortolani, Maurizio Monteleone che mi hanno aiutato a capire momenti decisivi della storia di Vermicino e ad affrontare la conoscenza di un mondo che mi era ignoto, quello della speleologia, delle sue profonde ragioni e delle sue magnifiche emozioni. E grazie al professor Evasio Fava e al dottor Marcello Fatale che hanno sperato di poter curare Alfredo. Grazie a Maurizio Bonardo e a Marco Faggioli che hanno sperato di poter salvare Alfredo.

E a Domenico Riccio, direttore regionale dei vigili del fuoco del Lazio, che mi ha fatto sapere come potrebbero agire oggi, a trent'anni di distanza, in un caso del genere: «La disponibilità di attrezzature e le tecnologie attuali avrebbero consentito, in uno scenario simile, di avere in modo rapido, preciso e puntuale una serie di informazioni che nell'occasione mancarono – posizione del bimbo, caratteristiche dell'ambiente che lo circondava e quanto altro necessario per valutare la possibilità di eseguire l'intervento con dinamiche diverse – e in particolare la valutazione sulla possibilità di far passare al di sotto del bimbo cavi, tubi ecc. per facilitare la sua stabilizzazione e successivamente ricondurlo in superficie dallo stesso pozzo in cui era caduto senza la necessità di realizzare il pozzo di soccorso. Possibilità inoltre di alimentarlo e sostenerlo in modo più adeguato seguendo le indicazioni dei medici che avrebbero potuto disporre di maggiori informazioni.

«Si soggiunge ancora che le caratteristiche delle attuali trivelle non sono paragonabili a quella utilizzata per la realizzazione del pozzo di soccorso, requisita in un cantiere della metropolitana. Ne consegue che l'uso di una trivella con le caratteristiche tecnologiche attuali consentirebbe di effettuare la stessa trivellazione in tempi sicuramente più brevi e in condizioni di maggiore sicurezza per i soccorritori che, a una quota di circa –28 metri, hanno nel 1981 operato, per motivi di assoluta urgenza, prescindendo dalla protezione delle pareti del pozzo, e così mettendo a rischio la propria incolumità.

«Inoltre le attrezzature da taglio, sollevamento, trascinamento, il cordame e tutti gli altri materiali attualmente in dotazione al personale VV.FF. sono per qualità, affidabilità e caratteristiche completamente diversi da quelli utilizzati nell'occasione; in particolare i sistemi di imbracatura ad assetto capovolto e altre attrezzature utilizzate dal personale SAF. L'uso di attrezzature più leggere resistenti e versatili è da considerarsi una componente importante per la buona riuscita di un intervento di soccorso così complesso».

Nando Broglio mi ha ricevuto in casa sua, mi ha parlato con le lacrime agli occhi di quel bambino, suo amico sconosciuto. Delle ore passate a sentire quella voce che non ha mai smesso di abitare la sua vita.

La maestra Anna Brunetti mi ha raccontato di Alfredino a scuola, del suo carattere, delle sue prime passioni, come quella per le automobili. La dottoressa Caterina Sorrentino mi ha parlato di come quelle ore le ha vissute, lì, chi si occupa della mente altrui.

Roberto Caporale mi ha descritto una delle tante storie che si sono dipanate da Vermicino. L'avvocato Bruno Andreozzi mi ha fornito rilevanti chiavi di interpretazione dei fatti. E il suo giovane e affermato collega Luca Petrucci mi ha consentito di consultare atti processuali che per me sono stati assai importanti.

Al professor Massimo Ammaniti devo un lungo colloquio, che mi ha permesso di immaginare i sentimenti e le paure del bambino nel pozzo.

Angelo Licheri è uno dei protagonisti assoluti di questa storia. La sua vita è un [illegible]. Ha un carattere fortissimo che gli fa, oggi, sopportare le pene di malattie che lo hanno colpito con particolare violenza. Ingiuste, efferate, non gli tolgono il buon umore e la voglia di raccontare quei quarantacinque minuti a testa in giù che hanno sconvolto la sua vita. [illegible] suo senso di colpa, «per non essere riuscito a salvare Alfredino». È tornato su dopo una impresa al limite delle umane possibilità, è tornato su con i fianchi scarnificati e prova «senso di colpa». C'è un'Italia [illegible]

Con Giancarlo Santalmassi, Mau[illegible]ne e Roberto Amen abbiamo parlato dell'aspetto mediatico della vicenda di Vermicino di cui sono stati protagonisti. Gian Antonio Stella mi ha ricordato la sua esperienza di cronista, come hanno fatto Fabrizio Paladini, Carlo Ciavoni e Roberto Roscani. Grazie ad Antonio Ghirelli.

Devo a Barbara Scaramucci, direttore delle teche Rai, la possibilità di consultare la lunga diretta [illegible] Vermicino. E a Giovanni Minoli, che con le sue trasmissioni salva la memoria nazionale, la conoscenza di due programmi importanti: *L'Italia di Alfredino* di Gabriele Immirzi e Giulio Spadetta, prodotto dalla Wilder di Lorenzo Mieli e *L'infame e suo fratello* di Luigi Maria Perotti, prodotto dalla Stamen Film e dalla White Balance. Mi è stato molto utile anche un documentario prodotto dalla emittente televisiva Roma Uno, diretta da Fabio Esposito, che si intitola *Vermicino 25 anni di oblio*, curato da Angelo Di Mambro e Filippo Bellantoni.

Alla gentilezza del capo della polizia Antonio Manganelli devo la conoscenza diretta delle immagini dell'interrogatorio di Roberto Peci e alla collaborazione del tenente colonnello Massimo Macilenti colloqui utili per la comprensione del caso. Il professor Giuseppe De Lutiis, Piera Amendola, Paolo Bolognesi mi hanno consentito di ricostruire le ambiguità della fase finale delle Br. Grazie a Marco Boato, Gad Lerner e Luigi Manconi, che si adoperarono coraggiosamente per la libertà di Roberto.

La dottoressa Mariapina Di Simone mi ha guidato nelle meraviglie dell'Archivio centrale dello Stato, una istituzione che meriterebbe ben altra attenzione da parte del ministero dei Beni e delle attività culturali. La dottoressa Renata Giannella della Biblioteca del Senato ha mostrato la consueta competenza e gentilezza. Come Giovanna Cordani della Biblioteca nazionale centrale di Roma.

Ringrazio Simone Verde per aver collaborato intelligentemente alle ricerche e Silvia Decina e Paola Moretti per il loro consueto, affettuoso, aiuto. Claudio Novelli ha, come sempre, letto per primo il manoscritto. E la sua reazione mi ha incoraggiato. Andrea, Giorgio, Daniela, Sandro mi hanno dato consigli preziosi.

Tra i testi vanno segnalati, in primo luogo, *Vermicino, l'Italia nel pozzo* di Massimo Gamba (Sperling & Kupfer, 2007), completa e appassionata ricostruzione di quei giorni e *Operazione Peci* di Giorgio Guidelli (QuattroVenti, 2005), un giovane giornalista con la voglia di capire gli anni di piombo. Poi ho consultato, tra gli altri, *Alfredino nel pozzo* di Andrea Bacci (Bradipolibri, 2007), *Dies irae* di Giuseppe Genna (Rizzoli, 2006), *Tocco magico tango* di Riccardo de Torrebruna (minimum fax, 2000), *Luoghi comuni* di Pino Corrias (Rizzoli, 2006), *Io non ho paura* di Niccolò Ammaniti (Einaudi, 2001), *Una base sicura* di John Bowlby (Raffaello Cortina, 1989), *I giorni della rotonda* di Silvia Ballestra (Rizzoli, 2009), *Io, l'infame* di Patrizio Peci, a cura di Giordano Bruno Guerri (Mondadori, 1983; Sperling & Kupfer, 2008), *Il bambino filosofo* di Alison Gopnik (Bollati Boringhieri, 2010), *Brigate rosse. Una storia italiana* di Mario Moretti, intervista di Carla Mosca e Rossana Rossanda (Anabasi, 1994; Mondadori, 2007), *Il viaggio dell'eroe* di Christopher Vogler (Dino Audino, 1992), *L'eroe dai mille volti* di Joseph Campbell (Feltrinelli, 1958; Guanda, 2007), *Bambini, sogni, furori* di Paolo Rossi (Feltrinelli, 2001), *La solitudine dell'anima* di Eugenio Borgna (Feltrinelli, 2011), *Che cosa vuol dire morire* di Bodei, De Monticelli, Mancuso, Reale, Schiavone, Severino (Einaudi, 2010), *Paesaggi sublimi* di Remo Bodei (Bompiani, 2008), *Una frontiera da immaginare* (Dall'Oglio, 1976; CDA & Vivalda, 2001) e *L'ombra del tempo* di Andrea Gobetti (CDA & Vivalda, 2003), *Di pietra e di acqua* di Fabrizio Ardito (CDA & Vivalda, 1999), *Meraviglie del mondo sotterraneo* di Francesco Dal Cin e Antonio De Vivo (Idea Libri, 2003), *La saggezza degli uccelli* di Erik Sablè (Il Nuovo Melangolo, 2003), *Il cinema americano* a cura di Gian Piero Brunetta (Einaudi, 2006).

Devo a Fabrizio De André i versi tratti da *Un giudice* (*Non al denaro, non all'amore né al cielo*). E grazie ai Baustelle per la loro bellissima canzone *Alfredo* (*Amen*).

Sono stato onorato per l'attenzione che ha voluto dedicare al mio lavoro uno dei padri della psichiatria italiana, il professor Eugenio Borgna. Ringrazio infine Giovanna Cau, che mi segue con esperienza e con un affetto che ricambio, e Massimo Birattari, colto e competente lettore e suggeritore. E un grazie immenso a Rosaria Carpinelli che conosce come pochi l'arte di scrivere e la passione di leggere. Paolo Zaninoni filtra e seleziona, con cultura ed eleganza, idee e progetti e ne accompagna la realizzazione. L'editore che ogni autore vorrebbe avere. Alle mie tre ragazze chiedo scusa per averle coinvolte in questa esperienza di perlustrazione del dolore. Mi sono state vicine, come solo loro sanno fare.

Indice

Finito di stampare nel mese di maggio 2011 presso
Grafica Veneta S.p.A. – Via Malcanton, 2 – Trebaseleghe (PD)

Printed in Italy